Minervaグローバル・スタディーズ
③

中国がつくる
国際秩序

中園和仁

［編著］

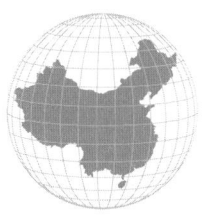

ミネルヴァ書房

「Minervaグローバル・スタディーズ」刊行にあたって

　本シリーズでは，21世紀の国際秩序について，歴史的な3つの時代層から考察する。3つの時代層の第1は，19世紀の国際秩序である。ヨーロッパが，16世紀以降，しだいに形成してきた主権国家システム，そしてフランス革命後に発展してきた国民国家システムが，19世紀には世界大に拡大した。古典的なヨーロッパ秩序である。第2は，20世紀の国際秩序である。アメリカが中心となって築いた覇権型秩序であり，パクス・アメリカーナとよばれるものである。第3は，21世紀の国際秩序である。中国がこれまでの国際秩序に挑戦する。これら3つの秩序は，19世紀の国際秩序が20世紀の国際秩序に取って代わられ，20世紀の国際秩序が21世紀には消えていくというよりは，多重の地層のように，19世紀の国際秩序の上に，20世紀の国際秩序が重なり，さらにこれらの時代層を土台として21世紀の国際秩序が築かれる。

　ヨーロッパ，アメリカ，そして中国は，国際秩序の原理をめぐり，19世紀そして20世紀に，相互に衝突してきた。19世紀には，主権国家は相互に対等であるという建前をもつ古典的なヨーロッパ秩序がアジアにも拡大し，伝統的に皇帝を頂点として築き上げられていた朝貢・冊封体制の中華帝国的秩序と衝突した。アヘン戦争を契機に中国は帝国主義列強の侵略にさらされ，半植民地化の道をたどることになる。

　古典的なヨーロッパ秩序はアメリカ合衆国へも拡大したが，アメリカは，古典的なヨーロッパ秩序の理念を拒否した。当初は，モンロー・ドクトリンに代表されるように，ヨーロッパ政治に巻き込まれないことに主眼が置かれた。しだいにアメリカが世界的なパワーを持つようになると，古典的なヨーロッパ秩序の理念や外交スタイルを「旧外交」として，みずからの「新外交」とは区別

した。旧外交の特徴は，2国間主義・秘密外交・砲艦外交であるのに対して，新外交は，多国間主義・公開・会議外交・経済主義である。この新外交の特徴こそが，アメリカがつくる国際秩序の理念となる。

19世紀に，アメリカと中国はどのような出会いをしたのだろうか。新世界を自称するアメリカにとり，太平洋の先にあるアジア，特に中国は，アメリカ的理想を実現するフロンティアであった。また，経済主義を掲げるアメリカにとり，中国は，巨大なチャイナ・マーケットととして実利も生む世界であった。中国においても，当初，アメリカは，英国のような帝国主義とは異なる存在であった。

20世紀に入り，2度の世界大戦を経て，ヨーロッパは「没落」を体験した。「没落」したヨーロッパは，欧州統合という新たな事業を開始し，みずからが数世紀かけて築いてきた古典的なヨーロッパ秩序への挑戦を開始した。欧州統合は，ヨーロッパ自身による内発的な動きに基づくが，しかし，アメリカによる働きかけもまた重要な役割を演じた。

第2次世界大戦後に，パワーがいよいよアメリカに集中し，アメリカが覇権を確立すると，アメリカは，勢力均衡に基づく古典的なヨーロッパ秩序に代わり，アメリカ的な理念に基づく国際秩序をつくっていった。パクス・アメリカーナの秩序に対して，ヨーロッパではフランスが抵抗するが，より大胆な挑戦は，社会主義国・ソ連によりなされた。

アメリカは，20世紀初頭まで，ヨーロッパの外交スタイルを旧外交とし，自らの外交スタイルを新外交として特徴づけたが，冷戦時代には，むしろ，アメリカの外交は道徳家的・法律家的アプローチであり，そのためにソ連との間でイデオロギー対立の要素が強い冷戦を展開させたとして，国益を重視するヨーロッパ的リアリズムの信奉者から批判された。

中国では，第1次世界大戦の終結を受けて，反帝国主義・反封建主義，軍閥政府打倒の大規模な愛国運動である「5・4運動」が起こった。この後，中国は近代国民国家としての主権確立を目指す外交を展開し，不平等条約体制の克服に努めた。アメリカは，辛亥革命後の中国に対して，アジアの最初の共和国

として期待を強めるが，第2次世界大戦後，共産党の指導する中華人民共和国が成立すると，米中は対決の時代へ入り，アジア冷戦が進行する。しかし，共産革命が起きたからといって，必ずしも，米中対決が必然になったのではなかった。むしろ，そこには，すれ違いが見られた。

「冷戦後の20年」をどう見るか。19世紀秩序の中核であるナショナリズムは，旧ユーゴをはじめとする世界各地ではエスノ・ナショナリズムとして現れ，特定のエスニック・グループに対するジェノサイドが行われた。

20世紀をリードしたアメリカのパワーについても，1980年代には，その衰退が議論され，覇権型秩序の動揺が広く認識されたが，冷戦後には，アメリカ主導のグローバル化が進展し，アメリカはそのパワーをあらためて見せつけた。しかし，ブッシュJr. 大統領の単独主義的行動は，多くの国から非難を浴びた。このような状況のなかで，「帝国」をめぐる議論が注目された。

そして，中国はいよいよ世界の注目を集める存在となってきた。アメリカの覇権型秩序に対して，20世紀には社会主義国・ソ連が挑戦したが，21世紀には中国が挑戦する。しかし，その中国は，現在はきわめて19世紀的な秩序原理に従って行動している。明治期の日本のように，殖産興業・富国強兵に邁進する。世界の工場として生産力を高めるとともに，海軍力をはじめ，軍事力の強化に乗り出している。国際社会での地位の向上にも取り組んでおり，それは第2次世界大戦後の日本の路線とも重なる部分がある。経済援助に力をいれ，冷戦後の20年では，アフリカおよび東南アジア諸国への経済援助や投資を活発化させている。しかし，国益，特に商業的利益を露骨に求め，人権や環境保護などを軽視することが多く，ヨーロッパやアメリカの経済援助の理念と大きく対立している。それでは，独自の経済援助路線を打ち立てていくのかと思うと，アメリカが主導するブレトンウッズ機関（IMF/世界銀行）における出資比率を高め，アメリカ，日本につぐ第3番目の出資国となっている。

主権国家システム・国民国家システムを形成し，これを世界大に広げながら，現在では，いっそう国家統合を進めることで，みずからの創造した国際秩

序に挑戦するヨーロッパ，20世紀に覇権型秩序を形成し，これをいかに維持・推進していくかを模索するアメリカ，そしてかつてみずからの華夷秩序を否定され，主権国家・国民国家システムに組み込まれ，現在では，この原理に邁進する一方で，欧米がつくりあげた既存の国際秩序に不満を持ち，挑戦しようとする中国。ヨーロッパ，アメリカ，中国の3つのパワーは，それぞれの構想に基づく国際秩序を創ろうとし，相互のぶつかりあいのなかから，21世紀の秩序が生まれてくる。

　もとより，他にも注目すべき新しい動きがある。ハンティントンは，「文明の衝突論」において，国家と国家の対立を主軸とする世界から，文明と文明の対立により事象が動く世界へと変化すると主張し，ヨーロッパ的秩序およびアメリカ的秩序とイスラム世界の秩序との相違を強調した。相異なる文明同士の遭遇は，必ずしも一様ではない。アメリカ世界とイスラム世界の遭遇は，たしかにテロというかたちをとることもある。しかし，ヨーロッパ社会に多くのイスラムの人々が定住・定着し，共生というかたちが進行しているケースもある。そして，ヨーロッパでは，この共生をめぐり，さまざまな問題がおきてきている。本書では3つの時代層という観点からヨーロッパ，アメリカ，中国という3つのパワーの関係に焦点を当てたが，これら3つのパワーとイスラムのパワーとの関係も考察すべきであったという反省もある。

　本書は，ヨーロッパ，アメリカ，中国の地域研究の書物ではない。「ヨーロッパがつくる国際秩序」「アメリカがつくる国際秩序」「中国がつくる国際秩序」について学び，考える書物である。国際政治学の視点から，国際政治学の概念・言葉をもちいて，ヨーロッパ，アメリカ，中国を分析する。そして，最終目標は，ヨーロッパ，アメリカ，中国の分析を通じて，21世紀の国際秩序像を明らかにすることである。

　　2013年1月

　　　　　　　　　　　　　　　　　　　大芝　亮・滝田賢治・中園和仁

はじめに

　2013年3月14日，中国の全人代（全国人民代表大会）で，習近平共産党総書記が国家主席に選出された。胡錦濤・温家宝政権に代わって，習近平新国家主席は李克強首相とともに，今後2期10年にわたって，中国の舵取りを行うことになった。

　全人代で演説した習近平国家主席は，「中国の夢」という言葉を何度も使い，国民の幸福の実現を約束するとともに，「夢の実現には国民の団結が必要だ」と訴えた。「中国の夢」とは，「中華民族の偉大な復興」を実現することである。そのためには，中国国民の愛国心を鼓舞し，団結の重要性を訴えて，国威発揚につなげる必要がある。これはかつて「富国強兵」の国づくりを推進したドイツや日本の方針と類似しているように見える。

　また，習近平国家主席は人民解放軍に対して，「党の指揮に基づいて戦争に勝つ準備をし，国家主権，安全，利益を固く守り抜かなければならない」と指示し，国際紛争の解決のためには，武力行使も辞さない強硬な姿勢を示している。次いで，李克強新首相も，17日，北京の人民大会堂で記者会見を開き，「中国の国家主権と領土を守る決意は揺るがない」と述べ，南シナ海や尖閣諸島などの問題について，「中国は決して譲歩しない」という強硬な姿勢を打ち出した。中国はこれらの地域を「中国古来の領土」であると考えているからである。

　しかし，一方で，「発展し強大になっても，中国は覇権を唱えない。平和的な発展の道を行く中国の決意は変わらない」ことを強調し，「果たすべき国際的な責任と義務を履行する」と述べ，世界各国との間に平和を推進する意向も表明している。これは国外からの「中国脅威論」をかわすいわゆる「平和的台

頭論」の主張でもある。

　かつて，中国はマカオについて，「条件が熟した時に，話し合いで平和的に解決する」という主張を続け，「反植民地主義」「反帝国主義」の原則は崩すことなく，自らの軒先に植民地の存在を容認する形で，極めて柔軟に対応してきた。中国はポルトガルに統治を任せることによって，西側への窓口としてのマカオから最大限経済的利益を引き出してきた。確かに，表向きは，マカオ問題は交渉によって解決され，マカオは平和裡に中国に返還されたように見える。しかし，実際には，中国の圧倒的な力を背景に交渉が行われ，ポルトガルは中国の要求をほぼすべて飲むことで，問題は決着した。中国が領土問題で「国際化」を避けて，多国間交渉を拒否し，2国間交渉を主張する背景には，こういった中国の力による外交戦略が見え隠れする。

　また，米国のアジア重視戦略に対しては，「アジア太平洋は中米の利益が交錯する地域だ」と指摘し，同時に「オバマ政権とともに新しいタイプの大国関係を構築していきたい」と対米関係推進に意欲を示した。しかし，見方を変えれば，これは逆にアメリカの圧倒的な支配下にある既存の国際秩序に挑戦し，将来力を蓄えた中国がアジア太平洋を米国と共同管理していきたいという意欲の現われととることもできる。

　一方，国内に目を向けると，改革開放以降の急速な経済発展は中国の国力を増大させ，中国に自信を与えたものの，新政権は経済発展から生まれた歪み，すなわち腐敗，環境問題，所得格差など様々な問題に直面している。李首相は「最重要課題は持続可能な経済成長を維持することだ」と主張した。「中国の景気の見通しが依然として不透明で，2020年までにGDP（国内総生産）と国民の所得を2010年の2倍に増やす目標の達成は容易ではない」としながらも，インフレの抑制と同時に内需の拡大や技術革新などを通じて安定した経済成長を目指したいという方針を示した。

　また，深刻化する大気汚染に関しては，「環境保護基準を強めて立ち遅れた産業は淘汰する」と強調した。しかし，現実には，中国の経済発展と環境汚染

対策は矛盾する関係にあり，経済成長を優先するあまり，環境保護対策は常に後手に回り，今日の深刻な環境問題を引き起こしてきた経緯がある。環境保護対策と，年平均7％の経済成長の両立は簡単ではない。

さらに，李首相は，「8億の農村住民と5億の都市住民の格差縮小」と「農村部の都市化」推進を強調した。2億6千万人にも上る農村部から都市部への出稼ぎ労働者は，医療面などで都市部の社会保障を受けられない「戸籍差別」に苦しんでおり，格差問題は深刻化している。1人っ子政策などの影響で労働人口が減少に向かう中，農民戸籍に対する差別待遇を解消して所得水準を向上させ，個人消費拡大などで成長を維持するとの考えも示した。

歴史を学ぶ意味は，過去を振り返ることによって，そこから生まれ出た現在の位置を明らかにするとともに，将来を見通し，将来に向かっての決断のための教訓を得ようとすることにある。中国の特有の論理や独自の行動パターンを理解するためにも，過去に遡ってその歴史から学ぶことが不可欠であろう。秦の始皇帝の時代から清王朝まで，2000年もの間続いた専制的王朝体制の影響は現在でも中国の政治に色濃く反映されており，西欧列強から侵略を受ける以前の中華帝国の版図は中国人の脳裏に深く刻み込まれている。

本書は，「19世紀的世界」「20世紀的世界」「21世紀的世界」に区分し，中国をそれぞれの時代の国際秩序の中に位置付けている。

19世紀半ばまで，中国は独自の伝統的国際秩序を作り上げてきた。中国は自らを世界の中心にあると考える中華思想の下で，周辺地域との関係において，皇帝を中心とした冊封・朝貢体制を構築していた。そのような伝統的体制は，西欧列強の経済進出と武力侵略により，崩壊させられ，西欧列強から押しつけられた不平等条約体制の下で，中国は半植民地状態に置かれた。

20世紀は，全国を統一した国民党が主権国家確立を目指す外交を展開し，列強による支配，半植民地状態から抜け出した。次いで，国共内戦に勝利した共産党は中華人民共和国を建国し，社会主義陣営の一員としてソ連との緊密な関係を築いた。しかし東西冷戦の状況下，朝鮮戦争を契機に，中国はアメリカに

封じ込められ，台湾を含む「未回復」の領土の統一を妨げられた．

　そして，21世紀の今，改革開放政策により，急速な経済発展を達成し，国力の増大とともに，国家統一の意思を一層強固にしている。1997年と99年に香港とマカオの主権をそれぞれ回復した後，残された目標は台湾の統一にある。さらには，欧米がつくりあげてきた既存の国際秩序に挑戦し，新たな国際秩序をつくろうとしているかのようにも見える。

　現在の中国の位置を理解し，中国の将来を見通すには，歴史をさかのぼって理解することが不可欠である。本書がそのような理解の一助になれば。その目的は達成されたと考える。また，「Minerva グローバル・スタディーズ」シリーズの第1巻『ヨーロッパがつくる国際秩序』，第2巻『アメリカがつくる国際秩序』を併せ読むことによって，本書第3巻『中国がつくる世界』の意味も一層鮮明になるものと思われる。

　2013年3月

中園和仁

中国がつくる国際秩序
目　次

「Minervaグローバル・スタディーズ」刊行にあたって
はじめに

序　章　国際秩序と中国……………………………………中園和仁…1
　1　19世紀的世界──中国の伝統的世界秩序の崩壊………………………1
　2　20世紀的世界──近代国民国家の形成へ向けて………………………4
　3　21世紀的世界──富強大国への道と新秩序の模索……………………7

第1章　中華帝国的国際秩序………………………………王　偉彬…13
　1　中華帝国とその世界観……………………………………………………14
　2　中華帝国的国際秩序の展開………………………………………………19
　3　中華帝国的国際秩序の崩壊………………………………………………25

第2章　西洋の衝撃…………………………………………滝口太郎…31
　1　「西洋の衝撃」とアヘン戦争……………………………………………32
　2　内乱と外圧の嵐の中で……………………………………………………36
　3　洋務運動への転換…………………………………………………………40
　4　義和団から辛亥革命への道………………………………………………45

第3章　苦闘する中華民国…………………………………滝口太郎…53
　1　成立期の中華民国…………………………………………………………54
　2　動乱の国民革命……………………………………………………………59
　3　南京国民政府による全国統一……………………………………………64
　4　抗日戦争から国共内戦へ…………………………………………………68

第4章　新中国の世界認識と外交…………………………三船恵美…75
　1　近代国家としての新中国外交……………………………………………76

2　建国初期の対外政策………………………………………………78
　　3　中ソ対立と中間地帯論……………………………………………86
　　4　「二条線」戦略から「一条線」戦略へ…………………………91

第5章　新中国の国家建設………………………………江口伸吾…97
　　1　新中国成立と新民主主義革命……………………………………98
　　2　社会主義建設への転換……………………………………………102
　　3　社会主義経済建設の急進化………………………………………107
　　4　文化大革命の発動と政治社会の混乱……………………………111
　　5　社会主義経済建設の試みの破綻…………………………………115

第6章　中国のナショナリズムと民族問題…………星野昌裕…119
　　1　少数民族を取り巻く中国の国家構造……………………………120
　　2　中華人民共和国の建国と民族区域自治制度……………………122
　　3　改革開放と民族問題………………………………………………126
　　4　民族問題の現状と行方……………………………………………131

第7章　改革開放の深化と急速な経済発展…………小島末夫…139
　　1　世界経済のなかの中国……………………………………………140
　　2　巨大化する中国経済の光と影……………………………………144
　　3　対外開放に伴う経済の国際化……………………………………151
　　4　世界経済・国際金融市場への影響………………………………161

第8章　中国の人権問題と民主化………………………中園和仁…167
　　1　中国の人権状況と民主化の挫折…………………………………168
　　2　人権についての論争………………………………………………174
　　3　中国の民主化の行方………………………………………………179

第**9**章　独立自主外交 ………………………………… 三船恵美 … 187
　　1　改革開放と外交戦略の転換 …………………………………… 188
　　2　国家統一と「1国2制度」……………………………………… 192
　　3　「中華民族の偉大なる復興」と平和発展論 ………………… 196
　　4　中国の積極的海洋進出と新興国家集団としての台頭 ……… 200

第**10**章　環境問題と資源外交 ……………………………… 中園和仁 … 207
　　1　経済発展がもたらす環境汚染 ………………………………… 208
　　2　環境保護への取り組み ………………………………………… 214
　　3　資源外交 ………………………………………………………… 221

終　章　中国がつくる21世紀の国際秩序 …………… 中園和仁 … 227
　　1　「屈辱の歴史」からの脱却 …………………………………… 227
　　2　統合（国家統一）か分離（独立）か ………………………… 229
　　3　富強大国への道――国家建設と経済発展 …………………… 234
　　4　21世紀の国際秩序と中国――新秩序の模索 ………………… 238

中国地域区分地図 …… 245
索　　引 …… 246

序　章
国際秩序と中国

中園和仁

1　19世紀的世界——中国の伝統的世界秩序の崩壊

朝貢体制とウェスタン・インパクト

　19世紀，中国は自らを世界の中心であると考え，周辺地域を文化的に遅れた夷狄と見なしていた。このような「中華思想」の下で，中国は周辺地域との関係において皇帝を中心とした朝貢体制を構築していた。それは帝国的支配体制であっても，少数民族の自立性が認められた緩い支配体制であった。中国は，周囲の諸民族との力関係のいかんによって拡大したり縮小したりする周辺領域（辺境）を持ちながら，定まった国境のない国家を構成していた。そういった意味で，中国の伝統的世界秩序はヨーロッパ的な国民国家体系を基本とする国際秩序とは性質を異にしていた。

　鄭和の南海遠征（1405～31）に見られるように，中国は大艦隊を率いて南海に遠征した。これは征服が目的ではなく，明の威勢をアジア世界に誇示するためであり，朝貢を促すことに主眼が置かれていた。従って，16世紀から来航したポルトガルをはじめ，スペインなどのヨーロッパ諸国に対しても朝貢貿易を強制した。清の時代に至っても，ヨーロッパ諸国との交易を朝貢国との間の交易と見なし，来航地，品目，数量などを一方的に制限した。

　19世紀に入り，清朝が衰退に向かっていくその時期に，産業革命を達成したイギリスをはじめとする欧米諸国が，その強大な経済力と軍事力を背景に，中国への積極的な経済進出と侵略を開始した。こうした欧米列強と清朝中国との

最初の武力衝突がアヘン戦争（1840～42）であった。この戦争でイギリスに惨敗した中国は，以後欧米列強の激しい経済進出と侵略にさらされた。

この敗戦と欧米近代文化の流入は，それまでの伝統的な中華思想，すなわち中国中心，中国文化至上主義の世界観を大きく揺るがしていった。南京条約以降，中国は主権の一部を失った不平等条約の下で欧米列強の激しい進出にさらされ，いわゆる「半植民地化」の道をたどることになった。アヘン戦争を契機に中国の「王朝体制」は崩壊し，西欧の「国民国家体系」に組み込まれることになった。いわゆるウェスタン・インパクト（西洋の衝撃）である。

中国の「半植民地化」と近代化運動

アロー戦争（1856～60）（第2次アヘン戦争）後，アヘン貿易は完全に合法化され，中国市場は欧米列強にほぼ全面的に開放された。また，外国製品には完全に国内関税が免除されたため，大量に外国製品が流入して，木綿工業をはじめとする中国製品は大打撃を受けた。また，租界も上海のほか，広州・天津・厦門などにも設置され，中国は列強からの政治・経済上の支配を受けるようになり，「半植民地化」が一層進んでいった。

アロー戦争後の清朝では，従来の排外主義を転換し，外国との和親や西欧の進んだ技術の摂取と，近代産業の育成や富国強兵国家体制の再建が図られた（洋務運動）。しかし，洋務運動は「中体西用」をモットーとするように，中国の伝統倫理を根本としながら，西洋の科学技術を利用するものであって，政治体制の改革や中国社会全体の近代化を目指すものではなかった。そこにはなお中国の儒教文化と皇帝専制政治を絶対とする価値観が厳然と存在した。議会政治や立憲論など，そうした近代的政治制度・思想の導入が本格的に議論されるのは，洋務運動の挫折後，変法運動の展開を待たねばならなかった。

ベトナムに対する宗主権を主張していた清朝は，清仏戦争（1884）で敗北し，ベトナムに対するフランスの保護権を認めた。また，日清戦争（1894）の結果，それまで「眠れる獅子」としてその潜在的実力を恐れられていた清朝

は，「小国」日本に惨敗したことでその弱体ぶりを露呈し，これより欧米列強と日本の中国侵略は一層激化していった。

このような近代化運動は中国の伝統的専制体制の変革，議会政治と立憲君主の樹立を目標としていた。また，この敗戦によって洋務運動は最終的に挫折し，かわって敗戦の衝撃のなかから，清朝政治体制の変革を唱える変法運動が起こった。中国の知識人の間には，中国伝統の専制体制をあくまで固守しようとする洋務運動のあり方を批判し，中国の真の近代化のためには，伝統的な皇帝独裁の専制体制そのものの変革が必要であるとの認識が強まっていった。

国民国家創設の課題

1900年，「扶清滅洋」（清朝を扶け，西洋人を撃滅する）のスローガンを掲げる義和団が，各国の公使館を包囲すると，西太后ら清朝保守排外派は義和団を支援して各国に宣戦を布告した。日本・ロシアを主力とする8カ国は，在留外国人保護を名目に共同出兵に踏み切った。義和団鎮圧後の1901年，敗れた清は列国との間に「北京議定書」を締結し，巨額の賠償金を支払い，北京周辺の軍備撤廃，外国軍隊の北京駐兵権などを認めさせられた。西洋列強の侵略によって，中国は伝統的アイデンティティの危機に瀕し，新たに近代的で統一された強い国民国家を創り出すという課題に直面することになる。

1912年の辛亥革命以降，中国国民のナショナリズムは一気に高揚した。1911年10月10日の武昌蜂起に始まる革命の火は中国全土に波及した。革命各省の代表する組織は孫文を臨時大総統に選出し，1912年1月1日，南京に中華民国政府を発足させた。辛亥革命は共和制的民主主義と同時に強い中国を目指した。民族の統一と独立，国民党一党の指導による革命の達成を目指した。また，主権在民，国民の平等を標榜し，議会に臨時大統領の権限を牽制する重要な役割を与えた。中華民国の誕生は清朝の皇帝支配を終わらせたが，かわって軍閥の支配と戦乱が民衆を苦しめることになる。

2　20世紀的世界——近代国民国家の形成へ向けて

伝統的専制体制の変革

　第1次世界大戦の終結を受けて，1919年1月に開催されたパリ講和会議に，中国は南北両政府が共同で代表団を送り，山東のドイツ権益の返還や日本の21カ条要求の解消を訴えたが，米・英・仏三国は中国の提訴を却下した。これに呼応して，5月4日，北京大学を中心とする各大学の学生約2000人が天安門広場に集結し，抗議集会を開いた。学生たちは講和条約の調印拒否を決議するとともに，外国公使館へ向けてデモ行進を行った。学生運動に連動して労働者も抗議のストライキに突入し，大規模な愛国運動に発展した。「5・4運動」は排日運動から発展し，反帝国主義・反封建主義・軍閥政府打倒運動に拡大していった。

　1928年，国民党は全国を統一し，蔣介石は政府の実権を掌握したが，各地に勢力を持つ軍閥系地方実力者との抗争が続いた。蔣介石は各地の軍閥を制圧して，自己の地位を強化し，外国に対しては関税自主権の回復と領事裁判権廃止を求めて交渉を重ねた。国民党は近代国民国家としての主権確立を目指す外交を展開し，不平等条約体制の克服に努めた。第2次世界大戦中の1942年，中国はついに米・英との不平等条約撤廃に成功し，戦後東北地方と台湾を回復した。国民党の手によって，中国はようやく列強による支配，半植民地の情況から抜け出すに至った。

　一方，訓政時期における国民党の独裁体制は2000年にわたる中国の専制政治の連続性を示すものであった。国内では大戦末期から国民党政権の腐敗と独裁に批判が出されていたが，抗日戦勝利後は統一国家のあり方を巡って国共の対立が再燃した。国民党支配下では深刻なインフレが民衆の生活を圧迫した。アメリカからの借款・援助は中国市場をアメリカに開放することとなり，民族資本家も国民党に強い不満を持つようになった。

序　章　国際秩序と中国

中華人民共和国の成立と国家建設

　これに対し，中国共産党は毛沢東の指導の下，「新民主主義論」を唱えた。当面の革命は資本主義を目指すブルジョワ民主主義革命でも，社会主義を目指すプロレタリア革命でもなく，革命的諸階級の連合独裁により，民族解放と新民主主義社会の確立を目指した。その結果，中国共産党は抗日と民主主義を求める広範な知識人や中小ブルジョアジーの支持を獲得することに成功した。1949年9月の「中国人民政治協商会議共同綱領」には，人民民主主義の国家，新民主主義の人民経済を発展させることが述べられている。政権は，抗日戦争と国共内戦に参加し，中国共産党を支持した政治勢力の統一戦線であった。

　国共内戦に勝利した中国共産党は，1949年10月，中華人民共和国を樹立した。東西冷戦の下で，毛沢東は「向ソ一辺倒」政策を選択し，1950年2月，モスクワで「中ソ友好同盟条約」に調印した。中国は社会主義陣営に属することを明らかにし，第1次5カ年計画もソ連の経験に学び，経済・技術援助の下に進められた。

　ソ連との同盟関係を結ぶことによって，中国は自国の安全保障を確保することが可能になった。1950年代初期，中ソ両国は一致団結し，西側に対抗した。そして，50年6月に勃発した朝鮮戦争は，米国との対決を決定的なものにした。スターリンの死後，53年から56年に至る時期は，中ソ関係はまさに蜜月時代であった。第1次5カ年計画に基づき社会主義化を完遂していくため，ソ連の全面的な技術協力を受け，国営重化学工業を強化した。また，民間企業の経営に政府が参加する「公私合営」が強行され，商工業の全般的な集団化と国営化が実施された。農業の急進的な集団化と土地改革によって生まれた自作農が大規模な合作社（協同組合）に組織された。

階級闘争方式による生産力拡大の試みと挫折

　50年代末から，ソ連との関係が悪化するとともに，「反右派」闘争，大躍進，文化大革命などの混乱と挫折が繰り返された。1957年に，政権に対する批

判者を摘発する「反右派闘争」を展開するようになると，徹底的な言論弾圧を実施し，党外勢力の多くは政権の外に排除された。1958年には，遅れた生産力を飛躍的に拡大するために，階級闘争方式が適用された。いわゆる「三面紅旗」と呼ばれ，大衆の「主観的能動性」に依拠した生産力の飛躍的拡大を目指す「大躍進」，共産主義社会の初期段階の組織化を試みた「人民公社」，そして高速度を魂とする「総路線」である。「2年でイギリスを追い越し，15年で米国に追いつく」という目標が掲げられた。その結果，農民は土地改革でやっと獲得した土地や家畜などの所有権をすべて人民公社に譲り渡した。

しかし，性急な大躍進政策の推進は工場労働者の疲弊と機械の消耗，農民の生産意欲の低下を招いた。3年連続の自然災害も重なって，農業は大凶作に陥り，中国経済は全面的崩壊の危機に瀕した。そして，毛沢東にかわって，後任の国家主席に就任した劉少奇と総書記の鄧小平が疲弊した経済を立て直すために，調整政策を実施した。

人民公社の「平均主義」により生産意欲を失った農民を鼓舞すべく，自留副業を認め，収穫した農産物を自由に取引できる自由市場や生産請負制など「3自1包」政策を採用した。鄧小平は調整政策を説明するために，「白猫でも黒猫でも，ネズミを捕る猫はよい猫だ」という言葉を使った。この調整政策によって経済は回復し始め，食料生産や工業生産も次第に増加していった。

しかし，この調整政策は長続きせず，毛沢東は「プロレタリア文化大革命」という形で，階級闘争を再開した。1966年から76年の10年間にわたるこの運動は，党内の「資本主義の道を歩む実権派」から権力を奪回するための権力闘争であった。革命の過程で武装闘争が展開され，中国社会は大混乱に陥り，経済的損失は計り知れないものであった。この「文化大革命」という政治的混乱の結果，社会主義と党に対する国民の信頼は失われた。

3　21世紀的世界——富強大国への道と新秩序の模索

「社会主義市場経済論」

　1978年12月の中国共産党第11期3中全会で，権力を掌握した鄧小平は「改革・開放」路線を打ち出した。「改革・開放」政策は「先に豊かになれるところから豊かになれ」という鄧小平の「先富論」に基づいて進められた。これは毛沢東時代の「平等主義」「平均主義」から脱却し，先に豊かになった沿岸部，都市部が貧しい内陸部，農村部を引っ張っていくという考えであり，一時的な経済格差を容認するものであった。

　しかし，「改革・開放」政策は，1989年6月に起きた「天安門事件」で中断を余儀なくされる。鄧小平は国家の安定のためには，「一党独裁」の権威主義体制の維持が不可欠であると判断し，学生の民主化運動を武力で鎮圧するという強硬手段をとり，中国の民主化運動は頓挫した。そして，「天安門事件」後，国内外の批判にさらされた中国政府は，経済の停滞を恐れ，民心をつなぎ止めるため，引き続き経済発展に総力をあげることになる。92年に，鄧小平が「改革・開放」政策の拡大と経済成長の加速を呼びかける「南巡講話」を発表すると，「改革・開放」が再び力強く推進され，経済成長は一気に加速した。これが転機となって，中国経済は順調に発展し，今日の驚異的な経済成長を達成することになる。中国は共産党の「一党独裁」は守りつつも，市場経済化を推し進めるという「社会主義市場経済論」を公式に導入した。中国の政治体制を転換させ，民主化へ導こうとする西側による「和平演変」を警戒しつつも，積極的に市場経済化を追求した。

伝統的専制主義

　鄧小平が提唱した「先富論」によって，今日，中国は飛躍的な経済発展を遂げた。しかし，実際に豊かになったのは，一部の特権階級や，都市部の住民だ

けであり，地方の農村部などとの貧富の格差は深刻な問題となっている。沿岸部と内陸部，都市部と農村部で拡大する経済格差を是正しなければ，国民の不満が爆発し，政治の不安定を招くことになる。

そこで，中国政府は「調和のとれた社会」の実現という新たな政策を打ち出した。これは，都市と農村，経済と社会，人と自然の調和こそが重要であり，経済成長によって生まれた貧富の拡大や汚職・腐敗問題などのひずみや，矛盾の解決を通して，社会の安定を目指そうとするものである。しかし，問題の解決に取り組んではいるものの，中国政府は有効な対策を打ち出せないでいる。共産党政権を維持するには，持続的経済成長を優先せざるを得ないからである。

共産党が改革の目標を設定し，人民を指導して目標の実現を目指すが，人民の異議申し立ては許さない。このような考え方が中国の指導者の政策方針の根底にある。エリート集団の指導性を確保することを常に優先するのは，「袁世凱の帝政論」「孫文の訓政論」「蔣介石の訓政時期約法」に共通する考え方である。権威主義の共産党政権が存続し，「中国の特色ある社会主義」を掲げる限り，社会主義と民主主義との関係は常に問題となる。また，伝統的に権威を受け入れる傾向にある国民の意識改革も今後の課題である。

「平和的台頭論」

一方，中国はこれまで以上に国際社会とのつながりを重視し，国際社会の責任ある一員として，国際組織にも積極的に加わっていった。92年に，ＡＰＥＣ（アジア太平洋経済協力会議）に参加し，2001年にはＷＴＯ（世界貿易機関）加盟を実現させた。そして，今日では中国は国際社会における発言力を一層強めつつある。

中国の経済発展はその国力と対外的影響力を増大させ，国際社会は中国に脅威を感じるようになってきた。そこで，このような「中国脅威論」に対抗するために考え出されたのが「平和的台頭論」である。世界の平和的環境のなかに

中国の発展を見出し，中国の発展によって世界の平和を保障するというものである．中国は朝鮮半島の非核化に向け，六者協議で調停役を務めたり，「上海協力機構」を通じて，国境を接する旧ソ連中央アジア諸国との安全保障を確立し，協力関係を強めるなど，平和的国際環境の創出に務めている．また，グローバリゼーションの流れのなかで，中国は国際社会の秩序維持，アジアの平和，地球環境の保全などで責任を負う立場にある．

一方で，中国の国力の増大は軍事力の増強にもつながり，日米を含む周辺地域との摩擦を引き起こす危険性が増大している．南シナ海の領有権争いや，尖閣諸島問題などアジア・太平洋の国際秩序への挑戦的態度が強まっている．とくに，台湾問題については，中国は平和的解決を目指しているとはいえ，完全に「非平和的手段」(武力行使)を放棄したわけではない．中国からすれば，「国家統一」という目標はいまだ未完成である．「1国・2制度」構想の下，香港とマカオは回収に成功した．しかし，台湾問題は未解決のままであり，中国にとって台湾は絶対に譲ることの出来ない「核心的利益」として位置付けられており，中国の国家統一のための最終目標である．

新国際秩序の模索

中国は改革・開放政策に乗り出して以来，30年の間に，年率10％を超える経済成長を遂げ，今日では「世界の工場」と呼ばれるまでになった．中国は日本を抜いて世界第2位の経済大国に躍進した．19世紀に産業革命を達成したイギリスをはじめとする欧米諸国が，その強大な経済力と軍事力を誇ったように，中国もその経済力を背景に急激に軍備を増強している．

19世紀，ヨーロッパ諸国は自国産業の市場確保を目指して，世界各地に進出するとともに，自由貿易主義に基づき，不平等な通商条約を押しつけた．また，20世紀のアメリカは，第2次大戦後，旧ソ連と2大軍事超大国を構成し，冷戦終結後は世界で唯一の超大国として君臨してきた．19世紀のヨーロッパや20世紀以降の米国のように，21世紀には中国も世界における圧倒的な支配力を

持つようになるのだろうか。中国の最終目標は超大国になることであり、アメリカを追い越して、世界のトップに立つことであるように見える。

百年以上におよぶ「半植民地」時代は、数千年におよぶ中華帝国の威厳を失墜させた。「華夷秩序」は、19世紀半ばに西欧の国民国家体系に敗北し、崩壊したはずである。しかし、最近の中国の海洋進出、すなわち南シナ海や、尖閣列島の領有権主張などの動きは、「華夷秩序」の再構築を目指しているようにも見える。中国の論理からすれば、南沙諸島も尖閣列島も中国の「自古以来」の（古来の）領土であり、その主権下にあるべきであるということになる。

また、中国が依拠するこのような主権概念は、19世紀に西欧列強が追求してきた古典的パワー・ポリティックスを想起させる。エーア・クロー卿は、ビスマルク後のドイツについて、「ドイツは政治上の覇権と海軍力の優勢を目指し、近隣諸国とイギリスの驚異となる」という仮説と、「ドイツは貿易を促進し、ドイツ文化を世界に広め、平和的な方法でドイツの利益を創造することを求めているだけだ」という反対の仮説を立てた。これを現在の中国に当てはめると、「中国脅威論」と「平和的台頭論」という対立する仮説に相当する。クローは「このように区別をつけたところで、最終的にはドイツが膨張しつつある自らの力に内在する誘惑に負けてしまうだろうから、区別は無意味である」とした（ヘンリー・キッシンジャー／岡崎久彦訳『外交』日本経済新聞社）。中国は過去のドイツのように、膨張しつつある自らに内在する誘惑に負けてしまうことはないだろうか。

以上のような序論に見られるように、本書は19世紀的世界——中国の伝統的世界秩序の崩壊——、20世紀的世界——近代国民国家の形成へ向けて——、21世紀的世界——富強大国への道と新秩序の模索——という時期区分により構成されている。

19世紀的世界とは、アヘン戦争を契機に中国が中心となる「帝国的支配体制」は崩壊し、西欧の「国民国家体系」に組み込まれる過程から、西欧列強によって半植民地化され、中国の伝統的専制体制の変革を目指す近代化運動が展

開される第 1 次世界大戦までの時期を指す。

　続いて，20世紀的世界とは，排日運動から，反帝国主義・反封建主義・軍閥政府打倒運動に発展していった大規模な愛国運動（「5・4運動」）から，全国を統一した国民党が近代国民国家としての主権確立を目指す外交を展開した時期を扱う。さらに，不平等条約撤廃に成功し，列強による支配，半植民地の情況から抜け出す過程を経て，中華人民共和国が成立し，社会主義の計画経済の下での，生産力の拡大失敗と挫折に至る時期とする。

　そして，最後に21世紀的世界として，1978年末の「改革・開放」路線への大転換から，急速な経済発展を達成する過程から，国力の増大に伴う軍事力の増強が，日米を含むアジア・太平洋周辺地域との摩擦を引き起こし，既存の国際秩序への挑戦が懸念されるようになる時期を想定している。

各章の概説

　第 1 章では，ヨーロッパ的国際秩序とは異なる中国を中心とする中華帝国的国際秩序の特徴が描かれる。秦の始皇帝に始まる専制王朝体制は清朝崩壊まで続き，その「大一統」（国家統一・一元的支配）思想は今日の中国にも浸透していることが指摘されている。

　第 2 章では，西洋の衝撃，すなわちイギリスをはじめとする欧米列強の圧力によって開国を迫られ，清朝が崩壊し，不平等条約体制の下に置かれていく様が描かれる。不平等条約撤廃は中国の外交の主要な課題となり，国内では政治体制の抜本的改革を迫られる。

　第 3 章では，国家統一から主権確立への道を模索し，苦悩する中華民国の姿が描かれる。しかし，1945年の対日戦終了後は国共内戦に突入し，軍事的敗北を喫した国民党は台湾に撤退し，代わって内戦に勝利した共産党が1949年に中華人民共和国を建設する。

　第 4 章では，新中国の世界認識と統一戦線論を行動指針とする外交が検討される。建国以降，1978年12月に開催された「3中全会（中国共産党第11期中央委

員会第3回全体会議)」で，革命から近代化建設へ路線転換する前までの約30年間が対象となっている。

第5章では，新中国の国家建設と社会主義経済建設を本格化させる中国の動向を跡づけている。社会主義計画経済の本格的な導入が，政治・経済・社会の領域に深く浸透して一元的な統合を進めた過程を明らかにするとともに，その挫折の過程が説明されている。

第6章では，中国のナショナリズムと少数民族の問題が取り上げられる。中国の民族政策は多様性を維持することよりも，ナショナリズムを強化して異なる民族の間に中華という概念に代表される共通性を創造し，国家統合を図る傾向が強いことが指摘されている。

第7章では，改革・開放の深化により，急速な経済発展を遂げた中国の光と影について検討されている。いまや中国は世界第2位の経済大国になる一方で，格差という社会のひずみが顕在化し，成長の量的拡大から質的向上に移行する必要性が指摘されている。

第8章では，中国の人権と民主化の問題が取り上げられる。欧米諸国は中国においては依然として人権・民主活動家に対する弾圧が続いていると批判しているが，中国政府はこれを内政干渉だとして反発し，その強硬姿勢がほとんど変わらない実態を明らかにする。

第9章では，改革開放以降の「独立自主外交」について説明される。1978年12月に開催された共産党大会は，毛沢東時代から鄧小平時代への転換点であり，中国外交政策は，それまでの「国際統一戦線」から「独立自主」へと大転換したことが明らかにされる。

第10章では，経済発展を優先し，環境対策を後回しにしてきた中国の環境行政の実態を明らかにするとともに，経済発展維持のため，資源確保の必要性からアフリカへの進出に象徴される中国の活発な資源獲得外交について述べられている。

終章では，21世紀の国際秩序と中国との関わりについて展望している。

第 1 章
中華帝国的国際秩序

王　偉彬

―― この章で学ぶこと ――

　前221年に秦が中国を統一し，中華帝国的専制王朝をたてた。その後，漢では中央集権体制が固められ，礼と徳を重んずる儒学は官学として定められた。隋・唐・宋・元・明・清等の時代にそれが受け継がれ，発展した。

　中国の王朝はほとんど内乱のなかで成立し，内乱によって滅ぶ。秦から五代十国までの約1000年間の王朝興亡は，「成立－安定－内乱－崩壊」というパターンにはまり，宋以後中華民国までの約1000年間の王朝は，漢民族と北方民族の間で交替が続き，外敵または内乱により滅ぶ。

　東アジアでは，中国という巨大国家と周辺の十分発達していない諸民族国家との力関係により，中国中心の縦型国際秩序が形成された。

　清代まで中国の世界観は基本的に中国中心観である。それが中華思想ともいわれる。また，「大一統」（国家統一，一元的支配）思想が存在し，現在の中国にも浸透している。

　近世では，明が積極的な対外政策をとり，周辺諸国との冊封・朝貢体制を推進した。朝貢貿易圏国威の拡大のため，鄭和が7回にわたり大規模な艦隊を率いて南海・インド洋への遠征を行い，明と東南アジアなどの諸国との経済的，文化的な交流を促した。

　日本は，朝鮮，沖縄，ベトナムなどの国と比べ，中国との関係が若干特殊であり，朝貢貿易を継続したり，中止したりした。

　18世紀後半，欧州では産業革命が起き，経済・社会の根本的な変化がおこり，やがて近代化が始まったが，これらの状況は清に伝わっていない。中国中心的であった清は，西洋などの世界に関心を持たなかった。

　近世以後ヨーロッパでは平等な国際関係が樹立されたが，東アジアでは中華帝国的国際秩序が依然として存在する。近代化に遅れをとった清は，19世紀中期にヨーロッパ列強からの中国・東アジアへの侵入に遭遇すると，敗戦を余儀なくされ，やがて冊封・朝貢関係を中心とした中華帝国的国際秩序も崩壊への道を歩む。

1　中華帝国とその世界観

中国の専制王朝体制

　皇帝が統治する国を一般的に「帝国」と呼ぶ。中華帝国は，前221年に戦国の七雄の一極である秦が他の諸国を撃破し中国を統一した時代から始まったと考えられる。

　秦の国王は，皇帝と呼ばれ，始皇帝となった。始皇帝が個人的な絶対的権力を持って国を統治し，世襲的専制王朝をたてた。

　秦の時代に，国内では強力な中央集権的政治体制をとり，度量衡・文字・貨幣の統一，言論・思想の統制などを実施し，中国統一の基盤を築いた。対外では，北方遊牧民族の匈奴を討ち，その侵入を防ぐため万里の長城を修築し，南方の南越を征服して東アジアの一大帝国を形成した。

　秦の中国統一は，中国の政治体制や政治文化を大きく変容させたが，わずか15年間で滅び，民族的，文化的には，中国というアイデンティティの形成が不可能であった。それを実現したのは，その後約400年間続いた漢の時代である。

　漢は前漢（前202〜08）と後漢（25〜220）に分かれ，あわせて約400年の王朝を維持した。漢の時代を経て，中国人は漢民族，文字は漢字，言語は漢語（中国語）と名付けられるにようになった。

　漢では，中央集権体制が固められ，礼と徳を重んじる儒学が官学として定められた。儒学は後に中国文化の中核となり，徳治主義による王朝の思想統一・社会秩序を維持する学問として中国の専制的王朝政治を支えた。2000年ほど続いた中国封建的社会の政治的，文化的基盤がこの時代に築き上げられた。

　専制的王朝統治体制が，その後の隋・唐・宋・元・明・清等の時代にも受け継がれ，さらに発展し定着していった。

　中国の専制王朝体制は，いくつかの特徴を持っている。

　世襲的体制の皇帝を中心とした中央集権政治体制をとる。世襲的な諸侯の

「分封制」を廃止し，郡県制を敷き，中央及び地方の官吏はすべて皇帝が自ら選抜し，その任免を行う。秦の創設した郡県制はその後，2000年以上にわたり中国社会の基本的政治制度となっている。

皇帝の権力は至高である。行政・財政・司法・軍事等のすべての権力は皇帝に集中し，中央官僚機関及び地方は無条件に皇帝に服従する。

皇帝が強力な軍隊や近衛軍等の武力を直接統率する。外敵の侵入を防ぐ他に，地方の反乱や農民の蜂起等の鎮圧に当たる。中国史上，無数の農民蜂起および宗教組織の反乱などが起きたが，一部成功する事例を除き，ほとんど鎮圧される。

専制体制を維持するために言論や思想を厳しく統制する。秦の「焚書坑儒」，漢の「罷黜百家，独尊儒術」（諸子百家を排して儒学を尊ぶ），清の「文字の獄」（言葉狩り）などがその例である。

専制王朝体制は，20世紀初頭清王朝が崩壊するまで中国を統治する唯一の政治体制であった。

中華帝国興亡の2つのパターン

漢以後，中国では三国・晋（西晋・東晋）・南北朝といった流動的な時代を経て，隋（589～618）が成立し，後に唐（618～907）の長期安定的な時代に至る。一般的に，国が成立してからある程度安定的期間を経て衰え滅んでいく。重税・暴政及び自然災害等に苦しめられた農民の蜂起，宦官や皇帝の側近による権力闘争，対外遠征の失敗や地方軍閥の反乱などが起こると，国が混乱に陥り崩壊する。秦・漢・隋・唐などの王朝がそのような事情で滅んだ。唐以後，中国は五代十国（907～60）という分裂の時代に入る。

王朝はほとんど内乱のなかで成立し内乱によって滅ぶ。秦から五代十国まで約1000年間の王朝の興亡は，いずれも「成立－安定－内乱－崩壊」という道筋をたどる。これは「内乱興亡パターン」であるといえる。

国の成立と崩壊は統一と分裂の過程でもある。統一王朝が崩壊してから国は

表1-1 統一と分裂の一覧表

分裂	統一	分裂	統一	分裂	統一	分裂
前403～前221	前221～220	220～280	265～420	420～589	589～907	907～960
戦国	秦・漢	三国	晋	南北朝	隋・唐	五代十国

(出所) 筆者作成。

ほとんど分裂する。秦の時代から、五代十国までの中国の歴史は、統一と分裂の繰り返しである（表1-1）。

　五代十国以後中国王朝の興亡は、異なる様相を見せ、崩壊のパターンが変わる。北方に勃興した諸遊牧民族国家（厳密に言えば、この時期は民族・部族が基本的であり、近代以後の「国家」というものがまだ形成されていない）からの侵入で漢民族の王朝はたびたび滅び、北方の王朝がたてられ、後に、漢民族の反乱で北方民族の王朝が滅ぶ。

　北宋（960～1126）は、北方民族の金に滅ぼされ、金（1115～1234）と南宋（1127～1276）はモンゴルに滅ぼされた。モンゴルが元（1271～1368）を立てたが、紅巾の乱（1351～68）をきっかけに支配は崩壊し、漢民族王朝の明（1368～1644）がまたたてられたが、李自成農民軍の反乱をきっかけに、東北地方で勢力を伸ばした満州族の清（1644～1911）が中国に侵入し全土を支配する。また、辛亥革命（1911）という漢民族の反乱で清は滅び、漢民族中心の中華民国（1912～49）が再び成立する。2000年以上続いた皇帝を中心とした専制体制の中華帝国が完全に崩壊し、アジア初の共和国が誕生した。宋以後の王朝興亡は「外敵・内乱興亡パターン」であるといえる。

　宋以後中華民国までの約1000年間の王朝は、外敵または内乱により滅び、漢民族と北方民族の間に王朝交替が行われた（表1-2）。

　王朝興亡の周期は、長いのは200～300年、短いのは10数年である。王朝の存続は政治・経済・社会及び民族間抗争の諸事情に左右され限界がある。「内乱興亡パターン」と「外敵・内乱興亡パターン」がその限界により生み出され、偶然のものではない。

表1-2　漢民族と北方民族の王朝交替

王朝・政権	民　族	備　考
宋（北宋　960～1126） 　　（南宋　1127～1276）	漢	金（1115～1234）が北宋を滅ぼし，南宋と併存した。
元（1271～1368）	モンゴル	紅巾の乱をきっかけとして元が崩壊した。
明（1368～1644）	漢	李自成の乱で明が崩壊し，清の中国支配のきっかけとなった。
清（1644～1911）	満州族	辛亥革命で清が崩壊した。
中華民国（1912～1949）	漢	

（出所）筆者作成。

中華帝国は，その興亡により，支配領域がたびたび変わるが，周囲諸民族国家との力関係のいかんによって拡大したり縮小したりし，周辺領域（辺境）を持ちながら定まった国境のない国家を構成していた。

中国の世界観

中国の世界観は基本的に中国中心観である。

昔から，黄河中下流地域あたりは，中原（現在の河南，山東，山西省の大部分と河北・陝西省の一部を含む）ともいう。周辺に多くの国があり，中原は中心部という意味から，中国ともいわれる。また，華山一帯に居住した華族と呼ばれる一族が中原諸部族のなかで中心的な存在であったので，中国は中華とも呼ばれる（他説あり）。

中華について，中国では「古代に夏族，漢族は多く黄河の南，北に居住し，四夷の中にある。後世はそれ故その地を中華と呼ぶ。（中略）最初，黄河中下流のみを言い，後に各王朝時代の領土が漸次拡大し，すべて統轄の範囲をみんな中華と呼び，また中国とも呼ぶ」と解釈されている。（辞海編輯委員会編『辞海』上海辞書出版社，1979年版）。

中原地域は，経済・文化などが周辺地域より比較的発達しているから，中国は徐々に自国が「天下」の中心であるという中国中心観が出来た。中国中心の

世界観から，中国の優越感や周辺未発達地域への蔑視意識が生まれた。中国周辺の民族を北狄・西戎・南蛮・東夷という言葉で表現したのはその現れである。これが「中華思想」ともいわれる。

実際，20世紀までは中華という言葉はあまり使われず，それが盛んに使われ出したのは中華民国の時代（1912～49）以後のことである。それまでの秦・漢・隋・唐・明・清などの統一王朝に対しては中華ではなく，中国及び周辺諸国ではその王朝名が国の称号となっている。

中国の世界観には，「大一統」（国家統一，一元的支配）思想も重要な内容として含まれる。周（前11世紀～前256）の時代にも「大一統」の思想がすでに存在していた。「溥天之下　莫非王土　率土之濱　莫非王臣（『詩経──小雅・北山之什』）」。すなわち，大空の下に王土でない土地はなく，地の果て（浜辺）まで王臣でない人間はいないという詩句が表すように，中国では，天下統一の概念が発達し，天子（帝王）の一元的な天下（国家）統治思想が浸透している。

「大一統」の世界観は，古代では，領土と辺境地域を含む天下がすべて天子の管轄する「領土観」を意味するが，中国周辺の諸民族を含む天子の天下統治思想も意味する。

この「大一統」思想が秦の中国統一後にさらに強まり，とくに漢の時代を経て，中国一体感の意識が強くなっていく。後に分裂の時代がたびたびあったにもかかわらず，中国統一の志向が弱まることはなく，平和の時期か分裂の時期かを問わず，統治階層，知識階層及び一般庶民の間では，統一志向を求める傾向が見られる。そこに，外敵侵入を防ぎ，国内戦乱を避け，安定生活を送るという民の願望が含まれている。「大一統」思想が，中国の王朝政治に利用され，専制王朝体制の維持にもつながった。

「大一統」思想の影響により，統一は正，分裂は非という意識が現在の中国にも浸透している。

2　中華帝国的国際秩序の展開

冊封・朝貢体制

　中華帝国的国際秩序が明の時代から盛んに行われている。

　明は積極的な対外政策をとり，北方では永楽帝によるたび重なるモンゴルへの親征，南方ではベトナム遠征，鄭和の南海遠征などを行い，周辺諸国との冊封・朝貢体制を推進した。

　冊封は，周辺諸国の支配者が中国の皇帝に使節を送り，それに対し中国の皇帝が王や諸侯等の位階を与える。

　冊封を受けた国は，中国の皇帝の徳に敬意を表し定期的に当地の特産品を持って朝貢し，見返りに中国からそれ以上の品物を持ち帰る。これが朝貢である。

　朝貢国にとって，その返礼品は大きな利益になるので，朝貢回数を増やすことを希望する場合もあったが，中国は，朝貢の回数・人数・年度・朝貢品を制限つきで許可した。このような貿易に近い朝貢の形の往来を朝貢貿易ともいう。

　冊封・朝貢は，漢の時代から始まり，唐の時代まで行われた。宋（北宋・南宋）の時代には王朝が弱まり，遼や金に対し対等，さらに臣下として歳賜（銀・絹）を贈らなければならず，冊封体制の中心とはなりえなかった。後の元の時代には征服を基本的な統治手段として，冊封・朝貢は採用されなかった。明の時代になって冊封・朝貢が復活し，永楽帝の時代に拡大された。朝鮮，ベトナム，琉球（沖縄）など古くからの冊封国のほか，東南アジアのシャム（タイ），ビルマ（ミャンマー），マラッカ（マレーシア）など多くの国が加えられた。朝貢国について，明の『萬暦明会典』に次のように記載されている。

　　東南夷　朝鮮国，日本国，琉球国，安南国（現ベトナム），真臘国（カンボジア），暹羅国（シャム，現タイ），瓜哇国（ジャワ），蘇禄国（スールー

　　　　　フィリピンの一部），満刺加国（マラッカ），錫蘭山国（スリランカ）
　　等計44
　北狄　　韃靼系からの王・首長等計8
　西戎　　蘭州以西から西域38カ国を含み計58，吐蕃系から計14
　朝貢国の数は，時代により変化するが，中国周辺の諸民族国家がほとんど朝貢体制に入っている。朝貢の回数は，1年1回，2年1回，3年1回など各々違い，滞在は北京会同館で，人数，侵入路，儀式等も規定されている。
　周辺諸民族国家の支配者が中国に使節を送り，自分の国の王として中国の皇帝から認められ，権威づけられることにより，ライバルより優越の地位を獲得することになる。また内乱や外敵に侵略された時に中国からの軍事的援助を期待することが出来る。
　一方，経済的実益が得られない中国が，冊封・朝貢体制をとった目的は，周辺諸民族国家との関係や中国支配の範囲を確認し，国境の防衛・安定化を図る意味を含んでいる。
　朝貢貿易の国は東アジアに限らず，16世紀から来航したポルトガルをはじめ，スペインなどのヨーロッパの国に対しても，明は朝貢貿易の形をとった。

鄭和の南海大遠征

　明代，朝貢圏の拡大を図り，また明の国威を広げるため，宦官鄭和が永楽帝の命を受け，1405年から31年にかけて，大規模な艦隊を率いて南海・インド洋へ計7回にわたる遠征を行った。
　航海用の最大の船は，宝船（全長150，幅60メートル）と呼ばれ，当時，世界に類を見ない大きさである。船団は最大で240隻，乗組員は2万7640名にのぼるという史上未曾有の大航海であった。
　船団は，蘇州の劉家港から出発し，南シナ海を南下する。現在のベトナムやタイを訪れ，ジャワ島，スマトラ島の港を経由してマラッカ海峡を抜け，インド西岸のカリカットまで至った。4回目以降は，さらにアラビア半島のホル

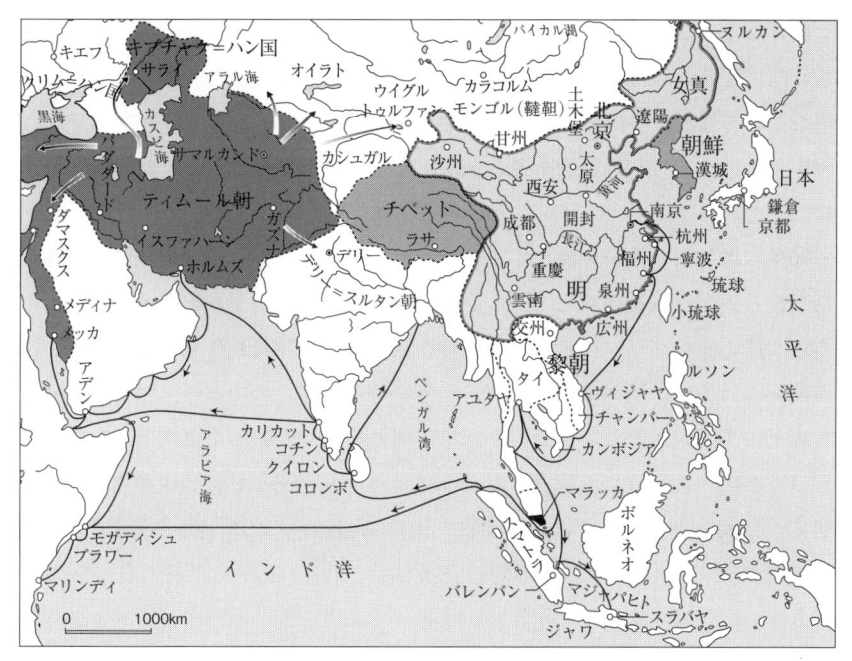

図1-1　鄭和の南海大遠征路線図
（出所）『詳説世界史』山川出版社，2003年。

ムズ（ペルシア湾岸）・アデンまで至り，最も遠い地点では5回目と6回目に船団の一部がアフリカ東海岸のマリンディ（現ケニア）まで到達し，永楽帝没後，宣徳帝の時期に行われた7回目には船団の一部がメッカにも到達した（図1-1）。メッカへの航行はイスラム教徒鄭和の願望に沿ったものであったと推測される。

　船にはたくさんの財宝を積み込み，また，立ち寄った港でその地の王や貴族をもてなして儀式を行なうための設備も併せ持っていた。たとえば，ヴェトナム中部のチャンパ王国の国王は，明の陶磁器や絹織物などのみやげ物が気に入り，その後明朝に朝貢使節を送り，明の後ろ盾を得たチャンパ王国は，大いに繁栄したという。

度重なる大航海で明と東南アジアなどの諸国との経済的，文化的交流が促進された。至るところで艦隊が持参した外交儀礼品や交易品として中国の磁器，絹などが好まれ，各国の特産品や，ライオン・ヒョウ・シマウマ・キリンなどの中国にいない珍しい動物を連れ帰る。なかでもアフリカのキリンが永楽帝を喜ばせたという。
　鄭和の艦隊は，南シナ海とインド洋とをつなぐマラッカ海峡周辺で，略奪行為を繰り返す海賊を撲滅したが，征服が目的ではなく，平和的な遠征が特徴である。後のヨーロッパのアジア進出時の武力攻撃や植民地作りとは異なる。南海遠征の目的は，明の威勢をアジア世界に誇示するためであり，朝貢を勧誘することに主眼が置かれていた。それまで明と交流がなかった東南アジアの諸国が続々と明への朝貢にやってくるようになった。1405年鄭和の遠洋開始から永楽帝が1424年没するまでの19年間に，南洋・西洋からの関連する使節は300回以上にのぼる。1423年の1年間に17カ国，1200ほどの使節が朝貢に来たという。
　明が貢物を上回る回答品を与え，実益を伴わず，莫大な費用がかかったこの大航海は7回で終了し後続はしなかったが，ヨーロッパの大航海時代より70年ほど先んじる大航海には歴史的意義がある。

「北虜南倭」
　明では，永楽帝の死後，宦官の勢力が強まり，官僚の政争が激しくなり，政治が乱れた。対外について明は朝貢貿易しか認めないため，中国との交易を求めて，周辺民族が中国への侵入を始めた。
　北方では，モンゴル諸部族が15世紀中頃からしばしば明を犯した。
　中国と北方民族との関係は昔から複雑であった。北方・北西では，砂漠・高原・山岳などの地形がつながり，様々な民族がこの地域で遊牧を基本的生活手段とし，移動を繰り返す狩猟採集生活を営む。気候変動などの自然災害が発生すると，生活が一層厳しくなる。これらの遊牧民族は，騎馬術が得意で，攻撃

力に富む騎馬軍団を形成し，秦の中国統一前の時代から明の時代まで中国を脅かしている。

遊牧民族に近い辺境地帯が最も頻繁に被害を受けていた。騎馬軍団が襲来すると，略奪や殺戮が起き，女性が性的奴隷として北の方へ連行される。迅速移動の出来る騎馬軍団の襲来の予防と後の追撃は困難であり，数千キロに及ぶ「万里の長城」は，大規模な侵入に対してあまり役立っていない。

1449年，朝貢制度による回数や規模の制限を不満として西北のモンゴル族の一部であるオイラトが明を犯し，親征軍を率いる明の正統帝（英宗）を土木堡で捕虜とし（土木の変），北京を包囲した。それをきっかけに明は対外的に守勢となる。後にモンゴル系のタタールからも侵入され，明を苦しめた。

一方，南（東）の沿海では，明は倭寇の活動の激化にも悩まされた。14世紀，日本の南北朝動乱期に朝鮮や中国の沿海地方で倭寇による海賊が猛威をふるった。倭寇への対策として明は外国船の往来，中国人の海外渡航と外国との交易，漁業活動等を制限し，政府管理下での貿易や朝貢貿易の促進をはかり，海禁政策をとった。16世紀中頃，明と日本の間の勘合貿易が中止され，明の統制を打破し，貿易の利益を求めて，倭寇による明の沿海への侵入が激化し，海賊活動の範囲が広がった。この頃の倭寇には倭と称した中国人も加わっている。

北方のオイラト・タタールの侵入と南（東）方の倭寇の騒擾といった外患を「北虜南倭」といい，明王朝は衰退の道を辿る。

朝貢貿易と日本

日本は，朝鮮，沖縄，ベトナムなど中国周辺の諸民族国家と比べ，中国との関係が若干特殊であった。

両国間の最初の交流は前漢の時代である。1世紀ごろ，日本から複数の国（地域）の使者が中国に派遣され，奴国（九州にあったと推測される）が朝貢国として認められ，後漢時代に光武帝が倭人の使者に金印を授けたと記載されてい

る。後の三国時代の魏に邪馬台国の卑弥呼も朝貢使節団を送り，その後も断続的な関係を保持した。

　一方，日本の天皇は，中国の皇帝と平等の立場を求めた。飛鳥時代に，台頭し始めた大国意識により，中国との縦型関係に甘んじることが出来なくなる。607年，厩戸皇子が，遣隋使に「日出ずる處の天子，書を日没する處の天子に致す。恙なきや」という親書を持たせ，煬帝を不快にさせたという。それが，日本からの冊封・朝貢体制への最初の挑戦であったといえよう。663年の日本による朝鮮侵攻は，東アジア国際関係へのさらなる挑戦である。

　隋・唐時代では，日本は遣隋使・遣唐使を送り，中国の文化を学び，大化の改新により律令国家体制を整えた。遣唐使廃止以後，日本は中国の冊封体制から遠ざかったが，明は太祖の頃，倭寇に悩まされ，日本側に有利な朝貢関係の設定と引き換えに倭寇を取り締まらせようとし，日本の九州に南朝派政権を構えていた懐良親王に「日本国王良懐」を冊封した。懐良親王は最初は断ったが，後にそれを受けて「日本国王良懐」として明との朝貢貿易を行った。

　室町幕府時代，足利義満は日本と明の貿易の一元的支配を望み，数回にわたって使節を明に送る。明の永楽帝から義満に「日本国王之印」と通商に必要な勘合符を与えられ，朝貢は10年1回，入国地は寧波と定められる。足利義満が冊封を受けたのは，日明間の勘合貿易の主導権を握るためであるが，国王になることで，天皇の力を弱めるためだったという説もある。

　4代将軍足利義持が対明臣従路線を嫌い，一時的に停止したが，朝貢貿易の利益は魅力的なものなので，後に義持自身により再開される。

　室町幕府が衰え，一部の大名により朝貢貿易が継続される。豊臣秀吉による朝鮮出兵後は日明関係が断絶し，江戸時代には明との関係が一応修復されるが，民間の貿易関係にとどまった。清の時代には日本が鎖国状態にあり，冊封・朝貢体制の外にあった。

3　中華帝国的国際秩序の崩壊

清の中国支配と対外関係

　17世紀中葉が，東アジアとヨーロッパにとって新しい歴史の始まりである。東アジアでは，1644年に満州族の清が北京に入城し，北方民族による中国支配の清王朝が成立した。一方，ヨーロッパでは，1648年に30年戦争が終結し，講和条約として「ウェストファリア条約」が締結され，神聖ローマ帝国が事実上解体し，各国の主権が認められ，平等な国際関係が定められた。その後，ヨーロッパでは，国家主権平等の原則に基づいた国際関係が展開するが，東アジアでは依然として専制体制の中国を中心とした縦型の国際関係が続く。中華帝国的国際秩序が清により継続されていたのである。

　清は明の官制や科挙制度などの伝統をほぼ受け継ぎ，学問を奨励し，『康熙字典』や『四庫全書』などを編纂し，儒学を中心とした中国文化を発展させる。

　中国は，元・清のような異民族の侵入により国が滅亡したことがあるが，文明の連続性が断ち切られることはなく文化的，民族的なつながりが維持されてきた。中国を支配した異民族は，道徳・礼儀・秩序等を重んじる儒学を中心とした社会の安定を重視する中国文化を破壊せず，それを容認，または継承した。中国文化は，異民族にとって，その支配とは矛盾せず，むしろ有利であったのだろう。中国文化は，周辺諸民族国家が自ら積極的に導入した事実を考え合わせると，当時の東アジアでは一種の普遍性のあるものであったと考えられる。

　中国の支配に漢民族の協力を必要としたので，清は中央官僚機構の要職に満・漢人同数などの併用策をとったが，反満・反清の疑いのある文字や文章を書いた者を極刑に処し（文字の獄），思想の統制を厳しくして，白蓮教などを邪教として取り締まった。

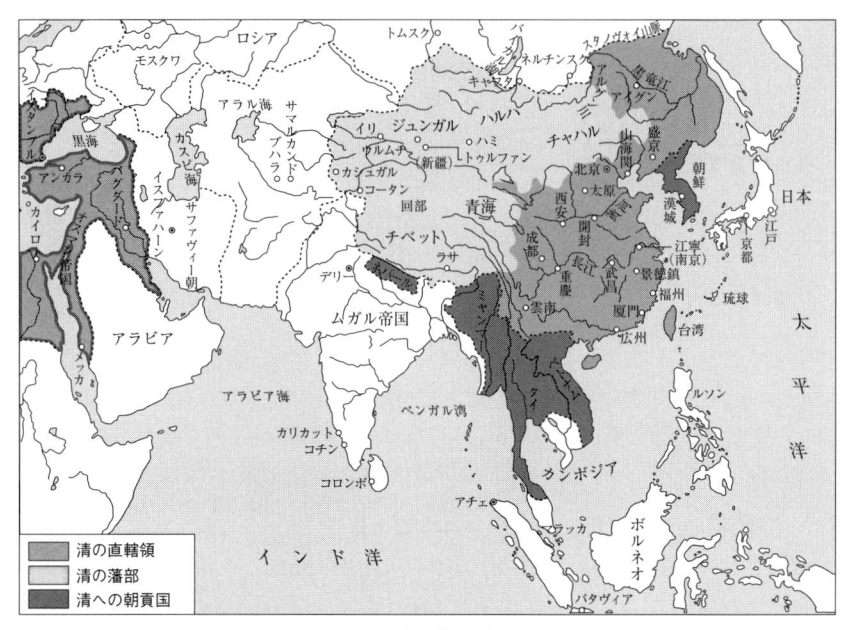

図 1-2 清の藩部と朝貢国
(出所)『詳説世界史』山川出版社, 2003年。

　辺境地域では，台湾を平定し，モンゴルとチベットを服属させ，新疆を支配下におき，広大な支配範囲を作っていた。清朝の領域（外モンゴルを除く）が，ほぼ現代中国の領土の原型をなしている。

　清の支配は，直接支配領域と間接支配領域（藩部）とに分け，藩部の少数民族の自立性が認められ，緩い支配体制であった。朝鮮・ベトナム・タイ・ビルマ（ミャンマー）・ネパールなどの周辺諸民族国家にも勢力を及ぼした（図1-2）。

　清は冊封・朝貢体制を推進するものの，一貫して周辺すべての国を朝貢体制に組み入れたわけではない。1727年に清とロシアの間に結ばれたキャフタ条約（中国語：恰克図条約）がロシア人の北京への交易を中ロ国境までにとどめ（互市），朝貢をとくに求めなかった。この時期の清とロシアとの関係は縦型では

なく普通の国家関係である。また，ポルトガル，イギリス，フランスなどヨーロッパからの商人も北京に入らせず，広州での交易を許可し，朝貢等は行わないようにした。

中国を中心とした冊封・朝貢体制の縦型的国際秩序について，「華夷秩序」や「朝貢貿易」で表す場合が多いが，宗主国と属国（被保護国）との関係でもある。華夷秩序は中国と周辺諸民族国家との不平等な国際関係を表し，朝貢貿易は朝貢と返礼による経済的関係を示し，宗主国と属国という表現は，双方の政治的な縦型関係を意味している。

中華帝国的国際秩序の崩壊

清は，康熙帝（在位1661〜1722），雍正帝（在位1722〜35），乾隆帝（在位1735〜95）三代の皇帝の統治下，長期にわたる平和と発展の時代が続き，18世紀には，人口が5000万人から3億人以上に増加した。しかし，昔からの農業方法や農耕機具の画期的な改革がなく，食料供給不足の問題が生じ，その上政治的腐敗も進んだ。世紀末に白蓮教徒の乱（1796〜1804）が起こり，19世紀初頭にようやく平定されたが，清は衰えを見せ始めた。

一方，清はこれまで予想もしなかった西洋からの外敵に脅かされる。18世紀後半，イギリスで産業革命が起き，19世紀に他の国に広がり，生産力の革新につながった。それにともなう経済・社会の根本的な変化が表れ，19世紀前半までに近代資本主義体制が確立するに至る。成長した市民階級が，資本主義的生産発展の妨げとなった絶対王政を打倒し，近代市民社会と国民国家をたてた。それにより封建的身分制が廃止され，個人の自由を保障する社会が形成されている。近代化が始まったヨーロッパ諸国は，やがて市場の拡大，植民地の確保のために世界へ進出することになっていく。

しかし，これらの変化は清に一切伝わっていない。清は「天下」の中心であるという意識がなお強く，西洋など世界への関心は依然として持たなかった。

実際，中国でよく使われた「天下」という表現は，世界というより，むしろ

中国人の活動出来る範囲，すなわちシベリア以南，中央アジア以東，東南アジア以北，太平洋以西の東アジアを意味するものだと考えられる。「天下争い」というのは，上記の範囲を指している。シベリアの寒帯地域やモンゴルの高原及び砂漠地帯のような厳しい自然環境には，温帯地域で農耕生活に慣れていた中国人はほとんど関心がなく，海を隔てた日本へも興味を持たず，中央・西アジアあたりの広大な砂漠地帯より西にある中近東やヨーロッパなどへも漠然としたイメージしか持たなかった。南方では，ベトナムあたりまでは一体感があり，それ以遠は朝貢関係以上を求めなかった。

　このような自然環境と天下中心という中国の世界観に制限され，清はヨーロッパで発生した産業革命とその後に起きた様々な変化及びウェストファリア体制以後に展開されている平等な立場での外交・国際関係の発展は一切知らなかった。

　上記のような原因の他に，さらに深層レベルの問題がある。清では，農耕経済を固守し，伝統的な「重農軽商」の思想により農業を重視し，商業は軽視されるため，市場の拡大が出来ず，手工業から産業への成長，さらに資本主義経済への変身が出来なかった。また，専制政治のもと，言論や思想の自由が抑圧され，科挙制度の影響により，教育は四書五経など儒学に関する内容が中心で，知識人の自然科学への関心が薄く，宋代以後，重大な発明や科学・技術の進歩はほとんどなかった。さらに，中国の歴代王朝は，内部の反乱と外部からの侵入への対策を死活問題とし，王朝政権の維持が各時代の至上の命題である。清自身が，北方民族であり，従属させたモンゴル以外に北からの侵入の恐れは考えなかったが，国内の反乱に対し，いつでも鎮圧出来るような体制をとる必要があった。全人口約2％程度の満州族は3億人以上の大漢民族への支配だけで精一杯であり，世界へ目を向ける余裕はなかった。要するに，清は，外向きというより，内向き志向でなければならない事情があった。

　近世以後ヨーロッパでは市民社会・国民国家の形成や平等な国際関係の樹立が進んでいったが，中国中心の東アジアではそれについては到底考えられな

かった。ヨーロッパには，中国のような秦以後2000年以上にわたる文化的連続性のある中央集権体制の巨大国家は存在しなかった。またヨーロッパでは，多くの戦争を通して，最終的に均衡のとれた国際情勢が出来たが，東アジアではそのような国際情勢は生まれなかった。中国と周辺の十分発達していない諸民族国家との力関係により，中華帝国的国際秩序が出来，また維持されていたが，これが中国中心の縦型国際社会の長期存在の基本的要因であった。このような意味で，中国の伝統的世界秩序はヨーロッパ的な国民国家体系を基本とする国際秩序とは性格を異にしている。

　改革知らず，世界の変化知らずの清は，近代化が進んでいるヨーロッパと比べ，遅れをとり，19世紀半ば，産業革命で成功し，優れた軍備を持つイギリスからの中国・東アジアへの侵入に遭遇すると，敗戦を余儀なくされ，やがて冊封・朝貢関係を中心とした中華帝国的国際秩序も崩壊への道を歩む。

文献案内

浜下武志『朝貢システムと近代アジア』岩波書店，1997年。
　＊華夷秩序や朝貢システムの生成と構造などを焦点に，中国と周辺諸国との関係を詳しく検討している。中国中心の東アジアの国際秩序を勉強するのにお勧めの1冊である。

J・K・フェアバンク／古市宙三訳『中国』上，東京大学出版会，1972年。
　＊アメリカ人中国研究者の視点から中国の社会・文化及び対外関係を解説し，中国を理解するのに役立つ古典的な業績である。

ラインハルト・ツェルナー／植原久美子訳『東アジアの歴史　その構築』明石書店，2009年。
　＊東アジアの出身ではない部外者の角度から，中国及び東アジア各国の内部事情及びその相互関係の歴史を分かりやすく紹介している。

堀敏一『東アジア世界の歴史』講談社，2008年。
　＊漢字・儒学・仏教及び冊封・朝貢関係が，1つの文化圏としてどう捉え，また，中

国を中心とした朝鮮・日本・ベトナム・モンゴルなど諸国の相互関係がいかに展開されたかについて概観している。

梅原郁『皇帝政治と中国』白帝社，2003年。
  ＊皇帝政治の確立・展開から，明朝・清朝などを分かりやすく解説している。皇帝政治をはじめとする中国の専制王朝体制を理解するのに有益である。

第2章
西洋の衝撃

滝口太郎

― この章で学ぶこと ―

　19世紀半ばの中国は，イギリスをはじめとする欧米列強の圧力によって開国を迫られ，不平等条約体制の下に置かれていく。しかし，この背景は単純ではない。西欧の国際秩序は，17世紀のウェストファリア条約以降，主権を持った国家が建前上は平等に並ぶ，いわば水平なシステムを前提としていた。それに対して東アジアの国際秩序は，中国の皇帝を頂点とする朝貢・冊封体制によって，垂直なシステムが伝統的に築き上げられていた。この2つの国際システムの衝突が，欧米列強による中国の開国という形をとったのである。不平等条約はこの後，約100年間続き，この撤廃は中国外交の主要な課題となっていく。また同時に，欧米のもたらす「西洋の衝撃」は，約300年続いた清朝の国内統治の崩壊を加速化させていく結果ともなった。

　1840～42年のアヘン戦争，1856～60年のアロー戦争は，中国の開国と不平等条約確立の契機となった。また，中国南部を中心とする1850～64年の太平天国は，清朝の国内統治（とくに南部の）を崩壊させるきっかけとなった。太平天国は，指導者の洪秀全がキリストの弟を名乗ったことなどからみられるように，これも「西洋の衝撃」の影響を受けていた。アロー戦争によって最終的に結ばれた1860年の北京条約以降，清朝は西洋の技術を導入する洋務運動を開始した。しかし，中国の精神的優越性を重視する「中体西用」の概念に固執したため，顕著な成果を生まず，また政治体制の改革（立憲君主制）を目指した変法運動も挫折していく。1900～01年の義和団による排外運動と，外国勢力によるその鎮圧は，清朝の主権を大きく喪失させた。起死回生をはかる清朝の西太后は，1901年に光緒新政を宣言し，政治体制の抜本的改革をすすめるが，時すでに遅く，鉄道国有化令に反発した四川暴動をきっかけとして，1911年の辛亥革命を迎えることになった。

1 「西洋の衝撃」とアヘン戦争

「西洋の衝撃」とは何か

　19世紀の中国を開国させ，変化させていったのは，欧米諸国の武力，経済力，キリスト教布教などの，圧倒的な「西洋の衝撃（western impact）」である。だが，この視点には注意しなければならない点がある。1950〜60年代のアメリカでは，ジョン・K・フェアバンク（John K. Fairbank）などのアジア研究者がこの視点を提起し，主として「衝撃―反応論」の形で議論を行った。これは停滞したアジアに西洋が衝撃を与え，その衝撃にアジアが反応して変化（近代化）がもたらされるとの考え方である。この考え方では，中国の近代化に真に「能動的」な役割を果たしたのは西洋であり，中国が演じた役割は「受動的」なものにすぎなかったということになる。

　これに対して1980年代には，ポール・A・コーエン（Paul A. Cohen）が「オリエンタリズム」批判の観点から反論を加えた。「オリエンタリズム」とは，もともとは「東方趣味」を意味し，それから発展して「西洋の偏見による東洋観」を意味する言葉である。コーエンは，単純な「衝撃－反応論」を否定し，中国の歴史をみる場合，「中国自身に即したアプローチ」によって分析を行うことを提唱した。中国は，宋の時代から自律的発展を続けており，中国の内発的発展をみていくことによって中国の変化が見通せるとする主張である。

　それでは結論として，「西洋の衝撃」をどう捉えるべきであろうか。確かに「西洋の衝撃」は，中国に大きな影響を与えた。しかし中国内部において自律的変化が進んでいることも否定できない。「西洋の衝撃」は，むしろ中国内部の自律的変化を加速する役割を果たしたとみるのが妥当であろう。

アヘン戦争前夜の広東システム

　1757年乾隆帝は，広州を除く一切の港における外国貿易を禁止する勅令を発

第2章 西洋の衝撃

した。いわゆる鎖国政策への転換である。この1757年からアヘン戦争開始の1840年までの鎖国政策下の外国貿易体制を，イギリス人たちは「広東システム」と呼称した。貿易港は広州に限定され，外国貿易を行う中国側担当者は「公行（コーホン）」と呼ばれる外国貿易特許商人のみであった。外国人は，城壁に囲まれた広州の町に住むことを禁じられ，行動も制限され，また長期滞在をしないように女性を同伴した赴任も認められなかった。裁判権は中国側にあり，民事に関しては外国人同士の仲裁に任されたが，刑事事件に関しては中国側が強く裁判権を主張し，外国人容疑者はほとんどの場合，絞首刑に処せられた。

イギリスは，貿易港拡大を要望し，1793年にマカートニー卿（Lord Macartney），1816年にアマースト卿（Lord Amherst）を団長とする使節団を北京に派遣した。しかし，清朝はイギリスの使節を朝貢国からの使節として扱い，皇帝への謁見には「三跪九叩の礼」を要求した。「三跪九叩の礼」とは，皇帝の前で3回跪き，1回跪くごとに3回叩頭（頭を床につける）する屈辱的な儀式である。イギリスの使節団は，それに従わなかったが，また同時に通商条約の締結も中国側によって拒否された。このような状態において，イギリス側から「広東システム」を打ち破ろうとしたものが，アヘン戦争であった。

アヘン戦争による中国の開国

アヘン戦争の直接の原因は，アヘン貿易をめぐる中国とイギリスの対立である。ではなぜ，アヘンが中国に流入することになったのだろうか。イギリスでは18世紀の後半，紅茶を飲む習慣が爆発的に広がった。茶葉は当時，中国から輸入するしかなく，イギリスは中国に対する有力輸出商品を持っていなかったため，イギリスの対中貿易は大幅な赤字となり，イギリスから中国へ銀が流出した。この貿易赤字を埋めるために行われたのが，イギリスの植民地であったインドから中国へのアヘンの輸出である。ただしイギリス政府は，インドから直接アヘンを中国へ輸出するのではなく，インドの港でイギリス人のアヘン商

図2-1　アヘン戦争図
（イギリス戦艦ネメシス号による広州近郊アンソン湾の海戦，1843年，エドワード・ダンカン画。ダンカンの聞き書きによる空想の絵といわれる）
（出所）「特集・東洋文庫の世界」『東京人』2011年12月号（No.303），都市出版，（原本の所蔵先東洋文庫）。

人にアヘンを販売し，そのアヘンの行き先には関知しないという姿勢をとった。その結果，密貿易も含めて，中国には大量のアヘンが流入し，19世紀初頭には中国のアヘン中毒者は200万人を超えるという状態になった。

たび重なるアヘン禁令が守られないことに業を煮やした道光帝は，1839年にアヘン厳禁論者の林則徐を広東に派遣した。林則徐は広州につくと，外国人商人から大量のアヘンを没収し，石灰を混ぜて海に流した。イギリスの在中国貿易監督官チャールズ・エリオット（Charles Elliot）は，アヘンの引き渡しには同意したものの，林則徐が外国人商人に要求した「アヘン貿易をしない（した場合は死刑）との誓約書」の提出は拒み，対立が続いた。イギリス本国では，パーマストン（Henry John Temple, 3rd Viscount Palmerston）外相を中心として派兵の準備が進められ，議会での反対も多かったものの派兵が決議された。兵力は軍艦16隻で，大砲計400門を装備し，本国とインドからの陸上兵を満載した4隻の汽船を随伴していた。1840年6月にイギリス艦隊は広東近海に到着し，まず北に向かって戦闘を続け，天津に近い海河の河口，大沽にまで迫っ

た。北京の近く，天津近辺にまでイギリス艦隊が迫って来たことを知った清朝は驚き，林則徐を解任して，直隷総督琦善を交渉にあたらせた。しかし，琦善は香港島割譲など妥協策をとったため皇帝に罷免され，中英の戦闘は本格化した。イギリス軍は，広州，厦門，定海，寧波，上海，鎮江を占領し，南京に迫った。ここに至って清朝は敗北を認め，1842年8月，イギリス軍旗艦コーンウォリス号の艦上で南京条約が締結されることになった。

南京条約から始まる不平等条約

1842年にイギリスと結ばれた南京条約の内容は，まず①広州，厦門，福州，寧波，上海の5港の開放，②中国側特許商人である「公行」の廃止，③外国領事の各港への駐在，④香港島の割譲などであった。加えて，1843年の虎門寨追加条約においては，①従価5％関税，②領事裁判権，③片務的最恵国条款，④5港における外国軍艦停泊権が設定された。

これは，中国側の「広東システム」を打ち破るものであった。広州を含む南部の5港を開放し，香港島を奪い，関税率を低く抑え，外国人に対する裁判権を中国側から奪った。この結果，外国製品を低価格で中国国内市場に売りさばくことが可能になり，また外国人の活動・行動には中国側から一切の法的拘束力を与えることが不可能になったのである。以後，中国からは「関税自主権回復」「治外法権撤廃」のスローガンが，不平等条約撤廃の重要な項目として叫ばれることになる。

また，イギリスに続いて欧米諸国は，同様の条約を中国と締結していく。1844年にアメリカと結んだ望厦条約，同じくフランスと結んだ黄埔条約に続き，スウェーデン，ノルウェー，ベルギーが条約を結んだ。これらの諸国は皆，「片務的最恵国条款」を条約のなかに含めていた。他国が中国と有利な条件で条約を結ぶと，それが自動的に自国の権利となるものであり，その反面，「片務的」であるために，中国に有利な条件は締結国にだけ適用され，他国は影響を受けないというものであった。中国は，産業革命によって近代化された

イギリスの武力，火力に圧倒されて外交交渉の場に引きずり出され，またヨーロッパにおいて形成された国際法のルールを全く理解しないまま，条約に調印させられることになったのである。

2　内乱と外圧の嵐の中で

洪秀全と太平天国

　アヘン戦争後，中国においては相変わらずアヘン流入が続き，そのため銀の国外への流出が続いた。当時，貿易の決済には銀を用いていたためである。国内においては銀が高騰し，同時に大量の英国製綿布・綿糸の流入が，国内手工業の生産活動に打撃を与えた。その結果，失業や社会不安が増大し，この状況は，中国南部において甚だしかった。

　そうした状況の中，広東出身の客家である洪秀全が，1843年に広西省において上帝会を組織し，貧しい人々，没落の不安におびえる人々に対し，上帝による救いを説いた。上帝とは，キリスト教のエホバを指している。洪秀全がかつて熱病に倒れた時に，夢の中に老人（エホバ）が現れ，「おまえはキリストの弟である」と告げたことが，上帝会設立の根拠となっている。開国後，キリスト教宣教師の布教活動は活発化しており，洪秀全が影響を受けたのも，漢文で書かれたキリスト教の宣教冊子『勧世良言』によってであった。上帝会は，神仏の偶像や孔子像を破壊し，地主の自警団である団練や官兵と抗争を繰り広げ，勢力を拡大していった。

　1850年1月，広西省桂平県金田村に集結した上帝会信徒は，ここで武装蜂起（金田村起義）し，進撃を開始した。1851年には太平天国を名乗り，洪秀全は「天王」と称した。天王の下には，「五王」（北王韋昌輝，南王馮雲山，東王楊秀清，西王蕭朝貴，翼王石達開）が側近となって組織を固めた。太平天国は，満州族が支配する清朝に反対し，儒教や地主支配に反対するという姿勢を明確にしていた。また太平天国は，戦時共産主義的な体制をとっており，規律は厳し

第2章　西洋の衝撃

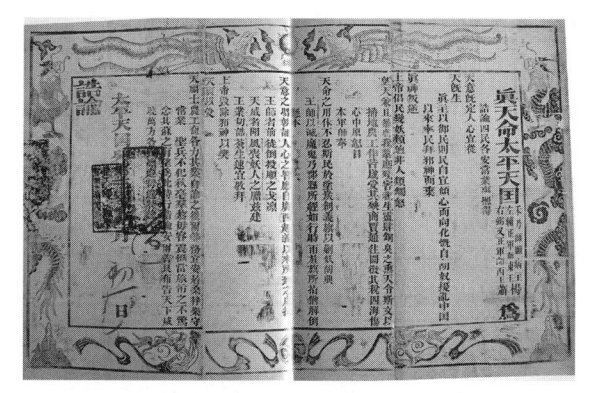

図2-2　太平天国の東王楊秀清，西王蕭朝貴による命令書（1853年）
（出所）劉香成編『壹玖壹壹』商務印書館（香港），2011年。（原本の所蔵：National Library of Australia, Canberra, Australia）

く，個人の財産はすべて処分して聖庫におさめ，男営，女営に男女を分けて進軍した。男性は満州族の習慣である辮髪を切り落とし，頭に反清の象徴である紅巾をまき，アヘンは禁止され，女性も纏足を禁止された。清朝は，太平天国を武力で鎮圧しようとしたが，太平天国軍は金田村における1万から数十万にふくれあがり，広西省から湖南，湖北を制圧した上で，1853年に南京を占領し，ここを首都と定め「天京」と名付けた。

太平天国の崩壊

「天京」を首都とした太平天国は，「滅満興漢」のスローガンを打ち出し，満州族に支配された清朝を打倒し，漢民族の政権を再興することを目的とした。また，均産平等の大同社会の理想を実現するため，「天朝田畝制度」を施行し，すべての農地を公有にしたうえで，16歳以上の男女に均分し，自己消費分以外は国庫に納めるという制度をつくろうとした。しかしこの制度は，支配領域が定まらないために実施されずに終わった。農民的平均主義を目指したにもかかわらず，後には家父長的・官僚的指導機構が台頭したこと，天王や諸王の

特権化が進んだことにより私有財産制が復活していく。平等主義の理想が達成されなかったことに加え，さらに天王と諸王の権力闘争の激化が，信仰の動揺を引き起こしていくことになる。西王，南王が戦死した後，権力を持ち始めた東王，北王を天王が相次いで殺害し，翼王が粛清を恐れて逃亡し，太平天国の信仰と統治は著しく弱体化した。

　清朝の軍隊が太平天国の鎮圧に有効に対処し得なかったときに，鎮圧の先頭に立ったのが曾国藩の湘軍である。曾国藩は清朝の漢人官僚であるが，1854年に故郷の湖南省で西洋式装備を持った私兵の傭兵軍を編成した。これが湘軍である。同様の軍隊としては，1862年に安徽省で編成された李鴻章の淮軍があり，この両者は中国近代軍閥の源流となった。また後述するアロー戦争を終えたイギリス，フランスも太平天国鎮圧に協力した。ウォードとゴードンの常勝軍，フランス将校の指揮する常捷軍などがそれである。常勝軍は，1860年に太平天国軍から上海を防衛するため，アメリカ人船員フレデリック・ウォード（Frederick Ward）によって編成された。ウォードの戦死後，イギリス軍工兵大尉チャールズ・ゴードン（Charles Gordon）がその指揮を受け継ぎ，太平天国鎮圧に大きく貢献した。常勝軍，常捷軍は，いずれも外国人指揮官の下に中国人傭兵を雇った西洋式装備の軍隊である。太平天国鎮圧後，常勝軍（イギリス）は李鴻章の淮軍に，常捷軍（フランス）は左宗棠の湘軍に装備と兵員を吸収させていくことになった。

　太平天国は諸王の粛清後，若手の忠王李秀成，英王陳玉成が支えていたが，ついに1864年天京は陥落し，その後残党が1868年まで抵抗を続けるものの太平天国は崩壊していく。洪秀全は，天京陥落直前に病死していた。しかし，太平天国は崩壊したものの，清朝は以後，長江以南に対する統治力を大幅に減退させた。1850年代には，太平天国と並行して上海の小刀会，安徽の捻軍，雲南の回族などの反乱が相次いだ。太平天国をはじめとするこれら反乱の鎮圧を通じて，地方に基盤を持つ漢人官僚たちの影響力が強まっていくことになる。

第**2**章　西洋の衝撃

アロー戦争と天津・北京条約

　1842年の南京条約によって中国は開国したが，外国領事に対応する清朝の官僚は「夷狄を扱う専門家」であったし，相変わらず北京の政府は，外国に対して尊大な態度を示し，対等ではない姿勢を取り続けていた。また貿易港を拡大したものの，開かれた5港は必ずしも中国国内における商業の幹線ルートと結びついておらず，貿易量の増大は頭打ちであった。税関の徴税機構も旧態依然としており，脱税をはじめとして，その機能には大きな問題があった。イギリスは，太平天国の鎮圧に忙殺される中国に対して，さらなる開国を狙って武力行使の機会を窺うことになったのである。

　1856年10月，清朝は香港船籍のアロー号（元海賊船）を海賊船であるとして広東・珠江で拿捕，英国旗を引きずり下ろした。イギリスはこれに抗議して交渉を行ったが決裂，1857年5月にイギリス本国から約5000の兵が出兵した。またフランスも，1856年2月の広西における宣教師処刑に抗議するという理由で共同出兵に応じた。途中，インド植民地においてシパーヒー（インド人傭兵）の反乱に対応したため到着が遅れたが，1857年12月，広州総攻撃を開始した。交渉相手であった両広総督葉名琛は捕えられてインドに送られ，その後，英仏軍は北上して大沽砲台を占領，1858年に天津条約が結ばれた。

　しかし，条約の批准を北京で行うため，1859年に英仏の使節を乗せた軍艦が大沽から海河を遡行しようとしたところ，陸路を指定した中国側と交戦状態になり，戦闘が再発した。1860年，英仏軍は2万の軍隊を派遣して大沽，天津を占領して北京に突入，大勢の英仏側捕虜が殺害されたことに報復して北京郊外西北部の円明園を焼き払った。こうして，北京条約が締結されることになった。これがアロー戦争，またの名を第2次アヘン戦争とも呼ぶ。

　1858年天津条約，1860年北京条約の2つの条約で決められたものは次の通りである。①外国公使の北京駐在，②天津など華北と内陸部の11港と長江の開放，③香港島に続いて九竜半島の割譲，④キリスト教布教権の承認，⑤外国人総税務司制度の設立，⑥中国人の外国渡航の合法化，⑦公文書に「夷」の言葉

を使うことの禁止，などである。清朝皇帝の住む北京に外国公使が駐在し，さらに多くの港が開放された。中国の税関や関税収入は，外国人の総税務司が管理することになり，とくに第2代総税務司のロバート・ハート（Robert Hart）は，1863年から1907年まで40年以上，その任にあたった。また中国人の外国渡航合法化も深刻であり，これによって多くの中国人が「苦力」（労働者）や「猪花」（売春婦）としてアメリカ西海岸や中南米に送り出されることになった。清朝の主権の多くが奪われ，清朝が対外交渉に使っていた「夷務」という言葉も「洋務」に切り替えられていくのである。

3　洋務運動への転換

「中体西用」の洋務運動

　軍事的敗北によって，西洋の軍事力，科学技術力の優越性を認めた清朝は，1860年の北京条約以降，洋務運動，すなわち兵器・産業の近代化を進めていく。しかし，自らの優越性を信じる清朝の指導者にとって，西洋諸国に学ぶことは極めて苦痛であった。従って，中国の伝統的思想や政治体制は「優れているので」そのままに維持し，その基礎の上に西洋の技術や物質文明を接ぎ木するという思考方法をとった。あくまでも中国の学問を「体」として，その上に西洋の学問を「用」として扱う，これが「中体西用」の考え方である。

　まず，初めての外交を主管する官庁として「総理衙門」（総理各国事務衙門）が1861年に設置された。責任者は恭親王である。また総理衙門は，1864年にヘンリー・ホイートン（Henry Wheaton）の『万国公法』の翻訳を刊行し，これは欧米の国際法を理解するために多くの洋務担当者に利用された。

　洋務運動は，曾国藩，李鴻章，左宗棠などの「洋務派」漢人官僚によって主として担われ，「育才」（教育）と「自強」（軍備近代化）をスローガンとした。従って，多くの外国への留学生が派遣され，「お雇い外国人」と呼ばれる軍事教官，技師が，招へいされ，近代的な兵器工場，造船工場が建設された。ま

ず，江南製造局，天津機器局，福州船政局などが官営でつくられ，その次の段階では，「官督商辦」（官民合営方式）による軍事関連産業（汽船会社，鉄道，石炭鉱山など）がつくられていった。しかし，西洋の技術を導入しても，その背景となっている合理的な思想や政治制度は受け入れなかったため，非能率，汚職，外国人への依存など，様々な弊害が払拭されずに残っていくことになった。

洋務運動の到達点は，北洋海軍，福建海軍，南洋海軍の建設，張之洞による漢陽製鉄所の建設である。とくに北洋海軍は，ドイツから輸入した定遠，鎮遠という2隻の巨大軍艦を装備し，強力な近代的海軍として君臨することになった。しかし，1884年から始まる清仏戦争によって福建海軍が壊滅し，また1894年から始まる日清戦争によって北洋海軍も壊滅していくことになる。

図2-3　総理衙門の責任者，恭親王
　　　　（1871年，北京）
（出所）中華世紀壇世界芸術館編『晩清碎影：約翰・湯姆遜眼中的中国（China through the Lens of John Thomson 1868-1872)』中国撮影出版社（北京），2009年．

ベトナムをめぐる清仏戦争

フランスはアロー戦争と並行して，ベトナムにたびたび出兵し，1862年，1874年の2度にわたるサイゴン条約においてコーチシナ（ベトナム南部）全体がフランスの主権下におかれた。1874年のサイゴン条約では，ベトナムを独立国と規定し，清朝の宗主権を否定したが，清朝はそれを認めなかった。清朝の宗主権を打ち破ろうとするフランスは1882年，ベトナム北部のハノイに再び出兵し，これに対して清は正規軍を派遣，劉永福の黒旗軍とともにこれに抵抗し

た。黒旗軍は太平天国の時期に広西で蜂起した農民軍の残党であり，ベトナム北部に割拠してフランスに抵抗していた勢力である。しかし，ベトナムの阮王朝はフランスに屈服して，1883年フエ条約（アルマン条約）を結び，フランスはベトナムを保護国とした。

　ベトナム北部での敗北を受け1884年，李鴻章はフランスのフルニエ（Fournier）海軍中佐と李・フルニエ協定を締結，フエ条約の承認と撤兵を決めた。しかし，撤退のなかで再び戦闘が開始され，フランス艦隊は福州を攻撃し，洋務運動の成果のひとつであった福建海軍は壊滅状態となった。またフランスは，台湾も攻撃，澎湖諸島を占領した。その結果，1885年に総税務司ハートの仲介によって天津条約が結ばれ，中国はベトナムへの宗主権を実質的に失うこととなった。

朝鮮をめぐる日清戦争

　1871年，日清修好条規が締結された。これは清国主導の下に行われたが，日本と清国にとって初めての平等条約であった。一方，1875年に日本は朝鮮に対しては武力を用いて開国し，1876年に不平等条約である日朝修好条規（江華島条約）を締結した。この時期の清は，伝統的な儀礼による宗属関係と，欧米の国際法に基づく条約関係の双方を容認しており，朝鮮に対しても，「属国であり，また自主でもある」との立場をとっていた。「自主」であるということは，条約を独自に締結してもかまわないという意味である。しかし日本は，清国との宗属関係を断たせるため，あくまでも朝鮮の独立を求めるという態度を強めていく。清国は1882年の中朝商民水陸貿易章程締結にあたっては，朝鮮に小規模ながら中国租界を設置し，中国側に治外法権と領事裁判権を認めさせるということも行った。属国である朝鮮に，条約関係の衣服をかぶせて支配するという点で興味深い。しかし一方で，1879年に日本が琉球藩を廃止して沖縄県を設置し，琉球王国を消滅させたことは，伝統的朝貢・冊封体制を維持しようとする清国に深刻な懸念を抱かせた。いわゆる「琉球処分」は，日本に対する

警戒心を強めさせることになったのである。

　これ以後，朝鮮の内政をめぐり，清国と日本の対立は後戻り出来ないものとなっていく。1882年の壬午軍乱，1884年の甲申政変では，清国，日本がともに朝鮮に出兵し，対峙した。壬午軍乱とは，朝鮮国王高宗の王妃閔妃の一族が日本に接近したことに反発した，保守派の大院君（高宗の父）一派の反乱である。清国から派遣された馬建忠は，大院君を捕えて天津に送り，閔妃の一族を復権させ，清の影響力を高めた。この後，閔妃は清に接近するが，次に甲申政変が起こる。改革の遅れを憂慮する金玉均ら親日派勢力が今度は高宗を擁立して，清国が清仏戦争で軍事力が手薄になっていることに乗じて閔妃打倒のクーデターを引き起こした。清の袁世凱は，この親日派のクーデターを鎮圧し，大院君を朝鮮に連れ戻し，さらに朝鮮の政治に大きな影響力を保持することになった。

　また清国は，1886年，1891年の2回にわたり定遠，鎮遠の巨大軍艦を中心とする北洋海軍の艦隊を日本に寄港させ，日本を威圧した。この威圧行動のなかで，1886年に長崎に寄港したときには，長崎清国水兵事件を引き起こすことになる。上陸した水兵が，遊郭で騒ぎを起こし，数名の水兵が逮捕されたが，その2日後，再度上陸した数百名の水兵が報復のため警官を襲い，市民を含めて大乱闘となり，双方に約10名の死者，100名近い負傷者を出すこととなった。1891年の寄港では，清国水兵の上陸は禁止されたが，日本の反清国感情を高める結果になった。

　1894年，朝鮮において東学党による農民反乱（甲午農民戦争）が発生し，朝鮮は清国に出兵を要請，また日本もこれに応じて出兵した。東学党の反乱が収束したにもかかわらず，日本は撤兵せず，日本側先制攻撃である豊島沖海戦によって日清戦争が開始された。日本は黄海海戦に勝利，朝鮮半島から進んで旅順・大連を占領，北洋海軍の基地であった威海衛も占領し，清国を屈服させた。戦闘の結果，巨大軍艦定遠は破壊され，鎮遠は日本軍に捕獲された。

　1895年に李鴻章が来日し，下関条約が締結された。その主な内容は，①朝鮮

の独立，②遼東半島，台湾・澎湖諸島の割譲，③平等条約であった日清修好条規を破棄して，欧米と同じ不平等条約へ移行すること，④開港場における外国企業の製造業経営（内地工業権）の承認などであった。「朝鮮の独立」とは，朝鮮における清国の宗主権を否定することであり，清国は最後の朝貢国を失うことになった。このあと，日露戦争後に日本は朝鮮への支配を強め，1910年に朝鮮半島を植民地化していく（日韓併合）。日清戦争後は，日本は台湾を植民地とするが，旅順・大連を含む遼東半島はロシア・フランス・ドイツの三国干渉の圧力によって清国に返還された。また内地工業権の設定は，主にイギリスの要求によるものである。

変法運動の開始と挫折

　日清戦争敗北に衝撃を受けた愛国的知識人は，洋務派の「中体西用」ではなく，政治改革，民間商工業振興によって富国強兵を進めることを主張し始めた。とくに康有為は，1895年頃から日本の明治維新をモデルとした立憲君主制の採用を提唱した。これが変法運動であり，国の制度＝法を変革することを指していた。開明的官僚の多かった湖南省では，変法運動が盛んであり，1896年に開設された湖南時務学堂を中心に，譚嗣同，唐才常，梁啓超などが，議会の開設，科挙の改革，新式学校制度の設立，民間商工業・農業の振興などを進めようとした。

　当時27歳の光緒帝は，1898年にこの動きを採用し，議会開設，憲法制定，京師大学堂（後の北京大学）の設立などの上諭を次々と発し，急激な改革を進めようとした。これが，「戊戌変法」である。しかし，急激な改革に対する官僚たちの抵抗は大きく，西太后ら保守派のクーデターによって，宮廷内から変法派は一掃されることになった。「戊戌変法」は，103日で終わったので，別名「百日維新」とも呼ばれる。この結果，光緒帝は西太后に幽閉され，譚嗣同など変法派のリーダーは処刑され，康有為，梁啓超は，日本に亡命することになる。

西太后は，咸豊帝の後宮で，26歳の時に5歳の息子の同治帝の背後で「垂簾聴政」によって実質的な政治権力を持った。同治帝が19歳で死去した後は，妹の子供（4歳）を光緒帝として即位させ，実質的な権力は自らが握った。1862年から1908年の死去に至るまで，清朝を支配したが，「戊戌変法」においては保守的な態度をとったものの，義和団事件後の「光緒新政」においてはその方針を一変し，変法運動において示された多くの制度を復活して清朝を延命させることになった。

4　義和団から辛亥革命への道

義和団による排外運動

1890年代の華北では，外国の設置した鉄道や汽船会社の活動によって多くの運輸労働者が失業し，また布教が進むキリスト教との摩擦も加わって排外的雰囲気が醸成されつつあった。1899年，山東省に義和団と称する宗教組織が登場した。これは白蓮教につながる神拳，義和拳という2つの武術団体を基礎にしていた。義和団は「扶清滅洋」（清を扶け西洋を滅ぼす）のスローガンを掲げ，排外運動を展開した。ちなみに，この「扶清」の清は本来，清朝を指すのではなく，伝統的郷土を意味している。1900年に入ると，義和団は河北省で爆発的に勢力を増大させ，教会，宣教師，外国人，鉄道や外国の会社を襲撃する事件が頻発した。義和団は，天津，北京にまで広がり，清朝は当初，義和団を鎮圧しようとしたが，その勢いを見て提携する方針に転じた。その結果，6月21日に西太后は「宣戦の上諭」を出し，義和団と清軍に，すべての外国人を一掃することを命じた。

6月20日，ドイツ公使ケテラー（Freiherr von Ketteler）が北京市内で射殺され，公使館区域（東交民巷）は義和団と清軍に包囲された。この包囲は，8月14日まで約2カ月続くこととなる。北京公使館区域に籠城したのは，護衛兵450名，軍人以外の外国人475名であり，このうち戦死者は75名に上った。この

図2-4　義和団事件におけるイギリス公使館の将校たち
(1900年，北京，前列左側は，北京侵攻時の8カ国連合軍司令官アルフレッド・ガスリー将軍)
(出所)　劉香成編『壹玖壹壹』商務印書館（香港），2011年，（原本の所蔵先中国国家図書館）。

他にも，中国人キリスト教徒約3000名が保護された。

　公使館区域の外国人を救出するため，まず6月，イギリス東洋艦隊司令官シーモア（Edward H. Seymour）中将を指揮官として，イギリスを中心とした7カ国連合軍2000名を派遣した。7カ国とは，イギリス，ロシア，アメリカ，フランス，イタリア，オーストリア，ドイツである（この時点でドイツ軍は未着）。しかし，鉄道が破壊されたこと，義和団の抵抗が激しかったことによって，連合軍は北京に到達することが出来なかった。そのためイギリスは，日本に兵力提供を求め，7月に日本軍が到着，8カ国連合軍2万が北京に侵攻した。このうち半数が日本軍であり，この派兵が1902年の日英同盟締結の契機になった。8月14日に，北京公使館区域を解放し，ドイツ公使が殺されたこともあって，ドイツ軍のワルテルゼー（von Waldersee）将軍を北京陥落後の連合軍司令官に任命した。ワルテルゼーの義和団鎮圧は，極めて厳しいものであった。

　8カ国連合軍の北京侵攻とともに，西太后は光緒帝を連れ，北京を脱出して

西安に逃れた。外国列強の軍隊にかなわないと知った西太后は，9月14日には一転して，義和団鎮圧令を出し，義和団は孤立して崩壊した。なお，6月に西太后が出した「宣戦の上諭」にもかかわらず，李鴻章，袁世凱，南方地域を統治する張之洞，劉坤一は，この指示を握りつぶし，外国人の保護と義和団の鎮圧を続け，対外戦争を華北に限定した。

義和団戦争の結果，8カ国にベルギー，オランダ，スペインを加えた11カ国と1901年に辛丑条約（北京議定書）が締結された。主な内容は，①北京公使館区域の治外法権化，②外国軍隊の北京・天津への駐留，③巨額の賠償金（4億5000万両）支払いである。この金額は，清朝政府の10年分の歳入額に相当した。北京は，外国列強の共同管理下におかれ，清朝政府の上に外国公使団が権限をふるうことになった。これは，「洋人の朝廷」と呼ばれる。また，この条約によって，中国の不平等条約体制はほぼ完成した。外国人は自由に経済活動を行い，外国商船・軍艦は中国の沿岸・河川を自由に航行し，外国人は租界に居住し，治外法権を与えられ，関税は低率に抑えられ，その関税収入は外国人総税務司の下で賠償金の支払いに充てられた。中国は，半植民地化の状態におかれることになったのである。

光緒新政

1901年，西太后は避難先の西安で，これまでの方針を一変させ，「変法の上諭」を出した。「外国の長所を取り中国の短所を去って富強を図る」との趣旨であり，義和団の排外運動に加担したことを反省し，かつて葬り去った変法運動を復活させるものであった。このため，「戊戌変法」を超えた大きな変化がもたらされることになった。

1901年には総理衙門が廃止されて外務部が設置され，「洋務」は「外務」に変わった。1903年には実業振興のための商部も新設された。西洋式の装備を持った新式陸軍（新軍）建設，実業振興・近代教育導入のための法制の整備，留学生の派遣などが進められた。これらの改革の多くは，いずれも日本をモデ

図2-5 直隷総督・北洋大臣李鴻章
（1900年，広州）
（出所）上海図書館編『上海図書館蔵歴史原照（下）』上海古籍出版社（上海），2007年。

ルとしていた。また1905年には，長年続いた科挙の制度が廃止された。この一連の変革を進めたのは，直隷総督袁世凱，両江総督劉坤一，湖広総督張之洞などの漢人官僚たちであった。

変法の最終目標は，憲法制定と立憲君主制の成立である。清朝は1906年に憲政実施を公約，その上で1908年に欽定憲法大綱を公布し，1916年に憲法公布，上下議員選挙実施を行うことを規定した。1909年に，国会開設の前提となる，省議会の準備機関である諮議局が各省に設立されると，諮議局議員たちは国会の早期開設を要求し，清朝は1913年に国会開設を繰り上げることを約束した。しかし，辛亥革命の勃発によって，この約束は果たされることはなかった。

光緒新政は，中国の政治社会を大きく変化させていく可能性をもたらしたが，近代国家建設のためには強力な中央集権が必要とされ，これは地方の反感を生んでいくことになる。また，様々な改革のための新政の経費，外国から課せられた多額の賠償金の返還は，清朝の財政に多大な負担をかけた。この財政を賄おうとすれば，それは増税しかなく，新興の民族資本家や国民の反発は増大した。さらに，1904年から05年にかけては，朝鮮半島と満州（中国東北）の権益をめぐって日露戦争が行われた。国土を戦場とされながら清朝政府はなすすべもなく，戦勝国の日本の権益を無条件で認めるしかなかった。清朝の弱体化は，明らかであった。

第2章　西洋の衝撃

辛亥革命への道

　光緒新政のなかで立憲君主制を進めようとした「改良派」に対し，それに価値を認めない政治勢力が存在した。孫文たちの「革命派」である。孫文は，満州族の支配する清朝を打倒し漢民族の国家をつくることを目標に，1894年ハワイにおいて興中会を結成，1905年には，黄興の華興会など革命各派を合同し，東京で中国同盟会を設立した。彼らの目標とする政治体制は，君主制ではなく共和制であった。20世紀初めには，中国から日本への留学生が急増し，彼らは日本に学ぶとともに，日本に入った西洋文明に学んだ。日本語に翻訳された欧米の思想書，法学，政治学，経済学などの書物を通して，西洋の思想，社会科学が吸収されていったのである。科挙の廃止後は，さらに留学生が急増し，ほぼ1万人に達した。在日留学生たちは欧米の革命思想を学び，政治運動に参加していった。「改良派」「革命派」を問わず，日本，とくに東京は中国革命の揺籃の地となったのである。

　1908年に光緒帝と西太后が相次いで死去し，2歳の溥儀が宣統帝となった。父親の醇親王（光緒帝の弟）が摂政となり，漢人官僚の権力削減のため，直隷総督兼北洋大臣袁世凱を解任した。北洋新軍6個師団を擁する有力漢人官僚を罷免したことは，清朝の弱体化に力を貸すことになった。各省諮議局の国会開設運動のなか，1911年5月に国会開設に向けた新しい内閣官制が制定されたが，13名の閣僚のうち8名が満人（うち5名が皇族）であったため，多くの人士の失望を招いた。また，そうした動きと並んで，同じく5月に出された鉄道国有化令は，辛亥革命の直接的な契機となった。

　19世紀の末より，民族資本家，開明的官僚，郷紳が中心となって，外国に奪い取られた鉱山，鉄道建設の権利を買い戻そうとする運動が始まっていた。いわゆる利権回収運動である。鉱山利権の回収は，各地で進められ，日清戦争後に諸外国に奪われた鉱山開発権の大半が20世紀初頭までに回収された。鉄道建設の権利については，1904年から粤漢鉄道（広州―武漢）の回収が進められ，それに続いて滬杭甬鉄道（上海―杭州―寧波），川漢鉄道（四川―武漢）などが民

間によって回収された。しかし，1911年5月に清朝によって出された鉄道国有化令は，民間資本での鉄道建設を進める各地の勢力に強い憤激を引き起こした。鉄道国有化令自体は，全国の鉄道網建設を一体として進めるためのものであったが，鉄道建設費を外国からの借款によって賄おうとしていた。外国借款の担保になれば，また鉄道建設権は外国の手に渡ることになる。また，担当となった郵伝大臣盛宣懐が腐敗した役人で，悪評の高い人物であったことも怒りに拍車をかけた。鉄道利権回収運動が進んでいた湖南，湖北，四川，広東を中心に鉄道国有化反対運動（保路運動）が引き起こされ，とくに四川省では四川保路同志会が激しく抵抗した。だが清朝は，粤漢・川漢両鉄道の接収を強行しようとし，反対運動に血の弾圧を加えたために，9月には四川省全体が暴動状態に陥ることになった。

　中国同盟会は新軍（新式軍隊）にも浸透しており，湖北における保路運動のなかで10月10日，武昌に駐屯する新軍兵士が熊秉坤の指揮下に武装蜂起し，湖北軍政府を成立させた。同軍政府は清朝からの独立を宣言し，続いて11月末までに14省が独立を宣言した。1912年1月，中華民国臨時政府樹立が宣言され，2月宣統帝が退位して清朝は終焉の時を迎えた。

　西洋の衝撃は，清朝の価値観を突き崩し，その崩壊を引き出すことになった。しかし，清朝崩壊の後，欧米列強との不平等条約は厳然として残り，近代的統一国家の形成と対外的主権の回復は，まだ重要な課題として残されたのである。

文献案内

吉澤誠一郎『清朝と近代世界——19世紀』（シリーズ中国近現代史①）岩波書店，2010年。
　＊アヘン戦争以後を中心として，19世紀の清の自律的発展と外国との接触による変容を描いている。とくに，自律的発展の部分に力点を置いていることが興味深い。

川島真『近代国家への模索——1894～1925』（シリーズ中国近現代史②）岩波書

店，2010年。
　　＊既存の歴史観にとらわれずに，清末から民初にかけての時期について，連続性と変容の両面を描き出した。時代区分，各事件の評価など，各所に最新の研究成果を反映している。

坂野正高『近代中国政治外交史』東京大学出版会，1973年。
　　＊古典的な業績で，主として19世紀を扱っている。内容が詳細かつ正確であり，これを越える総合的な研究書はまだない。西洋の衝撃が，どのように中国に影響を与えたのかという点を理解するのに有用である。

植田捷雄『東洋外交史』上，東京大学出版会，1969年。
　　＊これも古典的な業績であるが，東アジアの外交史としては今なお有用である。上巻は，中国の開国から辛亥革命までを扱っている。

並木頼寿編『開国と社会変容——清朝体制・太平天国・反キリスト教』（新編原典中国近代思想史１）岩波書店，2010年。

村田雄二郎編『万国公法の時代——洋務・変法運動』（新編原典中国近代思想史２）岩波書店，2010年。

村田雄二郎編『民族と国家——辛亥革命』（新編原典中国近代思想史３）岩波書店，2010年。
　　＊上記3冊は，各テーマに基づいた原典資料の翻訳。原典をたどることは重要であり，また巻頭の「解説」の部分も，最新の研究成果に基づいており参考になる。

第3章
苦闘する中華民国

滝口太郎

―― この章で学ぶこと ――――――――――――――――――

　辛亥革命によって清朝が倒れた後，1912年に中華民国が成立し，孫文が臨時大総統に就任した。しかし，わずか2カ月でその地位を袁世凱に移譲し，1916年に袁が死去した後は，中国は地方軍閥が分割統治する状況となっていく。こうして中華民国は，国家の統一と不平等条約の撤廃という2つの大きな課題を抱えることになる。

　袁死後に外交的代表権を持つ北京政府は，中国の主権回復のために奮闘した。一方，軍閥割拠のなかで孫文は広東政府を樹立，ソ連の援助を得て中国国民党の強化を図った。ソ連は1921年に中国共産党を設立，第1次国共合作を組織した。孫死後，国民党の指導権を握った蒋介石は，1927年に共産党と分裂し，南京国民政府を樹立，1928年に中国を統一した。南京国民政府は，国家の統一と不平等条約改訂には一定の成果を上げるが，その進展を阻んだものは，共産党との内戦と日本の侵略であった。

　1931年，日本は満州事変を起こし，東北3省を日本の支配下に置いた。当初，共産党との内戦を優先していた蒋介石は，1936年の西安事件を契機に抗日に政策を転換，第2次国共合作を成立させた。1937年には盧溝橋事件をきっかけとして日中戦争が始まり，日本との全面戦争に入っていく。国民党は緒戦においては積極的に日本と戦ったものの，首都の南京を陥落させられてからは，四川省の奥地，重慶にこもり，英米の援助を受けながら日本との戦争には非積極的になっていった。それに対し共産党は，弱体ながらも日本軍に対する抵抗を続け，国民の支持を高めていったのである。1941年からは，日中戦争は第2次世界大戦の一部という性格を持つようになり，連合国の一員という立場を得た。その結果，1943年には不平等条約の全面撤廃に成功し，同年のカイロ会談においては英米ソとならぶ4大国の地位を得ることになった。

　しかし，1945年の対日戦終了後は，日本軍の降伏受け入れや戦後構想の違いをめぐって国共両党の対立が激化し，アメリカの調停にもかかわらず，1946〜49年の国共内戦に突入していく。軍事的敗北を喫した国民党は台湾に撤退，勝利した共産党は1949年に中華人民共和国を北京に成立させることになった。

1　成立期の中華民国

孫文から袁世凱へ

　1912年1月，中華民国が南京に成立，孫文が臨時大総統に就任した。だがこの時点では，華北，東北はまだ清朝の支配下にあり，外国列強も外交的に清朝を承認していて，中華民国を承認しなかった。当時，圧倒的な権力を保持していたのは北洋新軍を擁する袁世凱であり，清朝打倒を優先して革命派は袁世凱に接近した。また外国列強も，政情の安定を期待してこの動きを承認したのである。袁世凱は，2月に宣統帝を退位させ，それと引き換えに3月，孫文に代わって臨時大総統に就任した。これにともなって，諸外国は1913年に中華民国を承認した。なお宣統帝（溥儀）は，退位しても引き続き生活費を支給され紫禁城に住むことを許されたが，1924年，馮玉祥の北京政変によって紫禁城を追放されることになる。

　袁世凱は，孫文の要求を拒否して中華民国政府を北京に移した。これが北京政府の始まりである。袁は皇帝の専制政治を変革することに賛成し共和制を支持したが，その具体的イメージはまだ明確なものではなかった。議会主導の共和制を望む中国同盟会の宋教仁は，国会選挙のために「国民党」（後の孫文の中国国民党とは異なる）を組織し，1912年12月から1913年2月の国会選挙で圧勝した。しかし，議会による圧力を恐れた袁は刺客を送り，3月に上海駅で宋教仁を暗殺した。これに抗議して，1913年7月から9月に南部諸省を中心に第2革命が起こったが，袁に鎮圧された。続いて袁は，1915年末に帝制復活を宣言，1916年を洪憲元年として自らが洪憲皇帝となったが，西南諸省を中心に第3革命が勃発，反帝制運動の中，3月に袁は帝制を取り消し，6月に死去した。

　袁世凱の帝制復活に理論的根拠を与えたのは，袁の法律顧問であったフランク・J・グッドナウ（Frank J. Goodnow）である。グッドナウは，コロンビア大学教授，ジョンズホプキンス大学長を務めた政治学者であり，カーネギー国

際平和基金から派遣された。グッドナウは，中国にはまだ，人民の政治参加への訓練が不足しているなど，議会制民主主義を支える諸要素が欠如していることに強い懸念を示し，強力な指導力を持った行政権力の必要性を提唱していた。急激な共和制への転換ではなく，いわば進歩的な皇帝に率いられた漸進的な政治体制の転換を支持していたのである。従って，袁の帝制には進歩的な装いがなされていた。立憲君主制を採用したこと，国民代表大会において「選出」された皇帝という形をとっ

図3-1 袁世凱 アメリカによる中華民国の承認（1913年，北京・総統府）
（出所）劉香成編『壹玖壹壹』商務印書館（香港），2011年。（原本の所蔵：The State Library of New South Wales, Sydney, Australia）

たこと，宦官，後宮，叩頭などの伝統的制度を否定したことである。また皇帝の名称も，憲政を重視するという意味の「洪憲」であった。

　宋教仁暗殺などの袁の政治的暴力を見た孫文は，自らの政治形態として革命政党政治を採用していく。革命の初期においては，知識を持った意識の高い人々が革命政党に結集し，人民の前衛として人々を指導していく。その後で，政治的訓練を受けた人民を中心に民主政治へと移行していくという考えである。この点では孫文も袁と同じく，議会制民主主義は時期尚早であり，共和制を樹立するためにはまず強力な政治行政権力による人民の教育と訓練が必要であると考えていたのである。革命政党として1914年に東京で中華革命党が結成され，これが後の中国国民党へ発展していく。

北京政府と第1次世界大戦

　外交面では北京政府の課題は，国際的地位の向上と不平等条約の改訂であっ

た。1914年にヨーロッパで勃発した第 1 次世界大戦は，中国にそのチャンスを与えることになった。しかし，日本の侵略的行為も同時期に顕著になっていく。開戦後，日本は短期間で参戦を決定してドイツに宣戦布告，中国に少数の兵力しか持たないドイツに対して攻撃を開始し，山東省の青島を中心とした膠州湾租借地，済南，山東鉄道などを占領した。大戦によって欧米列強の目がヨーロッパに集中しているときこそ，中国における地位，勢力を強化する絶好の機会であると日本は考えていた。

　日露戦争後，優越的な地位を手に入れた南満州の権益と，新たに得た山東の権益を長期的に確保することを目的として，日本は対華21カ条要求を中国に突きつけた。1915年，駐北京日本公使が，北京政府外交部を経ずに直接，要求を袁世凱総統に提出し，軍事的威圧による高圧的な交渉の末，最後通牒を発し，強制的に要求を呑ませた。要求は 5 項に分かれており，その内容は①山東省のドイツ権益を日本が引き継ぎ，山東省に日本が鉄道敷設権を持つ，②旅順，大連，南満州鉄道の租借期限を99年間に延長し，南満州，東部内モンゴルを日本の勢力範囲とする，③漢冶萍石炭・製鉄会社に属する鉄と石炭を日本が独占する，④中国の港湾，島嶼を外国に割譲しない，⑤その他，中国政府への日本人顧問の招へいなどである。ただし最終的に，英米から批判の強かった最後の第 5 項ははずされた。この21か条要求に対する中国国民の反発は激しく，各地で日貨ボイコットなどの反日運動が頻発した。19世紀末までは，中国において国民意識はほとんど育っていなかった。中国や中国人という意識が生じ出したのは，20世紀に入ってからである。ちょうど中国のナショナリズムが形成され始めた時期に出会ったのが，この21カ条要求であった。日本に対する批判は，従来の常識を越えて大きなものになっていったのである。

　北京政府が初めて欧米諸国と対等な外交を認められたのは，第 1 次世界大戦への参戦をめぐってである。ドイツの無差別潜水艦戦の開始に伴い，アメリカは1917年に参戦した。参戦にあたっては他の中立国にも対独戦への参加を呼びかけ，袁世凱死後の中国の段祺瑞政権もこれに応じて参戦した。実際の戦闘に

参加したわけではなく，参戦は名目的なものであったが，これは予想以上に中国に大きな利益を与えることになった。まず第1は，義和団賠償金支払いの5年間無利子延期，関税の現実従価5％への引き上げなど，中国の参戦条件が英米仏など7カ国の連合国に認められたことである。第2は，大戦後，敗戦国であるドイツとオーストリアの在華権益の多くが中国へ返還され，この2国との不平等条約が解消された。また大戦末期にはロシア革命が起こり，ソ連政府は1919，20年の2度にわたるカラハン宣言で中国における特権の放棄を宣言した。第3は，1919年のパリ講和会議において中国代表が，関税自主権，治外法権撤廃，租界還付など7項目の要求を提出し，この時点では受け入れられなかったものの，不平等条約撤廃の要求を国際会議の舞台で宣伝する機会が与えられたことである。

　中国はパリ講和会議への出席にあたって，山東省のドイツ権益の中国への返還，日本からの21カ条要求撤廃の2点を最重要課題としていた。しかし，日本は自らの要求が通らない場合は国際連盟規約に調印しないとの態度を表明した。国際連盟創設を最大の課題とするアメリカはこれに譲歩し，山東省の権益は日本に帰属することが決議された。1918年にアメリカが表明したウィルソン14カ条に，民族自決の原則が含まれていたため，不平等条約改訂に前進がみられるのではないかと期待していた中国の国民は，この結果に失望した。激昂した学生たちが1919年5月4日，北京の天安門広場に集まり，「講和条約調印拒否」「売国3官僚（曹汝霖，章宗祥，陸宗輿の親日派）罷免」などのスローガンを叫び，日貨ボイコット運動は全国に広がっていった。これが5・4運動である。その結果，パリ講和会議における中国代表団は，ヴェルサイユ条約（対ドイツ講和）への調印を拒否することとなった。ただしその後，サンジェルマン条約（対オーストリア講和）に調印することにより，中国は国際連盟加盟を成し遂げていく。

ワシントン会議から北京関税会議へ

　1921～22年には，東アジアにおける新しい国際秩序の構築を目的としてワシントン会議が開かれた。この会議で調印された条約は，「海軍軍備制限条約」「4カ国条約」「中国に関する9カ国条約」である。海軍軍備制限条約は，米英日の主力艦の保有率を5・5・3としたものであり，4カ国条約は，日英の結合を阻止しようとするアメリカの目的に沿いながら，太平洋地域での米英日仏の相互不可侵を保障したもので，その結果，日英同盟は破棄され，日本は国際社会における後ろ盾を失った。

　9カ国条約は，中国の不平等条約撤廃の要求に応えるもので，中国の主権，独立，領土の保全を尊重し，強力な統一政府の確立を期待することが謳われていた。また9カ国条約と同時に，「山東問題懸案解決に関する条約」が調印されて，山東問題の最終的解決がはかられた。その内容は，①条約発効後6カ月以内に日本は膠州湾租借地を中国に返還，②山東鉄道沿線に駐屯する日本軍の撤退，③中国は膠州の旧ドイツ租借地をすべて商埠地とする，④山東鉄道を中国に引き渡し，中国は同鉄道を抵当に融資を受け，15年間で日本に代償金を支払うことなどである。中国は高額の買収金を支払うことによって，山東の権益を回収することになった。ただしワシントン会議では，中国の主権尊重が明示されたにもかかわらず，具体的な諸列強の既得権益の扱いについては何も触れられていない。ここでは，関税会議や治外法権撤廃調査委員会の開催が定められたが，関税会議に関しては条約実施後3カ月以内に開催することが合意されていたにもかかわらず，その実施は棚上げにされた。

　北京政府は，反帝国主義運動による1925年の5・30事件の発生に際しても，国内におけるナショナリズムの台頭を背景に，ワシントン会議参加国に対し，13カ条の要求を提出した。要求のなかには，逮捕者の釈放，犠牲者に対する賠償，外国側の謝罪の他に，不平等条約是正が含まれており，5・30事件の解決とともに関税会議の開催が要求された。

　関税会議は北京において，1925年10月より開催されたが，この会議によって

成果を上げることは出来なかった。関税会議のテーマは関税率の改訂と中国の釐金（内国通過税）の廃止であったが、会議は北京をめぐる内戦によって中止に追い込まれた。1926年4月に北京を支配する段祺瑞が失脚し、6月には北京は無政府状態となり、7月に無期休会が決定された。また治外法権撤廃調査委員会も、26年1月に開催され、9月に報告書を発表したが、中国の司法制度の現状を把握したにとどまり、条約改訂に結びつくような成果を出すことは出来なかった。北京政府は、不平等条約撤廃の必要性を諸外国に認識させることに成功したが、具体的成果はまだ不充分であった。

2 動乱の国民革命

孫文の広東政府

袁世凱死後、中国は軍事力を持った政治指導者＝軍閥によって分割統治され、北京政府は全国を統一して統治出来なくなっていった。これが、欧米諸国が中国を対等な外交交渉の相手として認めない最大の理由でもあった。この軍閥割拠のなか孫文は1923年、広東に革命政府（第3次広東軍政府）を樹立し、軍事力による中国統一を目指した。

1917年のロシア革命によって成立したソ連（ソ連の名称は1922年から）は、ヨーロッパにおいて孤立した外交を打開するため、中国へ接近した。1919年、20年の2度にわたりカラハン宣言を出し、帝政ロシアが中国に有した一切の帝国主義的特権を無条件で放棄することを表明した。同宣言の名称は、宣言の起草にあたった外務人民委員代理レフ・カラハン（Lev Karakhan）の名前にちなんでいる。1924年にソ連と中国は国交を樹立し、大使を交換するが、ソ連は実際には中東鉄道などまだ多くの在華権益を保持し続けた。しかしソ連のこの姿勢は、パリ講和会議の結果に失望した多くの中国知識人を引きつけることになった。孫文も1923年、上海においてソ連の外交使節アドルフ・ヨッフェ（Adolph Joffe）と会談し、孫文・ヨッフェ宣言を出した。「共産主義は中国にお

いては採用不可能であることを確認した上で，中国の統一と国家独立のためにソ連は援助を行う」ことをヨッフェは表明し，孫文も東北やモンゴルにおけるソ連の一定の影響力や権益を認めることに含みを持たせたとみられている。

　孫文は1919年に，中華革命党を中国国民党に名称変更したが，これはまだ近代的な政党と呼べるものではなかった。ヨッフェとの会談以後，政治顧問ミハイル・ボロディン（Michael Borodin），軍事顧問ガレン（Galen：本名はワシーリー・ブリュッヘル〔Vasili Bliukher〕）などを中心とする顧問団をソ連から広州に招き，またソ連から経済援助，軍事援助を受け入れて，国民党組織の近代化を図った。1924年には国民党一全大会を広州で開催し，実際に国民党を改組して規律の厳しい革命政党を作り上げた。国民党の政治目標としては統一した国民政府の樹立と不平等条約の撤廃，政治思想としては三民主義（民族主義，民権主義，民生主義）が示され，またソ連や中国共産党との共闘を進めるため，「連ソ，容共，扶助労農」の方針が唱えられた。また同年，黄埔軍官学校（士官学校）が設立され，校長に蒋介石が任命された。これにより，軍閥に対抗する国民党の軍隊，国民革命軍が編成されていくことになる。孫文はまた「建国大綱」を発表して，統一した中華民国樹立のためには，軍政・訓政・憲政の順で政治統治が進むことを宣言した。分裂した中国を軍政によって統一し，統一された国家の民衆に対し訓政によって政治参加の訓練を行い，成熟した憲政へ移行していくとする構想である。

　孫文の指導の下に広東政府は，規律正しい政党，精強な軍隊，民族主義に燃えた党員と民衆を擁することになった。しかし孫文は，1925年3月に死去する。北京の支配権を握った馮玉祥が，国民会議開催のために孫文に北上を要請し，それに応じた孫文は北京で病のため客死することになったのである。

中国共産党成立と国共合作

　ソ連は1919年にコミンテルン（国際共産党）を結成し，1920年の第2回大会では「民族・植民地問題」が重視された。植民地になっているアジア諸国の民

第3章　苦闘する中華民国

族主義運動を支援することが，ソ連の利益になるという判断である。このため，アジア諸国に共産党を設置する工作を進め，中国には1920年にグレゴリー・ヴォイチンスキー（Gregory Voitinsky）が派遣された。ヴォイチンスキーは，北京で李大釗，上海で陳独秀と会って，共産党の結成を勧告，同時に各地の共産主義研究サークルがまとめられていった。1921年に，コミンテルン代表マーリン（Maring：本名はヘンドリックス・スネーフリート〔Hendricus Sneevliet〕）同席のもとに，上海フランス租界で中国共産党一全大会が開催された。租界警察の目を避けるため，会場は途中で浙江省嘉興の南湖に移されたが，13名の党員が参加し，陳独秀が初代総書記に選出された。後に中華人民共和国の建国を宣言することになる毛沢東も，一党員として参加した。

　1920～23年にかけて，コミンテルン代表ヴォイチンスキー，マーリン，ソ連政府代表ヨッフェは，それぞれ孫文と会談し，ソ連・コミンテルンと国民党の関係強化を働きかけていた。1923年にコミンテルンは中国共産党に対し，国民党との統一戦線への参加，すなわち国共合作の指示を出した。国民党が大きく，共産党が弱体であること，また両党の性格が違うため，両党ともに反対意見が多かったが，共産党はコミンテルンの命令で，国民党はソ連の援助を必要としていたため合作を受け入れた。合作の形態は「党内合作」で，共産党員が個人の資格で国民党に加入するという形をとった。しかし国共合作は，共産党の活動の幅を大きく広げることになった。国民党の農民部，工人部は共産党員で占められ，農民運動，労働運動のほとんどは共産党の指導にゆだねられた。また，黄埔軍官学校の校長は国民党の蒋介石が就任したが，共産党員の周恩来が政治部副主任，葉剣英が教授部副主任に任命され，共産党員が軍内部にも基盤を築くことが出来た。これが後に，共産党軍をスタートさせる基礎になる。国共両党は発足時，いずれもソ連の指導によって党組織が作られ，両者の人間関係も密接であったのである。

反帝国主義運動による北伐期の外交

　孫文死後の広東政府の外交政策は，反帝国主義の側面を強めて急進化していく。「革命，なお未だ成功せず」と記して国民党員の奮起を促した孫文遺嘱が，短期間での不平等条約撤廃を指示していたこと，また共産党の指導する労農運動の影響も受けたためである。その初めての現われが，1925年の5・30事件であった。上海の日系企業，内外棉工場の労働争議で日本人監督官が労働者を射殺，またそれに抗議するデモ隊にイギリス人警官隊が発砲し，多くの死傷者を出したことが発端となった。憤激の波は全国に広がり，さらに広州ではデモ隊に沙面の租界を警備する英仏陸戦隊が機銃掃射を浴びせ，数百人の死傷者を出した。沙面事件を契機に広東政府は，広州，香港を舞台に省港ストライキを実施，とくにイギリスの貿易に深刻な打撃を与えた。この時期ソ連は広東政府に対し，自国の外交的利益のため反帝国主義運動の重点目標をイギリスに絞るよう指導していた。ストライキは1926年10月まで続き，国民革命軍の北伐の進行に伴って停止された。広東政府はこの停止と引き換えに，自らの支配地域における輸出入品に対し2.5％付加税の徴収を一方的に開始した。諸外国はこの課税に反対であったが，実施を停止させることは出来なかった。

　1926年7月，北京関税会議の崩壊と偶然時期を同じくして広東政府は，蔣介石国民革命軍総司令の下に全国統一のための北伐を開始した。北伐は順調に進んで長江流域に達し，1927年1月広東政府は武漢に移転した。長江流域は帝国主義列強の経済権益が集中する地域であり，国民革命軍の支配地域では反帝国主義運動が活発化したため，武漢政府と外国列強の間には大きな摩擦が生じることになった。

　その最初の事件が，1927年1月の漢口・九江イギリス租界回収事件である。不平等条約の一環として設置された，漢口，九江の2つのイギリス租界に中国人群衆が乱入し，租界を占拠した。イギリスは中国で最も巨大な権益を保持する外国であったために，反帝国主義運動の主要目標とされ，大きな被害を受けていた。そのため，1926年末にクリスマス・メッセージと呼ばれる新政策を発

第3章　苦闘する中華民国

図3－2　漢口イギリス租界江漢関近辺でのイギリス兵との衝突
（1927年，梁又銘画）
（出所）広東革命歴史博物館編『黄埔軍校図誌』広東人民出版社（広州），2010年。

表し，対中国政策の転換をはかっていた。これは北京，武漢の両政府に手渡され，中国の主権確立のために，イギリスは帝国主義的意図を放棄し，不平等条約改訂の用意があることを示していた。この精神に従い，イギリスは武力奪回の選択肢を放棄し，租界の返還に同意した。

　続く3月には，南京で国民革命軍の入城に伴って，大規模な外国人襲撃事件が発生した。死者は英米仏伊の7名，負傷者は英米日の3名を出し，また略奪も激しかった。追いつめられた外国人の援護と襲撃の阻止のため，長江上の英米の砲艦が市内に砲撃を開始し，中国側にも多くの死傷者を出した。事件後，英米日仏伊の5カ国公使は，責任者処罰，国民革命軍総司令の謝罪，外国人の安全保障などを要求する共同通牒を作成，武漢政府，蔣介石国民革命軍総司令の両者に提出し，中国側は謝罪した。

　この事件は，蔣介石に教訓を与えた。共産党の扇動する行きすぎた反帝国主義運動は，かえって外国列強の結束と武力介入を招き，国民政府の国際的信用を下落させることは明らかである。1927年4月12日，蔣介石は上海で反共クーデターを実施し，共産党を排除することを決断した。7月には武漢政府も反共

へ転じ、国共合作は崩壊していく。

　1928年4月より北伐が再開され、国民革命軍は長江流域から北京を目指した。しかし、途中には多数の日本人居留民が住む山東省があり、ここでは日本軍との衝突が発生した。日本は条約上の根拠もなく、居留民保護の名目で5000～6000の兵を出兵（山東出兵）し、5月に済南事変を引き起こした。また6月に国民革命軍が北京に迫ると、日本は東北への戦火の拡大を恐れた。北京を支配していた張作霖に、本来の根拠地奉天（瀋陽）への帰還を強要し、これに応じた張作霖の特別列車を奉天郊外で爆破して暗殺した。これは関東軍（満州駐屯の日本陸軍）参謀の河本大作大佐によって計画されたものであり、張爆殺の混乱に乗じて満州の支配権を握ろうとしたが、日本政府によって制止された。1928年6月、国民革命軍は北京を占領。また12月に、張作霖の息子、張学良が日本に対抗するため国民党に入党し、蔣介石の全国統一は完成した。

3　南京国民政府による全国統一

蔣介石の訓政統治と不平等条約改訂

　蔣介石は1927年4月に南京国民政府を樹立し、28年6月北京を占領して全国を統一した。1928年に蔣介石は、中華民国が訓政段階に入ったことを宣言し、1931年には訓政時期約法を制定した。訓政期は、憲政に移行する過渡期であり、革命政党である国民党が一党独裁によって国民を指導する時期である。しかし、軍と党内には様々な派閥が存在し、その統治は困難を極めた。訓政期は1928年から6年間と規定されたが、憲政期が訪れることはなかったのである。

　北伐を終えた国民革命軍は、旧軍閥を併合したため200万以上に増加していた。地方軍の削減と軍権の統一は緊急の課題であったが、地方軍はこれに抵抗し、蔣介石に反発する党内派閥も巻き込んで反蔣戦争が多発した。1931年までに、蔣介石は反蔣勢力を鎮圧し、直系の中央軍を近代的な装備と、強固な規律で強化していった。蔣の中央軍は、黄埔軍官学校の卒業生を中心とした勢力で

第3章　苦闘する中華民国

ある。この中央軍に加えて，陳果夫・陳立夫兄弟のＣＣ団，そして通称，藍衣社と呼ばれる中華民族復興社などの特務組織を利用して反対派を抑えつけ，蒋は独裁体制を作り上げていった。

　経済・財政面では，統一政権の樹立とともに徐々に成果を上げていった。1928年にアメリカ，イギリスが関税自主権を認めたために，関税を引き上げ，関税，塩税，統税（統一貨物税）など国内税制を整備し，財政基盤を安定させた。また世界恐慌によって銀価格が低落したことに対応し，1935年に幣制改革を行った。中央銀行，交通銀行，中国銀行の3行に法幣発行の権限を与えて統一通貨とし，国内に流通する銀と交換したのである。またこの法幣は，ドル，ポンドとの一定水準の為替レートを維持した。国内産業も，1920年代から30年代にかけて軽工業を中心とした輸入代替工業化が進み，30年代半ばからは国民政府の資源委員会によって重化学工業振興政策も進められた。

図3-3　1928年の蒋介石
（1928年，南京，1927年撮影の可能性もある）
（出所）広東革命歴史博物館編『黄埔軍校図誌』広東人民出版社（広州），2010年。

　外交面でも，不平等条約改訂にある程度の成果を上げた。まず，前述のように1928年と30年にすべての国との間で関税自主権が認められた。租界，租借地については，1929年に鎮江イギリス租界，天津ベルギー租界，30年に厦門イギリス租界，イギリスの威海衛租借地が，それぞれ中国の主権下に返還された。さらに1928年より治外法権撤廃の交渉が始められたが，国内における共産党との内戦と，満州事変に始まる日本の侵略によって南京国民政府の外交活動は停滞することになったのである。

共産党のソビエト区拡大

1927年7月に国民党から退出した共産党は，コミンテルンの指示によって武装暴動路線に転じていく。これを指導したのが，29歳のベッソ・ロミナーゼ（Besso Lominadze）と26歳のハインツ・ノイマン（Heinz Neumann）の若い2人の顧問たちであった。8月の南昌蜂起から12月の広州蜂起まで，数多くの武装蜂起を試みたが，いずれも失敗に終わった。しかし，コミンテルンは，国共合作を進めた初代総書記陳独秀を右翼日和見主義として，武装暴動路線を進めた第2代総書記瞿秋白を左翼盲動主義として批判し，失敗の原因を中国共産党に押しつけた。なお8月1日の南昌蜂起は，国民革命軍のなかから共産党員の軍人が武装蜂起したもので，共産党軍の始まりとなったものである。

武装暴動路線のなかで秋収蜂起に参加した毛沢東は，敗残兵を率いて10月に江西・湖南省境の井崗山に根拠地を築いた。毛沢東及び毛と同じく根拠地を作り上げた共産党員たちは，ゲリラ戦と土地革命を展開して支配地域を広げ，革命根拠地（ソビエト区）を形成していった。1930年までに，「13省にまたがる15の根拠地，兵力6万」が築き上げられたといわれる。

共産党軍が力をつけた結果，1930年7月には共産党宣伝部長李立三の指揮によって，大都市攻撃路線が実施された。他の部隊は敗北を喫したが，彭徳懐の部隊が湖南省の省都長沙を一時的に占領，南京国民政府の蔣介石に衝撃を与えた。この結果，蔣介石は反蔣戦争に目途をつけた後，ソビエト区の包囲討伐に乗り出していく。

共産党中央は上海に設置されており，1931年には王明，秦邦憲などの留ソ派（ソ連留学派）が指導部を握った。王明たちは，ロシア革命の経験から都市革命を重視しており，毛沢東たちの農村革命に否定的であった。しかし上海の中共中央は，ＣＣ団や藍衣社の特務組織に摘発されて1933年には壊滅し，江西ソビエトに移転してくることになる。その結果，留ソ派と毛沢東の対立が顕著になったのである。蔣介石の包囲討伐は1930年1月から始まり，第1次から3次までの包囲討伐戦は，共産党軍のゲリラ戦によって撃退することに成功した。

しかし1932年に毛沢東は，留ソ派とコミンテルンの軍事顧問オットー・ブラウン（Otto Braun）に共産党軍の指揮権を奪われた。ブラウンたちは，第4次包囲討伐戦は切り抜けたものの，第5次で敗北し，1934年10月，共産党は江西ソビエトを放棄せざるを得ないことになった。長征と呼ばれる敗走の旅が始まったが，毛沢東は1935年1月の貴州省における遵義会議で留ソ派の軍事指導を批判，政治局常務委員に復帰し，軍事指導の一角を担うことになった。その後，同年10月陝西省の呉起鎮に到着，1937年には延安に根拠地を構え，抗日戦争に備えることになる。

満州事変と日本の侵略

1931年9月18日，日本の関東軍は柳条湖において満鉄線を爆破，張学良軍の仕業だとして攻撃を加え，1932年2月までに全満州を制圧した。これが満州事変（918事変）である。この謀略工作を計画したのは，関東軍参謀の板垣征四郎大佐，石原莞爾中佐であった。引き続き，満州における侵略を覆い隠すため，1932年1月28日，列強の権益の集中する上海において上海事変が引き起こされた。これを画策したのは，板垣の指示を受けた上海駐在武官の田中隆吉少佐であり，田中少佐は，中国人を雇って上海で布教していた妙法寺の僧侶を襲わせ，これを理由として日本海軍陸戦隊が上陸，上海事変が勃発した。しかし，中国側も蔡廷鍇の19路軍が激しく抵抗し，すぐに終結すると思われた戦闘は5月初めまで続いた。また日本は，天津に居住していた宣統帝溥儀（26歳）を説得して，1932年3月に日本の傀儡である満州国皇帝に就任させ，満州国が成立した。中国はこの侵略を国際連盟に提訴し，リットン調査団が派遣された。リットン（Victor Alexander George Robert Lytton）の報告書は，満州国は日本の傀儡政権であるとして，これを否定し，中国の主権下に満州を国際管理的な体制で運営することを提案するものであった。日本の既得権益にも相応の配慮がなされていたが，日本はこれを不満として1933年に国際連盟から脱退した。

日本はさらに，1933年2月に万里の長城を越えて熱河省（現河北省，遼寧省，内モンゴルの一部）に侵攻し，満州国に編入した。5月には，塘沽停戦協定を締結し，河北省東北部に非武装地帯を設置することを取り決め，満州事変をめぐる戦闘は終結した。

　この後，1935年には日本による華北分離工作が始まった。華北5省（察哈爾，綏遠，河北，山東，山西）の分離と華北経済圏の独立が目的とされ，これは，第2の満州国を作ろうとするものであった。6月には，梅津・何応欽協定によって河北省から，土肥原・秦徳純協定によって察哈爾省から国民党機関と中国軍を強制的に撤退させた。11月には冀東防共自治委員会（後の冀東防共自治政府）が日本の傀儡政権として，塘沽停戦協定によって設定された河北省東北部の非武装地帯に設立された。蒋介石は日本の動きを抑えるため，冀察政務委員会を北平（北京）に成立させたが，目立った効果を生むことは出来なかった。この結果，華北には密貿易の日本製品やアヘンが，日本軍の保護を受けて公然と流入することになったのである。しかしこれらの動きと並行して，広田弘毅外相は1935年5月，日中双方の公使館を大使館に格上げすることを中国側に提案，これを実施した。日本陸軍と日本政府の対中国政策は一本化されておらず，両者は微妙な関係にあった。

4　抗日戦争から国共内戦へ

日中戦争の開始

　一連の日本の侵略行動に対し，中国の学生，知識人，市民団体などは激しい反日運動を展開し，蒋介石に対して「（共産党との）内戦停止，一致抗日」を強く迫った。しかし蒋介石は，「安内攘外（内を安んじ，後に外を攘つ）」の方針を曲げず，共産党討伐を優先した。日本と正面衝突すれば，反蒋勢力を抑えつけている自らの中央軍が消耗することを恐れたことも，その要因の1つである。

　しかし，1936年12月の西安事件は，この状況を転換させていく。蒋は西北に

根拠地を構えた共産党に対し，第6次包囲討伐を開始した。攻撃の前面に立たされたのは，東北軍の張学良と西北軍の楊虎城である。この2人は，日本軍の侵略の被害を受けたため抗日を望んでおり，攻撃を開始しなかった。督戦のため，前線基地の西安に乗り込んだ蔣介石を2人は拘束し，共産党の周恩来と連絡をとり，周恩来とも共同して蔣介石に一致抗日を迫った。蔣はこれに応じなかったが，南京の国民政府が西安総攻撃を計画したため，宋子文，宋美齢（蔣介石夫人）が西安に来訪し，交渉と調停を行った結果，蔣は一致抗日に同意した。これが1937年9月，正式に宣言された抗日のための第2次国共合作につながっていく。

1937年7月7日，盧溝橋事件（77事変）が起こり，日中戦争が勃発した。北京郊外，盧溝橋で夜間演習中の日本軍に何者かが銃弾を撃ち込んだための偶発的な事件であったが，8月に上海に戦火が広がる（第2次上海事変）ことにより全面戦争が避けられなくなった。盧溝橋に日本軍がいたのは，義和団事件後の北京議定書に基づくものであったが，事件直前，その兵力を異常に増強していたことが衝突の背景となった。これに従って8月，国民党は共産軍に，八路軍，新四軍という国民党軍の軍団ナンバーを与え，武器も供与することになった。

上海戦は，3カ月に及ぶ激戦であった。ドイツ軍事顧問団に訓練された蔣介石の中央軍は強力であり，日本軍に多大の犠牲を出したが，11月に日本軍は上海全市を占領，12月には国民政府の首都南京を陥落させた。上海，南京で大勢の犠牲を出して激昂した日本軍は，南京陥落後，南京大虐殺を引き起こすことになる。1938年1月には，在中国ドイツ大使オスカー・トラウトマン（Oscar P. Trautmann）の仲介による日中の和平交渉が決裂し，日中の調停を行う者もいなくなった。

共産党軍は1937年9月，山西省の平型関の戦いで，国民党軍は1938年4月，山東省の台児荘の戦いで，日本軍に大きな打撃を与えた。しかし南京陥落後，国民政府は臨時首都を武漢に移動し，さらに1938年10月末に武漢が陥落すると

重慶に移動，そこで日本軍と対峙段階に入っていく。それに対し，共産党の毛沢東は1938年に「持久戦論」を発表，「正義は中国の側にあり」「大国であるため簡単に日本軍が占領することが出来ない」という2つの点に着目し，「最後の勝利は中国のものである」ことを主張して，ゲリラ戦を継続していった。なお毛沢東は延安整風運動後の1943年，政治局常務委員会主席に就任し，完全に指導権を回復した。以後，「毛沢東思想」の言葉が使われるようになる。

連合国の一員としての第2次世界大戦

　蔣介石の国民政府を重慶に押し込んだ日本は，国民政府の重要人物であり，対日妥協による「和平救国」を主張していた汪精衛を懐柔し，1940年，日本占領下の南京に汪精衛の「南京政府」を樹立した。蔣の重慶政府は，ビルマからの補給路であるビルマ・ルートに支えられ，アメリカ，イギリスの支援を受けて抗戦を続けた。

　1941年12月，日本の真珠湾攻撃によって太平洋戦争が勃発した。ただちに蔣介石の国民政府は，日本，ドイツ，イタリアに宣戦布告，日中戦争は第2次世界大戦の一部となっていった。1942年1月には，中国は米英ソなど25カ国とともに「連合国共同宣言」を出し，自由と人権の擁護，ファシズム諸国打倒を表明した。そして蔣介石を最高司令官とする連合国の中国戦区が設定され，アメリカ軍のジョセフ・スティルウェル（Joseph Stilwell）将軍が参謀長として着任した。すでにアメリカは日米開戦前の1941年夏に，中国空軍顧問であったクレア・シェンノート（Claire Lee Chennault）の要請によって，米国航空義勇隊（フライング・タイガース）を結成，ビルマ・ルートの防衛に当たらせていた。

　中国が連合国の一員となった結果，1942年にはアメリカの対中重視政策によって，中国との不平等条約改訂の検討が始まった。イギリスもこれに参加したが，イギリスとの交渉はインド，香港などをめぐる諸問題が懸案事項となって難航した。1943年1月に，日本が親日の汪精衛「南京政府」に対して不平等条約撤廃を発表，イタリアもこれに続いた。アメリカ，イギリスも，時期をほ

第3章　苦闘する中華民国

図3-4　アメリカ航空義勇隊　フライング・タイガース
（1944年，昆明）
（出所）艾倫・拉森（Allen Larsen）他編『飛虎隊隊員眼中的中国
1944—1945』上海錦繡文章出版社（上海），2010年。

ぼ同じくして重慶国民政府と不平等条約撤廃に合意，中国は約100年にわたる不平等条約に終止符を打つことに成功した。

　しかし，1944年4月の日本軍による大陸打通作戦（「1号作戦」）が開始されると，国民党軍が総崩れとなり，アメリカは重慶国民政府の日本に対する抗戦力に疑問を持つことになる。6月，アメリカ大統領フランクリン・ルーズヴェルト（Franklin Delano Roosevelt）は，副大統領のヘンリー・ウォーレス（Henry Wallace）を重慶に派遣，蔣介石の独裁と重慶国民政府の腐敗を認識した。7月には，延安に根拠地を構える共産党軍との提携の可能性を探るため，ダビッド・バレット（David D. Barret）大佐を団長とする延安視察団（Dixie Mission）を延安に派遣。団員の国務省外交官ジョン・サービス（John S. Service）たちからは，共産党軍の対日抗戦意欲は高いとの報告を受けたが，結局，この方針をとることはなかった。理由は，戦後の共産主義との対立を控え，中国共産党との提携に慎重にならざるを得なかったこと，また対日反攻ルートが太平洋の島嶼づたいに進むこととなり，中国戦線の重要性が低下したことである。

　その後，アメリカは中国戦区の指揮権をスティルウェルに移譲するよう迫っ

71

たが、蔣介石はこれを断固拒否、反発を強めた。中国が連合国から離脱することを懸念したアメリカは、1944年10月に蔣批判を強めるスティルウェルを解任し、アルバート・ウェデマイヤー（Albert Wedemeyer）将軍を後任に任命した。

蔣介石は1943年11月、カイロ会談（米英中）に参加、日本の無条件降伏を目指して対日戦を継続することを確認した。1944年には、ダンバートン・オークス会議に参加、国際連合憲章を4大国名義で発表。1945年の国際連合成立にあたっては、中国は安全保障理事会常任理事国に就任することになった。第2次世界大戦を通して、中国の国際的地位は向上し、米英中ソの4大国の一員として遇されるようになったのである。

国共内戦による最終決戦

1945年8月、日本の降伏によって第2次世界大戦は終結した。中国は戦勝国であったが、その現実は「惨勝（悲惨な勝利）」と呼ばれた。しかし同時に、日本軍の降伏受け入れをめぐって、国民党と共産党の対立は激化していく。共産党軍は、華北を中心として日本軍に近い位置にあり、それに対し国民党軍は重慶を中心とした西南部に布陣していたため、ただちに日本軍の降伏を受け入れることは困難であった。蔣介石は、共産党軍による日本軍降伏受け入れを禁じたが、共産党軍はこれを無視した。日本軍の莫大な武器と物資の接収は、国共両党の軍事力に関わる重大な問題であったのである。アメリカ軍の協力によって、国民党軍50〜80万を大都市と沿海部へ空輸し、国民党はかろうじて都市部の支配権を握ることになった。こうして、国共両党の対立は一触即発の状態におかれていた。

戦後構想においても、両党の考えは異なっていた。国民党は、戦後は憲政を実施するものの、憲法制定のための国民大会を開催することによって同党の主導権を保持することを主張し、共産党は、各党派が平等な形で参加する連合政府構想を打ち出していた。在中国アメリカ大使パトリック・ハーレー（Patrick Jay Hurley）の仲介によって、1945年8月から10月にかけて重慶会談が開かれ、

蒋介石と毛沢東の合意文書（双十会談紀要）が作られた。この内容は，内戦の停止，統一政権における国民党の指導権の承認，政権構想協議の場としての政治協商会議の開催などである。

これ以後も両党の軍事的小競り合いが止まらなかったが，アメリカ大統領特使ジョージ・マーシャル（George C. Marshall）の調停によって，1946年1月に国共両党の停戦協定が成立し，同月，政治協商会議が開催された。この会議は，国共両党に加え，青年党，民主同盟，無党派，計38名が出席，国民党の主導権が制限され，多党派による連立政権への展望が示された。これに反発した国民党は，同年11月に憲法制定国民大会を強行し，中華民国憲法（47年憲法）を採択した。政治協商会議に出席した多くの代表は，国民大会をボイコットした。

また，国民党の反対勢力に対するテロ，暴力行為に加えて，経済政策の失敗が国民党政府に対する指示を下落させた。なかでもインフレの昂進は深刻であり，これは経済活動を進める上で容認できないレベルのものであった。

1946年6月に国共の全面的内戦が開始され，1949年の末まで続くことになる。1948年9月から1949年1月にかけて行われた三大戦役（遼瀋戦役，淮海戦役，平津戦役）に共産党軍が勝利することによって，勝敗の帰趨が決まった。1949年1月に共産党軍は北京（北平）に無血入城，4月に長江を渡って南京を占領，10月に北京で中華人民共和国の成立を宣言した。12月に，南部で抵抗していた国民党軍はすべて台湾に撤退，そこに中華民国政府を移転することになる。なお，共産党は10月の建国前夜に，北京において共産党代表と諸党派を集めて中国人民政治協商会議を開催し，新国家の運営方針を定めていったのである。

中華民国は，様々な課題に直面した。国家の統一，不平等条約の撤廃，日本の侵略，共産党との内戦，訓政から憲政への移行などである。その多くを乗り越えてきたが，共産党を押さえ込むことは出来ず，また憲政への移行（民主化）も課題として残った。その後，憲政による民主化は，1990年代に台湾にお

いて達成されることになったが，大陸の中華人民共和国においては，いまなおそれは課題として残されている。

文献案内

石川禎浩『革命とナショナリズム——1925～1945』（シリーズ中国近現代史③）岩波書店，2010年。
  * 従来の「革命史観」にとらわれず，旧ソ連の資料，「蔣介石日記」などの新しく発掘された資料を用いて，国民党と共産党の対抗関係を描き出した。分析の観点，事実関係の双方において信頼が置ける研究書である。

川島真・毛里和子『グローバル中国への道程——外交150年』岩波書店，2009年。
  * 19世紀後半から2000年代に至る中国外交の流れと，各時期における中国外交の課題と特徴を分析した。本章で扱った部分に対応するのは，川島真担当の前半であるが，最新の研究成果に基づいて時期区分を行い，内容面でも従来，描かれてこなかった詳細な部分を正確に記述している。

久保亨・土田哲夫・高田幸男・井上久士『現代中国の歴史——両岸三地100年のあゆみ』東京大学出版会，2008年。
  * 主として中国の20世紀の100年間を扱い，台湾，香港の歴史にも目配りをしている。新しい研究成果と資料を生かした通史として，有用である。

川島真・服部龍二編『東アジア国際政治史』名古屋大学出版会，2007年。
  * 中国外交史，日本外交史，国際関係史，国際関係論の専門家が共同で描き出した，東アジア国際政治史のテキスト。19世紀後半から現代に至る時期を扱っている。様々なテーマに基づいたコラムが数多く掲載され，全体の通史の理解を助けている。

宇野重昭・天児慧編『20世紀の中国——政治変動と国際契機』東京大学出版会，1994年。
  * 発行年は古いが，各時期，各テーマの専門家が論文を執筆し，20世紀中国の政治・外交の全体像を描き出している。通史としても使用出来る研究書である。

第4章
新中国の世界認識と外交

三船恵美

――― この章で学ぶこと ―――

　第4章では，1949年の中華人民共和国の建国以降，1978年12月に開催された「3中全会（中国共産党第11期中央委員会第3回全体会議）」で革命から近代化建設へ路線転換する前まで，約30年間の中国外交について学ぶ。建国当時の中国外交は，主権確立を目指す危機認識のうえに立脚していた。また，イデオロギー面では社会主義を採用して東西冷戦の東側に属していたにもかかわらず，当時の中国外交政策は，冷戦の二極構造によってではなく，敵か味方かの戦略的関係によって規定されていた。さらに，発展途上国としての南北の軸による外交も積極的に展開しながらも，それは，先進国をモデルにして開発途上国の問題を考察する欧米の近代化論に対するマルクス主義的な国際政治経済論による挑戦ではなく，広範な国際統一戦線の結成を目的とするものであった。

　第1節で，近代国家としてスタート切った建国当初の中国外交の3大基本原則である①「向ソ一辺倒」，②「打掃干浄屋子再請客（部屋を掃除してから客を迎える）」，③「另起炉灶（新しい竈を築く）」の意味とその背景にある危機認識，そして，毛沢東時代の中国外交における統一戦線を基軸とする世界認識について整理する。第2節では，1950年代の中国が，なぜ向ソ一辺倒を選択したのか，なぜアメリカと敵対するようになったのか，なぜアジア・アフリカの途上国との連携を模索したのか，について議論する。第3節では，向ソ一辺倒から中ソ対立へ向かった中ソ関係について学ぶ。ソ連の対外政策の変更，中国国内の社会主義改造の完了やその後の政治闘争によって，1960年代に「反米・反ソの二条線戦略」をとった対ソ関係を理解する。第4節では，米中接近による「一条線」戦略の選択と「3つの世界論」について学ぶ。

1　近代国家としての新中国外交

主権確立を目指す危機認識

　1949年10月1日，中華人民共和国が成立した。それに先立ち1949年9月，中国人民政治協商会議第1回会議が北京で開催され，新中国の誕生に向けての準備が行われた。この会議で，建国当初の臨時憲法の役割を果たした「共同綱領」が採択された。「共同綱領」は，新中国の外交戦略の原則を，国家独立の保障，自由と領土主権の完備，国際的な永続平和の擁護と各国人民の間の友好協力，帝国主義の侵略政策と戦争政策への反対，と規定した。また，「共同綱領」は新中国外交の具体的な政策方針も規定した。それは，①「向ソ一辺倒（ソ連への全面的な傾倒）」による社会主義の道，②中国内における帝国主義国の特権を取り消し，新中国建国以前のいかなる外交使節の法的地位も認めず，建国前に締結された条約の有効性を自動的に取り消すこと（打掃干浄屋子再請客＝部屋を掃除してから客を迎える），③国民党政府による対外関係を継承しないこと（另起炉灶＝新しい竈を築く），という3大方針であった。

　新中国外交の3大基本原則は，①1948年冬～1949年3月の中国共産党（以下，「中共」）第7期2中全会，②2中全会後から1949年9月の「共同綱領」採択まで，の2段階を経て形成された。まず，中共によって第7期2中全会で，新中国の対外政策の基本的骨子が表明された。その後の第2段階の『共同綱領』策定のプロセスにおいて，米ソ間で中国はどちらにもつかずに中立的を取るべきと主張していた民主諸党派や無党派と合意形成していった。

　これらの外交方針は，1840年以降，外国からの侵略と植民地支配を受けてきた中国にとって，「百年の屈辱の外交」へいかに結末をつけられるのか，国家の独立をいかに確保出来るのか，国民党の内戦における外国の干渉をいかに排除出来るのか，という建国前後の中国が抱えていた危機認識に基づくものであった。冷戦初期における新中国の世界認識と欧米のそれとの相違点は，欧米

の危機認識がソ連の影響力拡大への脅威，すなわち，米ソ冷戦構造に基づくものであったのに対して，新中国にとっての危機認識は脱植民地化による国造り，すなわち，主権確立を目指す危機認識に基づいていた点である。

国際統一戦線を基軸とする世界認識

中華人民共和国の建国以来，中共は「統一戦線」を中国の外交政策に援用してきた。統一戦線とは，中共の主要敵を孤立させて倒すために，味方の勢力を固めて広範囲に結集させる戦略である。毛沢東時代の中国は，イデオロギー面では社会主義を採用して東西冷戦の東側に属していたにもかかわらず，その外交政策は，東西冷戦の二極構造によってではなく，敵か味方かの戦略的関係と南北関係によって規定された。

毛沢東時代の中国外交は，以下の国際統一戦線を基軸として展開された。①1950年代半ばまで，アメリカを主要敵とみなした国際統一戦線としての「向ソ一辺倒」，②1950年代半ば以降，アメリカの中国封じ込め政策へ対抗するためにアジア・アフリカの発展途上国との連携を模索した国際統一戦線としての「平和共存」，③1958年〜1960年代半ば，ソ連に対する不信が高まるなかで反米闘争を呼びかけた「中間地帯」，④1960年代，2つの超大国を同時に主要敵とする「反米・反ソの二条線」戦略のもと，「反アメリカ帝国主義・反ソ連修正主義」による国際統一戦線外交，⑤1970年代，「一条線」戦略による米中接近，⑥1970年代後半の「3つの世界論」である。

このような国際統一戦線を基軸にした毛沢東時代の中国外交の世界認識から，当時の中国外交の主な特徴として，以下3点を指摘出来よう。

第1に，外交政策を貫くのはアナーキーな世界での主権国家によるパワーに基づくリアリズムである。ただし，これは近年の中国外交に見られるパワーの極大化を目指す攻撃的リアリズム（offensive realism）ではなく，主要敵への安全保障の確立を目指す防御的リアリズム（defensive realism），国家の行動が国際システムの構造によって規定される構造的リアリズム（structural realism）と

も言える世界認識に基づくものであった。

　第2に、国際統一戦線を基軸とする世界認識は、国際政治における米ソ冷戦構造から形成されたものではなく、その時々の中国を取り巻く国際関係における「自己認識 (identity)」の構成作用によって形作られたものである。その時点で中国が世界のなかでどういう位置づけや立場にあるのかという自己認識が、中国の行動の方向性や国益を決めた。それにより、中国にとって何が損益であり、どの国を味方にすべきか、ということが定まり、それが中国の世界認識に影響を及ぼしてきたのである。

　第3に、当時の中国の途上国外交は、国際政治を南北（途上国と先進国）の軸から見ているものと論じる研究者もいるが、欧米における国際政治経済論とは同じではない。「平和共存」や「3つの世界論」による外交は、国際的に流行った「従属論」や「国際システム論」を援用してはいるものの、先進国をモデルにして開発途上国の問題を考察する欧米の近代化論に対するマルクス主義的な挑戦ではなく、1つないし2つの超大国を敵とみなし、広範な国際統一戦線の結成を目的とするものであった。

2　建国初期の対外政策

向ソ一辺倒

　建国の3カ月前、1949年7月1日付の『人民日報』に毛沢東は「人民民主独裁を論ず」を掲載し、「ソ連と連合して国際的な統一戦線を結成する」「帝国主義側に偏るか、社会主義側に偏るか、いずれかである。第3の道はない」と「向ソ一辺倒」を打ち出した。なぜ、中国は向ソ一辺倒の道を選択したのであろうか。

　「共同綱領」を策定する過程で、中共以外の民主諸党派には、中国は東西冷戦のいずれにもつかずに中立の道を歩むべきであるとの意見が多かった。また、1949年4月にスターリン (Joseph Stalin) が毛沢東へ宛てた電報でアメリカ

第4章　新中国の世界認識と外交

との国交樹立を認めていたため，中共はソ連とアメリカの両国と交渉していた。しかし，ドイツの分裂やコミンフォルムのユーゴスラヴィア除名など，ヨーロッパの動向は中国が曖昧な立場にいることをソ連に許させなかった。

とは言え，1949年の建国時点における中国の対米政策は，朝鮮戦争後に見られるほど強硬な敵対政策ではなかった。劉少奇が率いる代表団がモスクワを訪問し，6月27日にスターリンと会談した一方で，黄華は南京でアメリカの駐中国大使スチュアート（John L. Stuart）と何度も会談していた。米ソ両国との接触を通じて，中共中央はソ連とアメリカそれぞれの中共に対する姿勢の本質的な違いを思い知ることとなった。

ソ連は中共の支持者であったが，アメリカは革命と共産主義への理解者ではなかった。6月27日の中ソ会談でスターリンは，3億ドルの借款や解放軍への軍事支援など，中国側からの要請の多くを受け入れるとともに，革命運動について，ソ連がヨーロッパでの，中国がアジアや植民地国家でのリーダーシップをとるという国際分業を提案した。一方，アメリカは一連の黄華・スチュアート会談で，共産主義を全面に出す新中国の誕生には否定的な見解を示していた。さらに，ワシントンで7月3日，アメリカのアチソン（Dean G. Acheson）国務長官が新中国をアメリカが承認する条件として公表したのは，中国の国土を実効支配していること，新政府が中国国民の支持を得ていること，新政府が（古い条約を守るという）国際的な義務を果たすことであった。しかし，当時の中共は国土の半分しか解放しておらず，不平等条約である「米中友好通商航海条約」を認めるわけにはいかなかった。つまり，中共には，ソ連一辺倒しか選択肢がなかったのである。

こうして，中国はソ連と1950年2月14日に「中ソ友好同盟相互条約」を締結した。その第1条では「日本あるいは直接間接に日本と結託する他の国」による侵略や平和の破壊を防止するための軍事同盟であることが謳われた。明記はされていなくとも，実質的な対象がアメリカであることは明白であった。

表 4-1　統一戦線

統一戦線	国際政治の構造	
	中国が打倒すべき勢力	中国が連合すべき勢力
1946年～ 反米民主主義統一戦線	アメリカ帝国主義	ソ連， 米ソ間の中間地帯の国
1958年～ 中間地帯論	アメリカ帝国主義	社会主義国 米ソ間の中間地帯の国
1963年～ 国際共産主義運動の総路線	アメリカ帝国主義	アジア，アフリカ，ラテンアメリカ
1964年～ 中間地帯論	アメリカ帝国主義	第1中間地帯（アジア，アフリカ，ラテンアメリカ） 第2中間地帯（西ヨーロッパ，オセアニア，カナダなどの資本主義国）
1966年～ 修正主義統一戦線	アメリカ帝国主義 ソ連修正主義	反米反ソ勢力
1968年～ 反米反ソの反帝国主義統一戦線	ソ連社会帝国主義 アメリカ帝国主義	社会主義国 被抑圧民族
1974年～ 3つの世界論	ソ連覇権主義国 アメリカ覇権主義国	第三世界（日本を除いたアジア，アフリカ，ラテンアメリカ） 第二世界（日本，ヨーロッパ，カナダ）

（出所）筆者作成。

朝鮮戦争と台湾海峡の中立化

　中国が対米敵視政策を深遠化させたのは，1950年6月25日に勃発した朝鮮戦争であった。同時に，アメリカにいったんは見捨てられた国民党政権を救ったのも朝鮮戦争であった。

　1949年8月5日に発表されたアメリカ国務省の「中国白書」は，国民党政権の失敗をその腐敗と無能さにあるとした。トルーマン（Harry S. Truman）政権は「不信の政権」というレッテルを貼った国民党政権を見限るつもりでいた。新中国が誕生し，同年12月7日，国民党政府は台湾移転の声明を出すと，トルーマンは，1950年1月5日，その時点で連邦議会を経て継続中の援助以外は対台湾支援を行わないという「台湾不介入宣言」を表明した。1月12日には，アチソン国務長官がナショナル・プレス・クラブで演説し，アメリカの死活的領域を規定した「不後退防衛線」として，アリューシャンから日本列島を下り

沖縄を経てフィリピンからオーストラリアに弓なりに防衛ラインを引いた。これらのアメリカの言動は，朝鮮半島や台湾が「不後退防衛線」から外されたという誤ったメッセージを，スターリンや金日成，そして毛沢東ら中共指導者たちへ送ることとなった。1949年7月の劉少奇の訪ソで，海空軍の建設についてソ連と交渉開始後，中共中央は1951年の「適当な時機」に台湾を徹底的に解放すると決定していた。

朝鮮戦争のなか，中国の対米敵対観は2段階を経て形成されていった。

第1段階は，戦争勃発から中国の参戦前までである。中国にしてみれば，アメリカによって朝鮮戦争と台湾問題がリンクされ，台湾問題が「国際化」されてしまった。中央情報局（Central Intelligence Agency：CIA）はトルーマンに対して，国民党の脆弱性と中共軍の潜在能力から推測して，1950年6～12月に中共軍が台湾を武力制圧するであろうという見通しを示した報告書を同年3月20日に提出していた。同年秋の連邦議会選挙を控え，共和党から「中国の喪失」の責任を問われていたトルーマン政権は，6月に朝鮮戦争が勃発すると，このＣＩＡ報告を重視し，台湾に対するいかなる攻撃をも阻止するように第7艦隊に命じた。また，トルーマンはただちに国連安全保障理事会の開催を求めた。ソ連が欠席するなか，安保理は北朝鮮の行動を「侵略行為」と宣言し，国境線までの後退を要求した。さらに，トルーマンによる米軍への軍事行動命令を追認する形で，安保理は北朝鮮の武力攻撃を撃退するアメリカの決議案を採択した。トルーマン政権は，大陸だけでなく台湾をも同時に抑制する「中立化政策」をとった。しかし，このようなトルーマン政権と米軍の朝鮮戦争に対する動向を，中共の指導者達は「台湾問題の国際化」と「中国に対する武力侵略」であると批判した。朝鮮戦争が台湾問題を国際化させたことにより，「台湾解放計画」を中国は棚上げにせざるを得なくなってしまった。

その一方で，毛沢東以外の政治局の多くは中国は朝鮮半島への軍事的介入に積極的ではなかった。建国当時の中国にとって，最重要課題は中国の国家建設であった。1世紀以上にわたる戦争や侵略が続いてきた中国にとって，中国国

内を整備する予算と国内統一を堅固なものにする人的資源こそが必要であった。たとえば，朝鮮戦争が勃発する直前の6月9日に閉幕した中共第7期3中全会において，中共は軍縮を決定し，それを公表していた。また，同年10月のチベット侵攻に備え，人民解放軍は6月には調査や道路整備にとりかかっていた。同年秋には，60万人の兵力を投入して台湾を解放する計画もあった。

しかし，仁川上陸作戦を敢行した国連の多国籍軍が1950年10月7日に38度線を北上し，中朝国境の鴨緑江に迫ると，北朝鮮への援助と自国防衛のために，毛沢東は朝鮮戦争への人民志願軍の出動を決定した。これを境に，朝鮮戦争は中国にとって「抗米援朝」（アメリカに対抗して朝鮮を支援する運動）へと転化した。中国の参戦によって，朝鮮戦争は事実上の米中戦争となった。抗米援朝への侵攻から停戦までが，朝鮮戦争の第2段階である。

1951年1月にアメリカが国民党政権に対する軍事・経済援助を再開し，翌2月に米華相互援助協定に調印した。また，同月には国連で中国の侵略者決議が下された。戦線が膠着した6月にソ連が休戦を提唱し翌月から休戦会議が開始され，1953年3月にスターリンが死去すると，7月27日に休戦協定が調印された。朝鮮戦争は，朝鮮半島における局地戦争であったが，アメリカを中心とする多国籍軍との現代化戦争を中国軍に体験させ，国際社会における中国プレゼンスを高めたという中国の自信となった。しかし，その一方で，米中対立の固定化という大きな代償も支払わなければならなかった。

第1次〜第2次台湾海峡危機

1953年，アイゼンハワー（Dwight David Eisenhower）がアメリカ大統領に就任すると，アイゼンハワー政権は「台湾海峡中立化」の解除を宣言した。これを好機と見なした蔣介石は，「大陸反攻」の準備に着手した。翌1954年，インドシナ休戦協定が成立すると，アメリカはアジアの反共集団防衛体制の構築に取りかかった。中国は東南アジア条約機構（Southeast Asia Treaty Organization：SEATO）の多国間安全保障に台湾が組み込まれることを懸念し，9月，台湾

が支配する金門島へ砲撃を開始した。これ以降翌年2月にかけて大陳列島をめぐって展開された中台間の軍事的対峙を「第1次台湾海峡危機」という。

第1次台湾海峡危機はアメリカに台湾防衛の必要性を迫ることとなり、1954年12月、アメリカは台湾と「米華相互防衛条約」を締結した。翌月には、アメリカ議会は台湾防衛のために大統領へ軍事力行使の権限を与える「台湾決議」を採択し、同年2月に批准した。それらは、あくまでも「防衛」のためだけであり、蔣や国民党軍の大陸反攻をアメリカが援助するものではなかった。アメリカは中台双方への抑止として「米華相互防衛条約」を締結した。また、第1次台湾海峡危機がきっかけとなり、バンドン会議の期間中の1955年4月23日、周恩来が台湾地域の緊張緩和についてアメリカとの協議の意向を表明し、7月にイギリスが仲介に入り、8月、ジュネーヴで第1回米中会議が開催された。

1958年8月、中国は再び金門を砲撃した。いわゆる「第2次台湾海峡危機」である。砲撃の1カ月前にフルシチョフ（Nikita S. Khrushchev）が訪中していたにもかかわらず、中国はソ連へ一度も相談していなかった。事件発生後直ちにソ連がグロムイコ（Andrei A. Gromyko）外相を訪中させると、中国は「アメリカへの示威行動を目的としているだけ」と説明した。中国による金門砲撃の理由には諸説あるが、対ソ不信が高まるなかで、中国の安全保障にソ連が如何に対応するのか、その反応を探るためとも言われている。

第2次台湾海峡危機は、中ソの相互不信を深め、中ソ関係を悪化させる要因の1つとなった。また、アメリカが、中共の台湾侵攻のみならず、国民党軍の大陸侵攻をも封じ込めることとなった。1958年10月、ダレス（John F. Dulles）は蔣介石に「大陸回復は三民主義によるもので、武力にはよらない」という共同声明を出させた。その後も国民党はアメリカに対して大陸反攻を説いたが、アメリカは常にその野心を押し留め続けていった。

「平和五原則」とバンドン会議

1954年4月29日に締結された「中国チベット・インド間の中印通商交通協

定」の序文において，中印両国は領土・主権の相互尊重，対外不侵略，内政不干渉，平等互恵，平和共存の「平和共存5原則」に合意した。また，同年6月，周恩来のインド・ビルマ訪問で，それぞれの首相と発表した共同宣言においても，平和共存5原則を表明した。翌1955年のバンドン会議で，平和共存5原則は「平和10原則」に拡大された。その背景には，アジアにおける冷戦の制度化であった。1954年12月の米華相互防衛条約への牽制であった。同年12月8日，周恩来は声明を出し，アメリカが対中国敵視政策を採っており，米華相互防衛協約をアジア太平洋地域のアメリカの同盟条約と連携させて，アジアにおける侵略体制を築き上げようとしている，と批判した。

　1956年6月28日，周恩来は国際情勢に関する報告で，「平和と中立の政策を堅持し，軍事ブロックに参加しないアジア・アフリカの国が増えている」「敵対する軍事ブロックを，どの国も排斥しない集団平和にとって替わらせようとする主張は，現実的な意義を持つようになってきた」と語った。周恩来が展開した「平和共存」外交とは，アメリカの中国封じ込め政策へ対抗するために，発展途上国との連携を模索した国際統一戦線であったと言えよう。

「長期打算・十分利用」——香港・マカオ問題の棚上げ

　建国当時から，欧米の対中国外交は必ずしも一枚岩ではなかった。新中国の国家承認や香港・マカオ・台湾の対処をめぐり，英米間にはいくつかの亀裂が見られた。アメリカが蒋介石の国民党政府を中国の正統な政府として米中接近まで承認し続けたのに対して，イギリスは1950年1月6日に中華人民共和国を承認した。新中国を承認したイギリスは，翌年の対日講和条約に中華人民共和国を招請すべきで，「日本は台湾を中国に割譲することが求められる」と主張した。これに対して，中華人民共和国を承認していなかったアメリカは，中国を対日講和会議へ招請することに反対した。この対立は，翌年6月に，中国と台湾のいずれも講和会議に招請しないという妥協で決着した。第1次台湾海峡危機では，イギリスはアメリカを支持し，中国を批判したものの，新中国は，

第4章　新中国の世界認識と外交

欧米諸国の対中国政策が決して一枚岩ではないことから，香港・マカオ問題の基本方針を「暫時非回収，現状維持（暫くは回収せずに現状を維持する）」・「長期打算，充分利用（長期にわたり計画し，充分に利用する）」とし，棚上げにし続けた。

香港・マカオを回収しなければ，屈辱の中国近代史に終止符を打てない。しかし，日本軍による香港占領によってイギリスは香港の支配権を喪失していたにもかかわらず，また，不平等条約の撤廃によって大陸の租借地がすべて返還されたにもかかわらず，イギリスは，アジアにおける香港の重要性から，香港を返還しようとしなかった。イギリスが香港を失えば，香港のみならず，中国や東南アジアに対するイギリスの政策や利益にも影響が及ぶこととなる。

中国側も香港とマカオの回収を急がなかった。建国時の毛沢東と周恩来の香港とマカオに対する基本方針は「暫時非回収，現状維持（暫くは回収せずに現状を維持する）」「長期打算，充分利用（長期にわたり計画し，充分に利用する）」であったと言われている。「長期打算，充分利用」を中央が決定した時期について，建国前か朝鮮戦争後か，妥協の産物か積極策か，という論争があり，中国側の当時の関係者でも意見が分かれている。

しかし，1949年10月16日に人民解放軍が香港の境界に達したものの，境界での衝突を避けながら国民党軍撤退後の接収を明らかにしたことから，「暫時非回収，現状維持」の方針は建国前に決定されていたといえよう。中共がイギリスと一戦を交えれば，アメリカが介入してくる可能性があった。それは，イギリスの植民地支配を守るためではなく，東南アジアに中共が進出するのを牽制するという，アメリカの国益のための米軍介入の可能性があったからである。「長期打算，充分利用」が妥協の産物で始まったものか立案時からの積極策であったのかは断定できない。しかし，香港をめぐり英米が中国政策において袂を分けたこと，香港が朝鮮戦争後の中国封じ込め政策を打破するための重要な前線基地となったこと，さらには，香港不回収によるイギリスの中国承認が，それまで中国の台湾侵攻に否定的であったスターリンの方針転換を導き出し，

中華人民共和国による台湾奪取計画を後押しさせたことなど，香港の「暫時非回収，現状維持」が正しかったことを証明し，「長期打算，充分利用」を打ち出すようになったと考えられよう。

3　中ソ対立と中間地帯論

「中ソ論争」から「中ソ対立」へ

　1956年2月の第20回ソ連共産党大会における「スターリン批判」は，中国へ衝撃を与えた。1963年9月6日付『人民日報』が掲載した人民日報・紅旗編集部共同論文は，中ソ間における意見の相違の由来と発展の起因をスターリン批判にあるとしている。1956年3月31日，ソ連の中国駐在大使を通じて，ソ共が毛沢東へスターリン批判について通報すると，毛は「スターリンの中国革命における誤り」を列挙した後，偉大なマルクス主義者であり，その誤りは部分的なものだと述べた。その後，中共中央政治局は討論を重ね，「三七開（否定3割，肯定7割）」と評価し，4月6日付の『人民日報』に，スターリンの正しい点と誤った点を全面的に論じなければならない，と論評を掲載した。

　これ以降，中ソ論争は①1956〜59年10月におけるイデオロギー論争から国家関係・対外政策をめぐる相互不信の深化，②1959年11月〜65年3月の国家関係・対外政策をめぐる対立，③1965年3月以降の関係断絶，の3段階を経ていった。

　1956年9月15〜27日の第8回党大会で社会主義改造の完成を確認した中共は，新民主主義，人民民主独裁とあゆんできた中国が，中共の指導を通じてプロレタリアート独裁を強化すると打ち出した。スターリン批判を受け，鄧小平は規約改正報告で「党内民主主義」と「集団指導」を強調した。また，第7回の党規約にあった「毛沢東思想をもって国家のイデオロギー的指針とする」の一節が報告から削除された。

　同年のポーランド事件やハンガリー事件は，中共中央の指導者たちに，国際

共産主義運動や社会主義陣営における大国主義と修正主義を警戒させることとなった。11月1日，中国政府はソ連の大国主義を「社会主義国家の相互関係はいっそう5原則の基礎の上に築かれなければならない」と批判した。また，12月には，「我々はソ連の経験に学べと言うスローガンを提起したことはあるが，ソ連の立ち後れた経験を学べと言うスローガンは提起したことはない」と述べ，脱ソ連をほのめかした。しかし，翌年1月18日の中ソ共同声明では，ソ連によるハンガリー武力鎮圧を中国は支持した。

　1957年11月14〜16日，スターリン批判による思想混乱を収めるため，ユーゴを除く12カ国がモスクワで「社会主義諸国会議」を開催した。そこで，国際共産主義運動に関する中ソ共産党の見解の相違が明らかにされた。ソ連が資本主義から社会主義への平和的移行を説いたのに対して，中国は暴力革命を重視する姿勢をみせた。両党間の相違について両党が譲歩して，双方の見解を併記したモスクワ宣言が採択された。しかし，両党の相違点は，その後の中ソ両国間における対外政策論争の鍵となる問題となった。とくに，安全保障と対米政策をめぐり，中ソ間の論争は対立へ進展していった。

　安全保障の領域では，1958年以降，矛盾が拡大した。ソ連は，アメリカがアジアの西側陣営の軍事制度化を進めるのに対して，積極的なアジア政策に転じようとしていた。そこで，4〜7月，ソ連は中国に対して中国内におけるソ連のレーダー基地建設や中ソ連合艦隊の創設を提案した。これに対して，毛沢東は主権侵害であると拒否した。そして同年5月27日から7月22日まで開催された中共中央軍事委員会拡大会議で，従来の軍事方針が批判され，ソ連から独立した軍事力建設と核開発の方針が決定された。また，同年8月の第2次台湾海峡危機では，アメリカが翌日には第7艦隊を派遣し，米軍を戦闘態勢に入らせると公表したのに対して，中国へ派遣されたグロムイコへ毛沢東が米軍に対するソ連の核爆撃を持ちかけると，ソ連は賛同しなかった。ソ連側にすれば，金門砲撃について何の事前報告も受けていなかった。そうして両国の相互不信は徐々に大きくなっていった。

対米政策をめぐっても，米ソ平和共存路線を採るソ連に対して，中国の不満は高まる一方であった。1957年6月以降，米軍が韓国に核兵器を持ち込んでいたことから，アジア地域で戦争が起きれば，アメリカは原爆を使用するかもしれないと毛沢東は考えていた。そこで，「アメリカ帝国主義は張り子の虎に過ぎない」と語り，アメリカの核には屈しないことを強調した。この頃から，中国は「中間地帯論」などの反米闘争を呼びかける強硬外交へ転じていった。中間地帯論は，もともと1946年8月，アメリカ人記者のストロング（Anna L. Strong）に毛沢東が，「中ソの間には広大な中間地帯としての資本主義・植民地・半植民地の国があり，国際政治の矛盾の中心は，米ソ間の矛盾ではなく，アメリカが中間地帯を征服しようと企て，中間地帯の人民がそれに抵抗することにある」と語ったのが最初である。その後，東側陣営が西側陣営よりも優位にあるとの認識（1957年毛沢東談話「東風は西風を圧倒する」）のもと，1958年8月，中共は毛沢東の中間地帯論を敷衍させた于兆力論文を『紅旗』において「アメリカ帝国主義が反ソ反共をわめき立てるのは，実は中間地帯の国々を侵略し，奴隷化するための煙幕に他ならない」と掲載した。その翌月6日には，周恩来がアメリカの台湾介入を厳しく批判すると共に，米中会談の再開を提起すると，その翌日，フルシチョフはアメリカ大統領宛の書簡で，中国に対する攻撃はソ連に対する攻撃とみなすと警告した。これに反応したアメリカは，9月7日，それまで日米安全保障条約の改定に消極的であったけれども，日本との改定交渉に応じると急転した。

　1959年2月，毛沢東は講話で，スターリン批判，大躍進政策，中ソ連合艦隊の提唱，第2次台湾海峡危機をめぐり，ソ連を全面的に批判した。

　このような国家関係・対外政策をめぐる中ソ間の「論争」は1959年以降「対立」に進展した。1959年3月10日，チベット騒動が起き，同年5月にダライラマ14世がインドへ脱出すると，イギリスやアメリカはインドを支持したのに，ソ連は中国のインド批判を支持しなかった。それどころか，8月25日に中印国境で最初の武力衝突が起きた2週間後，9月10日のソ連タス通信は「ソ連が中

第4章　新中国の世界認識と外交

国の立場に賛成しない」と報じた。それから2カ月後の11月10日、中印国境紛争について、中共中央はソ連の中国駐在大使に対して、ソ連が中立でいるのは誤りであり、それは中国を非難するものである、と強く抗議した。

翌年1月19日、「日本国とアメリカ合衆国との間の相互協力及び安全保障条約」が調印されると、中国は「日本の軍国主義の復活」であり「日本がアメリカの侵略的な軍事ブロックに公然と参加した」と批判した。日米同盟が強化されるなか、1960年4月のレーニン生誕90周年を記念して発表された『紅旗』編集部評論において、中共は「帝国主義の核の脅威に屈するな」と主張し、米ソ平和共存路線を批判した。

こうして、イデオロギー論争から始まった中ソ論争は、国家関係や対外政策の対立に発展し、中ソ間の国家関係に亀裂を生じさせていた。中共は、1963年9月6日に『人民日報』・『紅旗』編集部共同論文「ソ連共産党指導部と我々との意見の相違の由来と発展」を公表してから、1964年7月14日に『人民日報』・『紅旗』編集部共同論文「フルシチョフのえせ共産主義とその歴史的教訓」に至るまで、9本の長文論文（いわゆる「九評」）を相次いで公表した。中ソ論争が激化していくなかで、同年10月、中国は核爆発を成功させ、フルシチョフは失脚した。翌年3月にモスクワで開催された世界共産党協議会で、中ソ会談は決裂し、中国とソ連の決裂は決定的なものとなった。

「中間地帯論」

中共は反米闘争として提起されていた「中間地帯論」を、中ソ論争のなかで敷衍させた。反米闘争を謳いながら、そこには、ソ連の対米平和共存路線への批判が提起されていた。

中共中央は1963年6月14日、「国際共産主義運動の総路線についての提案」を公表し、アジア・アフリカ・ラテンアメリカの地域を現代プロレタリアート世界革命の重要な構成部分と論じた。翌1964年1月27日に中国はフランスと国交樹立した。その1週間前の1月21日付の『人民日報』は、「極めて広大な中

間地帯は2つの部分を含んでいる。1つはアジア，アフリカ，ラテンアメリカのすでに独立した国と，現在独立を目指している国で，これは第1の中間地帯である。もう1つは，西ヨーロッパ，オセアニア，カナダなどの資本主義国で，第2の中間地帯である」「第2の中間地帯の国々はアメリカの支配，干渉，侮辱を受けている」という社説を掲載した。

中共による中間地帯論の嚆矢は，1946年8月に毛沢東がアメリカ人ジャーナリストの取材に対して，第2次世界大戦後の主要紛争が，米ソ対立ではなく，米ソ間の中間地帯の国とアメリカとの衝突であると語ったことに遡る。また，その翌年1月には，中共中央宣伝部長であった陸定一が，平和と民主主義と民族の独立を目指す戦線の主体が「中間地帯」であるとの毛沢東談話を公表した。

その後，中間地帯論が登場するのは，アメリカ軍が中東革命へのレバノン派兵や第2次台湾海峡危機への第7艦隊派遣を行った1958年のことである。中共は同年8月，「アメリカ帝国主義が反ソ反共をわめきたてるのは，中間地帯の国々を侵略して奴隷とするための煙幕に他ならない」と毛沢東のかつての談話を再生させ，アメリカ帝国主義と中間地帯の諸国との闘争を社会主義国が支援すべきであるとの世界論を展開した。1958年の中間地帯論は，反米闘争への呼びかけであると同時に，ソ連による対米共存路線への批判として展開された。

1958年の中間地帯論を1964年の中間地帯論と比較すると，1964年の中間地帯論は，世界政治の多極化が進むなか，アメリカ以外の西側諸国を「第2中間地帯」と位置づけた。「第2中間地帯」を対米戦線に引き込もうとしている中国の意図が窺える。当時，中国はフランスと中国の国交樹立を，西側の亀裂としてとらえた。1959年に地中海艦隊から外したフランスは，1960年にサハラでの原爆実験に成功し，1963年に独自の核兵器を持つことを宣言していた。また，1961年にイギリスが欧州経済共同体に加盟申請すると，フランスは拒否権を発動して妨害した。フランスがイギリスを「アメリカのトロイの木馬」として視ていたなど，中国は西欧諸国も一枚岩とは視ていなかった。1960年代の中間地

帯論は，ソ連への不信が高まるなかで反米闘争を呼びかけた中国の国際統一戦線論であったのである。

4　「二条線」戦略から「一条線」戦略へ

米中接近

　1969年3月，珍宝島にて中ソの国境警備隊が衝突したのに始まり，8月以降，新疆でも武力衝突が繰り返され，中ソ間の軍事的危機が高まった。

　2つの超大国——アメリカとソ連——と同時に敵対していた中国は，国際環境のみならず，国内も不安定であった。1969年4月の中共第9回全国大会で林彪派が躍進したことで，同年秋には，党・政・軍の元老達は強制的に北京から遠くへ左遷され，自らの神格化に乗り出した林彪の勢力は頂点に達し，毛沢東と林彪の矛盾や対立も表面化していた。そこで，毛沢東は，「二条線」から脱却することを模索した。「敵（＝ソ連）の敵（＝アメリカ）は味方」と見なし，アメリカと接近することによってソ連との対立に備える「一条線」戦略への転換である。

　アメリカのニクソン（Richard M. Nixon）は1969年に政権を発足させたが，その2年前，1967年10月に *Foreign Affairs* 誌で「我々は中国を永遠に国際社会の外に置くことは出来ない」と述べ，中国側にメッセージを送っていた。また，1969年1月20日の大統領就任演説においても，米中関係の改善の期待に触れていた。中国はアメリカに対する批判をすぐに緩めることはなかった。しかし，1969年4月1日の中共第9回全国大会において，林彪が「アメリカの脅威よりもソ連の脅威に対する懸念のほうが大きくなっている」と報告したことは，同年発足したアメリカのニクソン（Richard M. Nixon）政権の国家安全保障担当大統領補佐官であったキッシンジャー（Henry A. Kissinger）の目を引いた。

　同年5月24日，アメリカのロジャーズ（William Rodgers）国務長官は，米中のいずれとも良好な関係にある訪問先のパキスタンで，カーン（Agha M. Y.

Khan) 大統領に米中秘密折衝のための支援を要請し，ニクソン政権の「意図」をカーン自らが中国へ伝えるように依頼した。また，ニクソン自らも，7月から8月にかけてのすべての外遊先で，中国との対話の用意があることを示した。8月2〜3日のルーマニア訪問では，チャウシェスク (Nicolac Ceausescu) 大統領に米中対話を取り持ってくれるように要請した。

翌月9日，キッシンジャーはアメリカの在ポーランド大使に対して，アメリカが中国と真剣な討議をするつもりであることを，中国の在ポーランド大使に直接伝えるように支持した。そこで，長い間休会状態にあったワルシャワ会談（米中大使級会談）が，1970年1月20日，再開された。そこでは将来の対話チャンネル，台湾問題，ヴェトナム問題などが討議された。中国側は前年末の12月9日にパキスタンのカーンに対して，ニクソンの使節団を北京へ受け入れることを伝え，12月18日，訪中していたジャーナリストのスノー (Edgar Snow) に対して，ニクソン自身の訪中を歓迎すると伝えた。1970年4月に名古屋で行われたピンポン外交では，中国がアメリカ，イギリス，カナダの選手を中国へ招待することを公表した。

3月のシハヌーク (Norodom Sihanouk) の外遊中に親米派のロン・ノル (Lon Nol) がクーデターを決行し，また，5月に米軍がカンボジアに侵攻したことで，米中交渉は一時中断した。また，5月20日，毛沢東は「アメリカ帝国主義に反対する闘争の新しい高まりがあらわれつつある。第2次世界大戦後，アメリカ帝国主義とその追随者は侵略戦争を続け，各国人民は絶えず革命戦争によって侵略者に打ち勝ってきた。新しい世界大戦の危険は未だ存在しており，各国人民はそれに備えなければならない」と強くアメリカを批判した。

しかし，7月9日，パキスタン訪問中であったキッシンジャーは，秘密裡に北京を訪問した。7月15日には，ニクソンがテレビで翌年5月までに訪中することで米中合意がなされたという米中両政府の共同発表声明を読み上げ，世界を驚かせた。いわゆる「ニクソン・ショック」である。

1972年2月18日，中国は初めてアメリカ合衆国大統領を中国に迎えた。一連

第4章　新中国の世界認識と外交

の会談後，ニクソンは上海で共同声明（上海コミュニケ）を公表した。上海コミュニケでは，両国の社会制度と外交政策には本質的な相違があるものの，平和5原則，アジア太平洋地域での覇権反対，中国側の主張（台湾は中国の1つの省，台湾問題は内政問題，台湾にあるすべてのアメリカの武装力と軍事施設の撤去など），アメリカ側の主張（台湾が中国の一部であると中国人が考えていることの認識，中国人自身による台湾問題の平和的解決に対するアメリカ政府の関心，台湾からすべてのアメリカの武装力と軍事施設を撤去する最終目標の確認と削減など）が合意された。

中国と国連

米中和解のプロセスにおいて，中国外交は新たな局面を迎えた。1971年10月25日，中華人民共和国の国連代表権が承認された（「中国の国連復帰」と表現する論者もいるが，中華人民共和国がそれまで国連に加盟した事実はない）。

1950年代から1960年代にかけて，植民地支配から独立した多くの国が国連へ加盟したことで，加盟国数が大きく変化した。1945年当時に51カ国であった加盟国数は，1960年に98カ国，1965年には118カ国に達した。1950年代には，ソ連が提起した中華人民共和国の代表権承認を，アメリカ陣営が「審議棚上げ」にし続けた。1960年代になると，「審議棚上げ方式」に反発する新加盟国が増えたため，「重要事項指定方式」に切り替え，中国を排除し続けた。国連憲章第18条は新加盟国の国連加盟や加盟国の除名などの総会における承認をめぐる表決について，「重要問題に関する総会の決定は，出席し且つ投票する構成国の3分の2の多数によって行われる」と規定している。

中国は国際社会における孤立を回避するために，1963年9月，毛沢東が中共中央工作会議で対外援助の原則を提起し，翌1964年1月15日，周恩来がガーナにおいて，中国の対アジア・アフリカ支援の基本方針として，「対外援助8原則」を公表した。中国の途上国外交は，アルバニアやアルジェリアなど，中国排除に反対する勢力を増やしていった。

それでも1960年代半ばには中国支持勢力が充分に集まらず，「革命外交」を

展開していた中国は，国連をアメリカの傀儡機関と位置づけ，対決姿勢を見せていた。例えば，1965年1月2日にインドネシアが国連脱退を表明すると，同月10日，中国政府はそれを「正義の革命的行動」と支持した。同月24日，インドのスバンドリオ外相と会談した周恩来は，インドネシアの国連脱退を，アメリカ帝国主義に操られた国連に機構改革を要求するアジア・アフリカ人民の正義の闘いと評し，「第2国連」の創設を提起した。

しかし一転して，1960年代末には中国は柔軟姿勢を見せ始めた。1970年第25回総会では，アルバニアなど中国支持の共同決議案が賛成51対反対49と初めて過半数を獲得した。翌年，「重要事項指定方式」では中国と台湾の代表権交代を妨げることは難しいと考えたアメリカは，第26回総会で，中台両政府の「二重代表制」と台湾の追放を重要事項に指定する「逆重要事項指定方式」による決議案を提出したけれども否決されるとともに，アルバニア案が賛成76対反対35の大差で可決され，中国の国連加盟が実現した。

「3つの世界論（第3世界論）」

敵（＝ソ連）の敵（＝アメリカ）を友とし「一条線」戦略に大転換し，国連でも代表権を得た中国は，敵をソ連に絞り込み，前節で述べた1972年の「中間地帯論」を経て，「3つの世界論」を展開した。

1974年2月22日，毛沢東はザンビア大統領のカウンダ（Kenneth Kaunda）との会見において，「私の見るところ，アメリカとソ連は第1世界である。中間の日本，ヨーロッパ，カナダは第2世界である。我々は第3世界である」「アジアは日本を除いて皆第3世界である。アフリカは第3世界である。ラテンアメリカも第3世界である」と述べた。

同年4月10日，鄧小平は毛沢東の「3つの世界論」を踏襲して，国連資源総会において次のように演説した。「社会主義陣営は，社会帝国主義が現れたため，もはや存在しなくなった。西側の帝国主義集団も，資本主義の発展不均衡の法則によって，四分五裂に陥っている。国際関係の変化から見れば，現在の

世界は，事実上，相互に連携しながら，相互に矛盾している3つの方面，3つの世界が存在している。アメリカとソ連が第1世界で，アジア・アフリカ・ラテンアメリカの発展途上国が第3世界で，この両者の間に存在するのが第2世界である」。

「3つの世界論」がそれまでの「中間地帯論」と大きく変化した主な点として，以下の点が挙げれよう（表4-1参照）。「中間地帯論」が冷戦構造の東西対立を軸に立脚していたのに対して，「3つの世界論」は，米中接近によって対米脅威が後退し，中ソ対立によって対ソ脅威が増大するなか，国際政治における覇権国と非覇権国の矛盾と対立を軸に展開されている。途上国を第3世界と位置づける「3つの世界論」とは，南北問題の国際政治経済理論ではない。それは，2つの超大国が世界覇権を争奪する世界システムのなかで，ソ連を国際的な搾取国・抑圧国とみなし，アメリカ陣営を含めた反ソ連の国際統一戦線の結成を呼びかける中国の世界政治論であった。また，そこには，中東戦争への対応で見せたヨーロッパ諸国と日本の対産油国外交におけるアメリカとの乖離が，植民地主義，帝国主義，覇権主義に対する重要な力となって国際システムを変える原動力として，中国の国際認識のなかで位置づけられたのである。

「二条線」から「一条線」へ転換し，西側陣営の国々と関係改善した中国の安全保障環境にとって，ヨーロッパ諸国——特にイギリス，フランス，ドイツ——と日本の戦略的重要性が相対的に高まることとなった。

文献案内

宇野重昭・天児慧編『20世紀の中国』東京大学出版会，1994年。
　＊国際的契機と内発的発展の両者に注目しながら，清末から民国，戦争と革命を経て改革・開放の1990年代に至る政治変動の歴史を扱った専門的教科書。
中園和仁『香港返還交渉』国際書院，1998年。
　＊「香港問題」が形成された歴史的背景をたどり，香港の特殊な地位および返還交渉の舞台裏，返還過渡期の香港における民主化をめぐる中国とイギリスの攻防を分析

し，香港の「民主化」が持つ意味を論証している。

三船恵美「中ソ対立における中国の核開発をめぐる米国の戦略」『中国研究月報』第60巻第8号，2006年8月，15〜26頁。
　＊中ソ対立が激化していった1961〜64年の時期を研究対象に，中国の核開発をめぐるアメリカの対中国戦略が如何に検討されたのかを，米中ソ，米中印，米中台の3つの三角関係と，米中の2カ国関係の枠組みから論証した。

李寿源主編『国際関係与中国外交』北京広播学院出版社，1999年。
　＊国際関係と中国外交の相互関係と相互影響，改革開放前後のそれぞれの国際関係と外交について論じた後，中米関係，中ソ関係，中日関係，中国と周辺関係，中国と途上国の関係，中欧関係，中国と国連外交が論じられ，21世紀の外交が展望されている。

牛軍編『中華人民共和国対外関係史概論（1949〜2000）』北京大学出版社，2010年。
　＊中国の対外関係史を，建国初期（1949〜55），外交方針が転換した中共第8回大会以降（1956〜65），文革時代（1966〜76），改革開放以降（1978〜89），ポスト冷戦（1989〜2000）の5時期に分け，概説している。

第5章
新中国の国家建設

江口伸吾

― この章で学ぶこと ―

　1949年10月1日，毛沢東は天安門上で中華人民共和国の成立を宣言し，新しい国家建設が始まった。その歴史的な意義の1つとして，中国が新たな独立国家となったことがあげられる。19世紀半ばの「西欧の衝撃」以降，中国（清王朝）が列強諸国の進出によって半植民地状態となった。それは近代主権国家システムに編入されることによって，華夷秩序に基づく中華的な世界システムの中心から国際政治の周縁地域へと追いやられたことを示した。その意味で，新国家の建設は，近代主権国家システムのなかで新たな地歩を築くものであった。

　また，新たな国家が社会主義体制となり，1917年のロシア革命以来の社会主義国の誕生のなかで，とくに注目される存在となった。つまり，新中国は，第2次世界大戦後の東西冷戦が激化するなかで誕生した共産党が主導する国家であり，東アジアにおける共産主義陣営の一角を担ったのである。また，国内的には，1921年に上海で結成された中国共産党が，国民党と合作・内戦を繰り返し，遼瀋・淮海・平津の三大戦役を経て国民党への勝利を決定づけたことからわかるように，長期にわたる革命運動を経て成立した国家であった。

　本章では，以上のような歴史的意義を担って誕生した新中国の国家建設と社会主義経済建設の変遷を跡付ける。その際に，社会主義計画経済の本格的な導入が，政治・経済・社会の領域に深く浸透して一元的な統合を進めた過程を明らかにする。また，その過程で，①国家建設，②社会主義経済建設，③国際的契機といった諸要因が如何にして相互影響を与えたのかという論点に留意し，新中国の国家建設と社会主義経済建設を本格化させる中国政治の動向を跡付ける。

1 新中国成立と新民主主義革命

新中国の政治体制

　1949年10月の新中国の誕生は，社会主義建設に直結するものではなかった。つまり，共産党と各党派による広範な勢力が結集した統一戦線による新民主主義革命が進められたのである。これは，1940年1月の毛沢東による新民主主義論の提唱に起因した。毛沢東は，中国革命は新民主主義革命と社会主義革命の2つの段階からなると捉え，その第1段階として，反帝国主義と反封建主義を掲げながら，プロレタリアートの指導のもとで，農民，民族ブルジョアジー，小ブルジョアジーなどの諸階級の連合による新民主主義革命を唱えたのである。また，1945年4月に行われた中国共産党第7回党大会における毛沢東の政治報告で，各党各派が参画する民主的な連合政府の樹立を主張する連合政府論も唱えられ，新民主主義の路線は確固たるものとなった。

　新民主主義の路線は，建国直前の1949年9月21～30日，北平（現在の北京）で開催された中国人民政治協商会議第1回全体会議に顕著にあらわれた。共産党をはじめとして，民主同盟，国民党革命委員会などの党派代表，各解放区を代表する地区代表，人民解放軍代表，人民団体代表，著名人からなる特別招請代表の662名が参加し，この統一戦線組織が最高国家権力機関である全国人民代表大会の職能を代行したのである（表5-1）。

　また，この会議では，新中国の臨時憲法としての役割を担う「中国人民政治協商会議共同綱領」が採択され，「中華人民共和国は新民主主義，すなわち人民民主主義の国家であり，労働者階級が指導し，労農同盟を基礎とし，民主的諸階級と国内の各民族を結集した人民民主独裁を実行し，帝国主義，封建主義および官僚資本主義に反対して，中国の独立，民主，平和，統一および富強のために奮闘する」と謳われた。これを反映して，毛沢東を初代国家主席として中央人民政府委員会が選出される一方，その副主席に，共産党から朱徳（人民

第5章　新中国の国家建設

表5-1　第1期中国人民政治協商会議の構成

代表の類型	組織名	人　数
党派代表	①中国共産党，②中国国民党革命委員会，③中国民主同盟，④民主建国会，⑤無党派民主人士，⑥中国民主促進会，⑦中国農工民主党，⑧中国人民救国会，⑨三民主義同志連合会，⑩中国国民党民主促進会，⑪中国致公党，⑫九三学社，⑬台湾民主自治同盟，⑭中国新民主主義青年団	正式代表142名，候補代表23名
地区代表	①西北解放区，②華北解放区，③華東解放区，④東北解放区，⑤華中解放区，⑥華南解放区，⑦内蒙古自治区，⑧北平天津両直轄市，⑨未解放区の民主人士	正式代表102名，候補代表14名
人民解放軍代表	①中国人民解放軍総部（直属兵団，海軍，空軍を含む），②中国人民解放軍第一野戦軍，③中国人民解放軍第二野戦軍，④中国人民解放軍第三野戦軍，⑤中国人民解放軍第四野戦軍，⑥華南人民解放軍	正式代表60名，候補代表11名
人民団体代表	①中華全国総工会，②各解放区農民団体，③中華全国民主婦女連合会，④中華全国民主青年連合総会，⑤中華全国学生連合会，⑥全国工商界，⑦上海各界人民団体，⑧中華全国文学芸術界連合会，⑨中華全国第一次自然科学工作者代表大会準備委員会，⑩中華全国教育工作者代表会議準備委員会，⑪中華全国社会科学工作者代表会議準備会，⑫中華全国新聞工作者協会準備会，⑬自由職業界民主人士，⑭国内少数民族，⑮国外華僑民主人士，⑯宗教界民主人士	正式代表206名，候補代表29名
特別招請代表	宋慶齢などの著名人	75名
		合計662名

（出所）『人民日報』1949年9月22日，中共中央組織部・中共中央党史研究室・中央档案館編『中国共産党組織史資料／附巻三／中国人民政治協商会議組織（1949.10～1997.9）』中共党史出版社，2000年を参照して作成。

解放軍総司令），劉少奇（党内序列二位），高崗（東北人民政府主席）の3名，共産党以外から宋慶齢（孫文夫人），李済深（国民党革命委員会主席），張瀾（民主同盟主席）の3名が選出され，各勢力が代表する体制が整えられた（図5-1）。新中国は，共産党政権というよりは，むしろ国民党反動勢力に反対する広範な勢力を結集した政権としてその第一歩を踏み出した。

新民主主義革命期の経済政策

　新民主主義革命の政治体制のなかで進められた経済政策は，社会主義経済の建設に向けた理念と現実が交差するなかで進められた。たとえば，1949年3月

図 5-1 第 1 期中国人民政治協商会議第 1 回全体会議
（左から劉少奇，朱徳，毛沢東，宋慶齢，李済深，張瀾，高崗）
（出所）http://www.wst.net.cn/history/9.21/1949.htm の「1949年9月21日
中国人民政治協商会議在北平召開」より，2012年5月20日閲覧。

に開催された党の7期2中全会で，毛沢東が経済建設の課題を論じ，「近代的工業が1割，農業と手工業が約9割を占めている」という中国経済の現状を指摘し，「中国の革命期と革命勝利後のかなり長い間，あらゆる問題の基本的な出発点である」との現状への認識を示した。そして，官僚ブルジョア階級が支配する1割の近代的工業は没収して社会主義的な国営経済にし，9割の農業と手工業は合作社化を進めて集団経済にし，私的資本主義企業に関しては「利用と制限」の政策を実施することを明らかにし，社会主義経済の理想に向けた歩みを始めた。

　他方，新中国が採用した経済政策は，まずインフレの深刻化という中国経済の現実的な課題と向き合うことから始まった。1949年4月，7月，11月，1950年2月の4回にわたって激しいインフレが起こり，上海の卸ろし売り物価が，半年余りの間に約20倍の物価上昇を記録する異常事態となった。これは，新政府が，通貨の増発を続けた国民政府の負の遺産を引き継ぐと共に，新政府自身も建国期の財政赤字を埋めあわせるために通貨を過度に発行したことに起因した。とくに新政府の樹立に際して，国共内戦への軍事費を中心に大量の財政支

表5-2 主要工業農業生産量（1952年末）

	1952年末	1949年の生産量と比較した増産値（％）
工業総生産値（手工業を含む）	343億3000万元	144.9
粗　鋼	134万9000トン	753.8
鋳　鉄	192万9300トン	665.5
発　電	72億6000万キロワット	68.4
原　炭	6649万トン	105.0
綿　布	38億3000万メートル	102.7
農業総生産値（農村副業を含む）	483億9000万元	48.5
穀物（大豆を含まない）	1.544億トン	42.8
綿　花	130万3500トン	193.4

（出所）山東省高等学校中共党史講義編写組『中国共産党歴史講義』（山東人民出版社，1980年）を参照して作成。

出が求められる一方，戦争の被害から税収増加も期待出来ない状況があったことがその背景にあった。

　この問題に手腕を発揮したのが，当時政務院副総理兼財経委主任であった陳雲である。陳雲は，インフレを克服するため，鉄道建設や農業復興を通した生産の回復を図ると共に，投機資本への対策としてインフォーマルな両替・送金組織の「地下銭荘」の摘発などを実施した。また，1950年3月，政務院が，陳雲の起草による「国家の財政工作を統一することについての決定」を発表し，全国的な財政収支を初めて統一し，中央政府のマクロコントロールを高め，インフレも劇的に収まった。

　その後，1952年にかけて，中国経済は順調に回復し，国民経済の復興を成し遂げた。たとえば，主要工農業生産量をみると，工業総生産値が1952年に343億3000万元で49年の144.9％増，粗鋼が1952年に134万9000トンで49年の753.8％増，発電が1952年に72億6000万キロワットで49年の68.4％増，原炭が6649万トンで49年の105％増といずれの項目でも増産された。また農業総生産値が1952年に483億9000万元で49年の48.5％増，穀物が1952年に1.544億トンで49年の

42.8％増となっており，農業分野においても増産が達成されている。これらは，解放後の中国経済の混乱が収まり，国民経済の復興が進んだことを示している（表5-2）。

2　社会主義建設への転換

過渡期の総路線と第1次5カ年計画——社会主義計画経済体制の確立

1950年6月の中共第7期3中全会で，「新民主主義段階は相当に長い期間にわたるもの」とされ，それは，新中国の成立期において，社会主義政権の成立に直結せずに，一党支配ではない統治が模索された時代を示すものでもあった。しかし，1953年には，社会主義建設への転換が進み，中国の経済政策も大きく変化した。その転換点となったのが，過渡期の総路線への移行と第1次5カ年計画の策定であった。

1953年8月，毛沢東は，農業や私営商工業の社会主義的改造を内容とする「過渡期の総路線」を唱えた。すなわち，「中華人民共和国成立から社会主義的改造が基本的に成し遂げられるまで，これは1つの過渡期である。この過渡期における党の総路線と総任務は，かなり長い期間内に，国の工業化と農業，手工業，資本主義工商業に対する社会主義的改造を基本的に実現することである」として，新民主主義革命から社会主義革命への移行を宣言した。その後，毛沢東は，「党の資産階級思想に反対する」「資本主義商工業を改造する不可避の道」といった講話を相次いで発表し，資本主義を批判する姿勢を強めた。また，「梁漱溟の反動思想を批判する」という講話では，現代新儒家の1人とされる梁漱溟が唱えた，中国に本来的に備わる農村秩序の再興を目指す郷村建設運動を批判しており，社会主義的改造が末端レベルの基層社会まで及ぶものとなったことを示した。

これと並行して，1952年11月，中央人民政府委員会に高崗を初代主任とした国家計画委員会が設立され，第1次5カ年計画（1953～57年）の策定作業が進

んだ。この第1次5カ年計画の発展目標は、「過渡期の総路線」にある社会主義工業化と社会主義的改造にあり、比較的長期的な構想の下、この目標を達成することが考えられた。1953年8月、毛沢東が「15年、あるいはさらに長い時間をかけて、社会主義工業化と社会主義的改造は基本的に完成する」と指摘していることは、それをあらわした。

　第1次5カ年計画は、ソ連をモデルとしているところに最大の特徴があった。つまり、ソ連からの設備機械輸入による156プロジェクトを中心に、計694の工業プロジェクトが実施された。とくに重工業建設が優先され、鉄鋼、電力、石炭、石油、大型工作機械、自動車・トラクター・航空機などの製造に投資された。これは、建国後の中国において、毛沢東が「向ソ一辺倒」という表現を用いて親ソ路線を選択し、その後1950年2月に中ソ友好同盟相互援助条約を締結しており、冷戦構造が激化するなかで結びつきを強める中ソの外交関係という国際契機が、内政面において反映したものであった。

共産党による政治体制の確立と中央−地方関係の変化

　1953年以降の社会主義経済建設の本格化は、政治体制においても人民民主主義国家の確立に向けた動きと並行した。それは、1954年9月に開催された第1回全国人民代表大会において、中華人民共和国憲法が制定されたことに象徴された。この憲法では、「中華人民共和国は、労働者階級が指導し、労農同盟を基礎とする人民民主主義国家である」として、新たな国家体制が鮮明に打ち出された。すなわち、1949年の共同綱領において新政権が人民民主統一戦線の政権であることを規定していたが、憲法では「一歩一歩資本家的所有制を全人民所有制に変える」ことが明記され、労農同盟以外の小ブルジョア階級や民族ブルジョア階級は社会主義的改造の対象となっていった。また、憲法に基づいて人民代表大会が成立し、1949年以来新中国の最高意思決定を担った政治協商会議に代えられた（図5-2）。また、中国政治の特徴である共産党指導者と国家指導者の党・国家の兼任構造も一層明確になった（表5-3）。この結果、新中

```
                            国家主席　毛沢東
                            副主席　　朱徳

                        全国人民代表大会
                      常務委員会委員長　劉少奇
```

中国人民政治協商会議
全国委員会名誉主席　毛沢東
主席　周恩来

中央人民政府人民革命軍事委員会
主席　毛沢東

最高人民法院
院長　董必武

最高人民検察院
検察長　張鼎丞

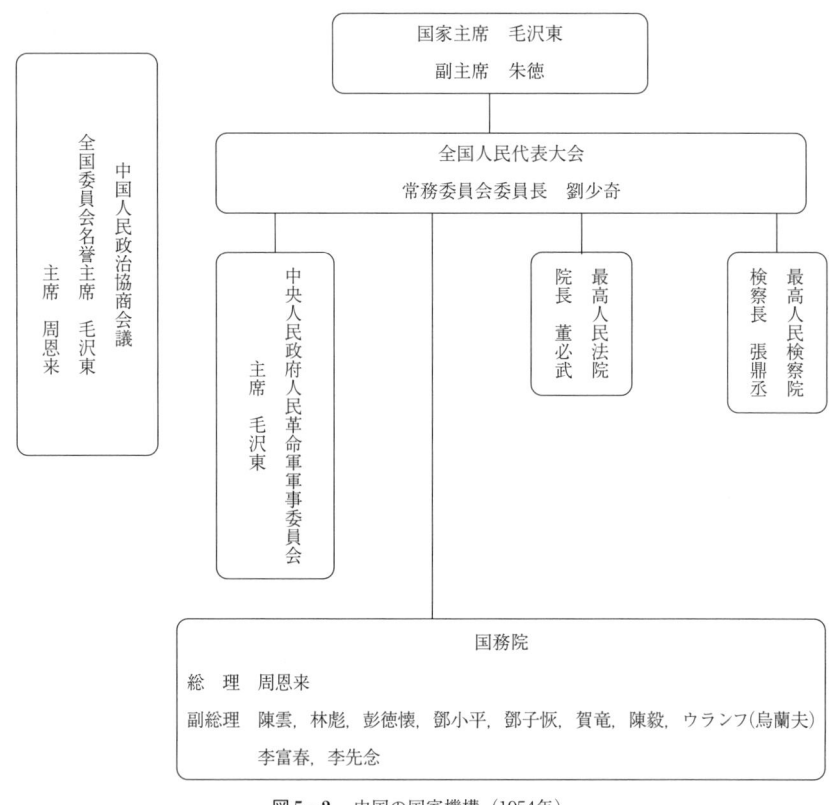

国務院
総　理　周恩来
副総理　陳雲，林彪，彭徳懐，鄧小平，鄧子恢，賀竜，陳毅，ウランフ（烏蘭夫），
　　　　李富春，李先念

図5-2　中国の国家機構（1954年）
（出所）中共中央組織部・中共中央党史研究室・中央档案館編『中国共産党組織史資料／附巻一（上）／中華人民共和国政権組織（1949.10～1997.9）』中共党史出版社，2000年を参照して作成。

　国は，共産党が一元的に統治する人民民主主義国家へと転換することとなった。
　また，この時期，中央－地方関係にも変化があらわれた。その契機となったのが，高崗・饒漱石事件である。これは，東北人民政府主席や東北行政委員会主席を歴任し，中央政府の国家計画委員会主任に抜擢された高崗と，華東軍政委員会主席・党中央組織部長を務めた饒漱石が，「反党連盟」を結んで，党内

第5章　新中国の国家建設

表5-3　国家指導者の党・国家の兼任（1954年）

	共産党（第7期中央委員会／1949.10―1956.9）	国家機構
毛沢東	中央委員会主席，中央政治局主席，中央書記処主席，中央軍事委員会主席，中央委員	国家主席，中央人民政府人民革命軍事委員会主席，中国人民政治協商会議全国委員会名誉主席，
朱　徳	中央政治局委員，中央書記処書記，中央委員，中央軍事委員会委員，紀律検査委員会書記	国家副主席
劉少奇	中央政治局委員，中央書記処書記，中央委員	全国人民代表大会常務委員会委員長
周恩来	中央政治局委員，中央書記処書記，中央委員	国務院総理，中国人民政治協商会議全国委員会主席
董必武	中央政治局委員，中央委員	最高人民法院院長
張鼎丞	中央委員，組織部副部長	最高人民検察院検察長
陳　雲	中央政治局委員，中央書記処書記，中央委員	国務院副総理
林　彪	中央委員，中央軍事委員会委員，	国務院副総理
彭徳懐	中央政治局委員，中央委員，中央軍事委員会委員	国務院副総理
鄧小平	中央政治局委員，中央委員，中央軍事委員会委員，秘書長，組織部長	国務院副総理
鄧子恢	中央委員	国務院副総理
賀　竜	中央委員，中央軍事委員会委員	国務院副総理
陳　毅	中央委員	国務院副総理
ウランフ（烏蘭夫）	候補中央委員	国務院副総理
李富春	中央委員，副秘書長	国務院副総理
李先念	中央委員	国務院副総理

（出所）中共中央組織部・中共中央党史研究室・中央档案館編『中国共産党組織史資料／第五巻／過渡期時期和社会主義建設時期（1949.10～1966.5）』中共党史出版社，2000年，並びに同『中国共産党組織史資料／附巻一（上）／中華人民共和国政権組織（1949.10―1997.9）』中共党史出版社，2000年を参照して作成。

序列2位の劉少奇と周恩来総理にとってかわり，党・国家の指導権を奪おうとした事件で，新中国成立後最初の大きな党内闘争として広く知られる。
　この事件では，中央政府と地方政府の間の権力闘争としての側面も加わった。つまり東北と華東のそれぞれの地方を代表する高崗と饒漱石が，自らの権

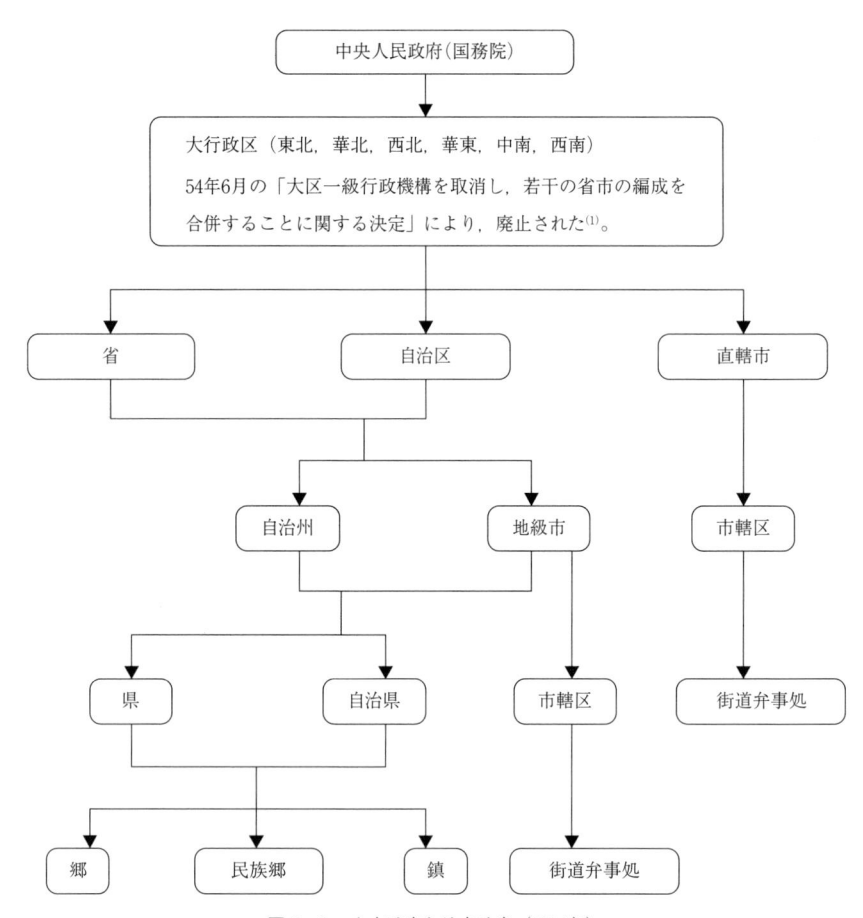

```
              中央人民政府（国務院）
                     │
                     ▼
       ┌─────────────────────────────────────────┐
       │ 大行政区（東北，華北，西北，華東，中南，西南）│
       │ 54年6月の「大区一級行政機構を取消し，若干の省市の編成を │
       │ 合併することに関する決定」により，廃止された(1)。│
       └─────────────────────────────────────────┘
          │              │              │
          ▼              ▼              ▼
        ┌───┐        ┌─────┐        ┌─────┐
        │ 省 │        │自治区│        │直轄市│
        └───┘        └─────┘        └─────┘
                   │       │           │
                   ▼       ▼           ▼
                ┌────┐  ┌────┐       ┌────┐
                │自治州│ │地級市│       │市轄区│
                └────┘  └────┘       └────┘
                │   │      │           │
                ▼   ▼      ▼           ▼
              ┌──┐┌────┐ ┌────┐    ┌──────┐
              │県││自治県│ │市轄区│    │街道弁事処│
              └──┘└────┘ └────┘    └──────┘
              │    │  │     │
              ▼    ▼  ▼     ▼
            ┌──┐┌────┐┌──┐┌──────┐
            │郷││民族郷││鎮││街道弁事処│
            └──┘└────┘└──┘└──────┘
```

図 5-3　中央政府と地方政府（1954年）

（注）1　郷・鎮は，1958年に人民公社に改められた。1982年に改定された憲法において，基層政権の下に，農村部の村民委員会と都市部の居民委員会が住民自治組織として加えられた。ただしこの自治組織は，準行政組織としての側面も有する。1983年の「政社を分離し，郷政府を建立することに関する通知」によって，人民公社に代わって郷・鎮政府が復活した。また改革開放期の近代化と都市化の進展によって，県レベルで県級市が新たに設置された。

（出所）史為楽編『中華人民共和国政区沿革』（江蘇人民出版社，1981年），中共中央組織部・中共中央党史研究室・中央档案館編『中国共産党組織史資料／附巻一（上）／中華人民共和国政権組織（1949.10～1997.9）』（中共党史出版社，2000年），陳小京・伏寧・黄福高『中国地方政府体制結構』（中国広播電視出版社，2001年）を参照して作成。

力基盤を背景にして、中央政府と対峙したという側面である。とくに、1949年には高崗が主席を務める東北人民政府は単独でソ連と貿易協定を締結しており、新たな国家が成立したなかにあっても地方政府の影響力は依然として大きかった。この事件の後、高崗と饒漱石は共に失脚し、彼らが依拠した大行政区も廃止された（図5-3）。これによって、共産党による一党支配の下、中央政府による一元的な統治の強化が進み、新国家の政治体制が整うこととなった。

3　社会主義経済建設の急進化

社会主義的改造から階級闘争へ——反右派闘争への転化

　1956年4月、毛沢東によって「百花斉放・百家争鳴」のスローガンが打ち出され、翌5月に陸定一中央宣伝部長が同名の講演を行うことによって、中国において自由化が進んだ。それは、1953年の過渡期の総路線で掲げられた社会主義的改造が達成され、その後の社会主義建設を推し進めるため、あらゆる社会的資源を動員する必要性が出てきたことに原因の1つがある。つまり、芸術問題で様々な作品を自由に発表させる「百花斉放」、学術問題で自由な論争を促す「百家争鳴」を唱えることによって新たなビジョンを創造するため、知識人の協力が求められたのである。また、この背景には、同年のソ連のフルシチョフによるスターリン批判がハンガリー事件をもたらし、それによって生じた社会主義イデオロギーの正統性への危機感が、中国に独自の社会主義建設のビジョンの必要性を高めたことがあった。

　当初、このスローガンに対する知識人の反応は鈍かった。1957年2月、毛沢東は「人民内部の矛盾を正しく処理する問題について」と題する講演を行い、党中央が党の犯した誤りや欠点を批判するよう要請することによって、党外の知識人が様々な批判を行うようになった。たとえば、中国民主同盟の指導者であり、『光明日報』社長の章伯鈞が、国家の重大な政策決定に関して、共産党だけでなく各方面の意見を取り入れる「政治設計院」構想を打ち出したことは

その代表的な批判としてあげられる。

　ところが，1957年6月，この自由化路線は，一転して言論の弾圧へと転化した。すなわち，想定を越えて進行する共産党批判が毛沢東に危機感を与え，同年6月8日，毛沢東は「力を結集して右派分子の気違いじみた攻撃に反撃を加えよう」という党内指示を出し，また同月19日に公表された「人民内部の矛盾を正しく処理する問題について」で階級闘争が終わっていないことが強調され，「百花斉放・百家争鳴」のスローガンの下で共産党批判をした知識人をブルジョア右派として批判する反右派闘争が開始されたのである。とくに，中国民主同盟の演じた役割が悪質とされ，その指導者である上述の章伯鈞と羅隆基が中心的標的となり，反社会主義の「章羅同盟」を結成したとして厳しく批判された。

　この結果，右派に対する徹底的な弾圧が進み，中国は大きな社会的な混乱のなかに立たされることとなった。反右派闘争は1958年前半に収束するが，「右派分子」のレッテルを貼られた者は約55万人にも達した。しかもその大半は誤って認定された者であり，多くの人が職を失い，農村での強制労働を強いられることとなった。また改革開放期までの20年余りにわたって監視下に置かれ，そのなかには，社会学者の費孝通をはじめとする多数の有能な知識人も含まれ，社会的な損失も甚大なものとなった。さらに，言論の自由をめぐる党の方針転換は，民主諸党派の活動を停止させたばかりでなく，共産党内においても自由な議論と党内民主の可能性も摘み取り，この方針を決定した毛沢東への個人崇拝を進める政治的圧力を生んだ。

社会主義経済建設の急進化——大躍進と人民公社の設立

　反右派闘争に始まる階級闘争の激化と並行して，社会主義経済建設の急進化も進んだ。それが，1958年5月，中共第8回党大会第2回会議において宣言された大躍進運動である。これは，中央から地方の末端の基層社会に至る人々を動員して，鉄鋼や穀物生産などを短期間で増産し，社会主義建設を急速に達成

しようとした運動として知られる。

　大躍進運動では，社会主義建設の速度が課題とされ，生産目標が高く掲げられた。そもそも大躍進運動は，1957年11月，毛沢東がロシア革命40周年を祝う各国共産党のモスクワ会議に参加するため訪ソした際，フルシチョフが「15年以内にソ連は重要な生産物の生産量において，アメリカに追いつき，追い越す」と述べたのに対して，毛沢東が「中国は15年後にはイギリスに追いつき，追い越す」というスローガンを提起したことに始まった。この時，毛沢東は，粗鋼生産量の目標に関して，「わが国は今年520万トンの粗鋼，5年後には1000〜1500万トン，さらに5年後には3500〜4000万トンになろう」としたが，1年前の1956年9月の中共第8回党大会における第2次5カ年計画についての提案では，粗鋼の5年後の生産目標を1050〜1200万トンと設定しており，その目標が50〜300万トン引き上げられており，社会主義建設の加速化が図られた一端を示している。

　また，この過剰な生産目標を達成するため，その方法も従来とは異なる方針が立てられた。つまり，第1次5カ年計画の中央集権的に進められた重工業優先の経済建設が改められ，工業と農業の同時発展，工業管理の地方分権化，土着技術の活用による鉄の増産（土法高炉）が進められ，新たに地方や農村部の社会的資源を社会主義建設に動員しようとしたことに特徴がみられた。たとえば，1957年11月，陳雲がまとめた「工業管理体制改革についての規定」「商業管理体制改革についての規定」「財政管理体制改革についての規定」が公布され，これによって，国家から地方や企業に権限の下放が行われ，地方や企業の積極性を引き出そうとした。

　さらに大躍進運動は末端の基層社会を巻き込んでいった。それを象徴したのが，人民公社の建設である。1957年末から農業増産の手段として農民自身による水利建設が広がったが，1958年3月に成都で開催された中央工作会議でそれが農業合作社を大規模化する動きへと転じ，同年8月に毛沢東が河南省の七里営の人民公社を訪れて「人民公社はすばらしい」と語ったことを契機にして，

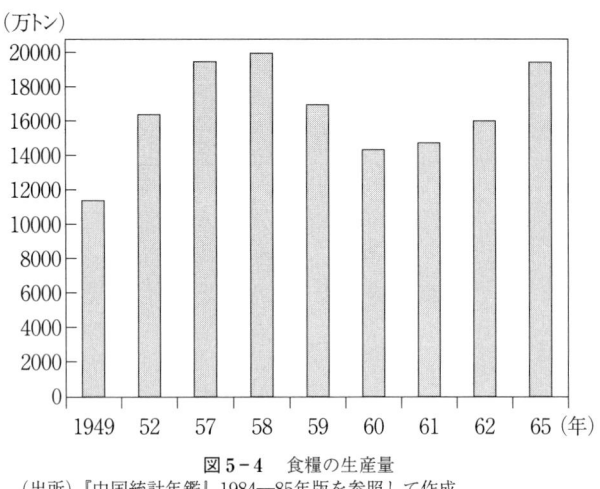

図5-4 食糧の生産量
(出所)『中国統計年鑑』1984—85年版を参照して作成。

人民公社は全国的に普及していった。人民公社は,「一大二公(一に規模が大きく,二に所有制が公である)」というスローガンからわかるように,基層社会における社会主義的な公有制を具現化する大規模生産組織であり,また「工,農,商,学,兵」が結合した社会の基本単位として捉えられ,末端の民衆の生活世界そのものを組織化していった。

このような特徴を持つ大躍進運動は,多くの領域で歪みももたらした。その最大の問題として,大飢饉が引き起こされたことがあげられる。新中国成立後の食糧生産の推移をみると,1949年に1億1318万トンであったが,1958年に2億トンに順調に増産した。しかし,1959年に1億7000万トン,1960年に1億4350万トン,1961年に1億4750万トンと大躍進の過程で大きく低下した(図5-4)。この原因として,自然災害が拡大したことがあげられるが,それ以上に,①農民が大躍進運動の水利事業や土法高炉に動員され農作業が出来ずに農地の荒廃がもたらされたこと,②地方幹部がノルマ達成のために水増し報告した収穫量を基にして中央が穀物を買い上げ,その結果農民の食糧不足が発生したこと,③公共食堂制度によって食糧が浪費されたことなどの要因があげら

れ，人災の側面が大きい。この結果，未だに正確な数は明らかとならないが，1500〜4500万人とも言われる犠牲者を出したとされる。

　また，人民公社化の過程において，農民の収入は，従来の労働点数による分配が廃止されて平均主義的な分配が進み，自留地の廃止や個人用の家畜も取り上げられ，社会主義経済が人々の生活の営みの隅々にまで浸透することとなった。これは平等な分配を掲げる社会主義の理念の実現である一方，現実には農民の生産意欲の低下や労働のサボタージュを生み出してしまい，社会主義経済建設の理念の実現が現実生活の機能不全をもたらすという皮肉な結果をもたらした。

　以上のように，大躍進運動は中国社会に深い傷痕を残した。1962年1月，7000人の党指導者が参加した拡大中央工作会議（7000人大会）で，大躍進以降の党の活動の総括が行われた。このなかで，劉少奇国家主席は，高すぎる計画指標による経済バランスの失調，人民公社の「共産風」「平均主義」の誤り，権限下放による分散主義といった工作の欠点を指摘し，大躍進を「三分の天災，七分の人災」として批判した。これに対して，毛沢東は「一般に，中央が犯した誤りは，直接的には私が責任を負うことになるし，間接的にも，私には，やはり，それ相応の責任がある」として自己批判を行い，大躍進運動の総括が行われたのであった。

4　文化大革命の発動と政治社会の混乱

　1962年以降，劉少奇，周恩来，鄧小平，陳雲などが主導する調整政策に転換し，大躍進で破綻した経済の復興が目指された。たとえば，1962年2月，劉少奇が主宰する西楼会議が開催され，財政赤字対策や大躍進期に激減した農業生産を回復させる長期計画が立案され，経済政策の転換が図られた。とくに，自留地，自由市場，自負盈虧（損益自己負担）を認める「3自1包」の経済政策も打ち出され，市場メカニズムの利用が試みられた。その政策効果は，基層社

会にも及び，社会学者の費孝通が調査した江蘇省の開弦弓村では，農業への国家投資が増大し，1962年以降米の生産が増加すると共に，伝統的な副業である養蚕や紡績も戦前の水準を上回り，農民の多くが1962年を裕福になった転換点とみなしていることが報告されており，農業再建に向けた農民の意欲を掻き立てた。

　しかし，市場メカニズムを取り入れた経済復興は，毛沢東が再び階級闘争による政治運動を主導したことによって妨げられた。これらの調整政策に対抗して，毛沢東は，1963年から社会主義教育運動や文芸批判などを行って反撃を開始したのである。とくに，1965年11月，上海『文匯報』に姚文元の「新編歴史劇『海瑞免官』を評す」が掲載されたことを契機にして，劉少奇らの党政の指導者を資本主義の道を歩む実権派として批判を強めた。さらに1966年8月，中共第8期11中全会で「プロレタリア文化大革命に関する決定」が採択され，文化大革命が始まった。

　この文化大革命は，社会主義の理想社会の追求が，実権派に対する権力闘争という形で展開されたことに特徴がある。つまり，上述の「プロレタリア文化大革命に関する決定」において，文化大革命について「人々の魂に触れる大革命であり，わが国社会主義革命のより深く，より広い，新たな発展段階」としてその意義を強調すると共に，「われわれの目的は資本主義の道を歩む実権派を打倒し，（中略）社会主義の経済的基礎に合わないすべての上部構造を改革し，これによって社会主義制度を強固にし，発展させることである」として，実権派の打倒という権力闘争を正当化した。しかも，この権力闘争は，1966年8月18日に天安門広場で文化大革命を祝う百万人の集会に多くの紅衛兵が参加したことにみられるように，「造反有理」のスローガンを掲げながら，大衆を動員することとなった。

　また，文化大革命は，国内の政治社会の動向ばかりでなく，国際環境の変化とも相互影響する側面があった。つまり，フルシチョフのスターリン批判に端を発する国際共産主義運動をめぐる中国とソ連との対立が，1963年9月に中国

第5章　新中国の国家建設

図5-5　「反革命修正主義分子」として吊るし上げられる彭真（北京市党委員会書記，1979年に名誉回復，1983～88年に全人代常務委員長を務める）
（出所）http://history.dwnews.com/big5/news/2011-11-28/58345502-6.html の「文革中惨遭批斗的国家領導人」より，2012年5月20日閲覧。

が「ソ連共産党指導部とわれわれとの意見の相違の由来と発展」を発表したことを契機にして，両国間において社会主義イデオロギーの正統性をめぐる対立へと発展し，文化大革命は，自らの社会主義イデオロギーの正統性を強調する機会にもなった。しかし，中国が，毛沢東思想の対外宣伝や各国の反政府勢力への支持を表明する，いわゆる「造反外交」を展開したことは，世界革命の中心としての文化大革命の正統性を海外に主張した以上に，中国を国際的に孤立させる結果を招いた。

　文化大革命のイデオロギー闘争と「大衆運動」の結合は，中国社会を大きな混乱に陥れた。つまり，実権派への権力闘争が，指導者だけでなく，むしろ大衆を巻き込むことによって社会全体にその影響を広げ，紅衛兵による反革命分子への容赦のない批判へと発展していったからである。たとえば，国家主席の劉少奇や夫人の王光美をはじめとして，鄧小平，彭真，陸定一といった指導者が実権派として大衆から批判を浴び，失脚した（図5-5）。また，文革の発動

のきっかけとなった『海瑞免官』を書いた歴史学者の呉晗，北京庶民の生活を綴った文学者の老舎，農民作家の趙樹理などの多くの人々が迫害のなかで亡くなった。

　さらに言うならば，反革命批判を主導した紅衛兵そのものに内在する矛盾もあり，問題はさらに複雑性を帯びた。たとえば，紅衛兵には高級幹部の子弟が多く，その正統性を革命的家庭の出身に求める側面があり，封建的差別を克服したとされる社会主義中国において，中国の伝統社会が持っていた血統主義が文化大革命のなかに息づいていたことを露呈させ，中国社会が持つ問題の根深さを物語った。この点について，遇羅克が，文化大革命初期に，「出身論」を執筆して出身主義・血統主義による差別を批判したが，紅衛兵の批判に晒され，「反革命小集団」を結成したとして処刑された。遇羅克の処刑そのものが，文化大革命でイデオロギー闘争が繰り広げられるなか，政治動員を推し進める過程において，逆説的に中国の伝統的資源が活用されていたことを示していた。

　文化大革命は，1967年の武漢事件を頂点にして内戦の危機に直面する事態が生じ，これを契機にしてその後終息していった。内戦の危機に直面して，毛沢東は，各地の造反組織に「大連合」を呼びかけて左派支持を事実上撤回したのである。それは，「党の指導」によって立ち上がった「大衆運動」が党のコントロールを越えて拡散し，造反派と実権派との対立が無秩序に各地で生じたことに対する毛沢東の危機意識のあらわれでもあった。

　文化大革命の被害者の数を正確に把握することは難しいが，一般的に死者約1000万人，経済的な損失は約5000億元と言われている。また，1968年12月から始まる上山下郷運動では，約1600万人にも上る青少年が農村や辺境地域に送られた。さらに，文化大革命が社会にもたらした影響は，これらの統計上の被害以上に，社会主義の建設に向けた毛沢東の理念が，大衆組織をも巻き込んだ権力闘争へと発展することによって，新中国が築き上げてきた国家建設や社会主義経済建設の試みを挫折させたのである。

5　社会主義経済建設の試みの破綻

　建国後，中国は新民主主義革命の段階を経て，1953年に「過渡期の総路線」へ転換し，社会主義経済の建設を進めた。それは，第1次5カ年計画による計画経済の開始に象徴された。また1954年の憲法制定に伴って共産党の指導と中央集権的な国家機構が成立したことは，社会主義経済建設を進める政治体制が整ったことを示した。この結果，中国経済は解放前のピーク時の状況を凌駕することになり，1956年9月の第8回党大会で，劉少奇が第1次5カ年計画は「巨大な成果」をあげたと宣言するまでに至った。

　しかし，社会主義経済の建設はその急進化によって挫折した。つまり，1957年の反右派闘争を契機にして政治的な急進化が進み，文化大革命を頂点にしてその試みが破綻した。そこには，共産党の一党支配と社会主義経済建設に邁進した政策が，1950年代前半に近代的な国家統合を推進させた一方，支配体制の内部で路線対立を繰り広げながら，毛沢東らが主導した急進的な社会主義社会の建設に向けた政策が採られたことが，多くの混乱をもたらし，その統治の脆弱性を露呈させる結果をもたらしたのである。

　他方，社会主義経済の建設の過程では，市場メカニズムを取り入れた政策が採られたことは看過されてはならない。とくに大躍進運動が失敗に終わった後の調整政策では，「3自1包」政策が採られ，農家が自留地を得て，市場を介して生産余剰を自由に交換することも行われ，経済危機を乗り越える現実的な手段となった。これは，社会主義経済のマクロコントロールを前提にして，市場メカニズムを取り入れる仕組みであり，改革開放期の農家経営請負制にも通ずる特徴がみられ，改革開放時代の経済建設に引き継がれた。

文献案内

天児慧『中華人民共和国史』岩波書店, 1999年。
　＊近現代中国の全体を鳥瞰しながら, その変化のダイナミクスを革命, 近代化, ナショナリズム, 国際インパクト, 伝統の5つの要因に求め, 新中国成立から脱鄧小平時代の富強大国化する中国を論じている。

宇野重昭・小林弘二・矢吹晋『現代中国の歴史1949～1985――毛沢東時代から鄧小平時代へ』有斐閣, 1986年。
　＊新中国の成立に始まる毛沢東時代から鄧小平時代へと移行する時期を分析対象とし, 中国の主体性やその歴史過程の内在的把握に努めることに留意して, 内政と外交の両面から現代中国政治の変遷を跡付けている。

加々美光行『歴史のなかの中国文化大革命』岩波書店, 2001年。
　＊紅衛兵青年の遇羅克などを取り上げながら, 文革が秩序破壊ばかりでなく, 党独裁の権力に対する民衆の異議申し立ての「民主」の基盤も生んだことに目を向け, 文化大革命がもつ「近代批判」の挫折の思想的意義を考察している。

久保亨『社会主義への挑戦1945～1971』（シリーズ中国近現代史④）岩波書店, 2011年。
　＊グローバルに展開する国際関係の変化を視野に収めながら, 共産党指導部のなかにある多義的に認識される社会主義に留意し, 1945～71年にかけての振幅の幅が極めて大きい社会主義建設の過程を考察している。

国分良成編著『中国文化大革命再論』慶應義塾大学出版会, 2003年。
　＊1990年代後半以後の欧米におけるポスト文革世代の新たな研究を踏まえ, 党・国家と社会の相関関係を重視しながら, 新たな資料の発掘に基づいた様々な事例分析を通して, 文革の過程を実証的に跡付けている。

フランク・ディケーター／中川治子訳『毛沢東の大飢饉――史上最も悲惨で破壊的な人災1958～1962』草思社, 2011年。
　＊2005～09年にかけて行われた中国全国各地の档案館を回って収集された史料を基にして, 大躍進の社会史的側面を明らかにし, 大躍進の根底に, 圧政, 恐怖, 組織的

暴力があり，犠牲者が4500万人に上ることを指摘した。

毛里和子『現代中国政治［第3版］——グローバル・パワーの肖像』名古屋大学出版会，2012年。

　＊新中国成立から現代を対象とし，現代中国政治に一貫する特徴として「党・国家・軍の三位一体のレジーム」を指摘しながら，政治社会の構造変動を包摂した政治学的考察が行われている。

第6章
中国のナショナリズムと民族問題

星野昌裕

―― この章で学ぶこと ――――――――――――――――――――――

　中国は，国境沿いの広大な領域に，絶対人口が大きく，漢族と異なる独自の文化を持つ少数民族が居住する特徴を持つ多民族国家である。そのため中国の民族政策は，政治的優遇策を与えて少数民族を取り込もうとするよりも，対外的安全保障や国家統合を確保するための一手段として機能する傾向が強くみられる。中国共産党は建国時に非連邦制の民族区域自治制度を導入した。民族区域自治制度は，民族自治地方の「少数民族を優遇する民族自治」という理念と，民族自治地方内で漢族を含む「各民族を平等に扱う区域自治」という理念を融合した統治システムで，現実にこの2つの理念を両立させることは難しかった。改革開放政策がスタートすると，毛沢東時代の反省から「民族自治」の回復が目指され，民族自治地方において人民代表大会の主任か副主任，政府機関の首長は，自治を実行する少数民族が担当することになった。しかし実権を持つ党書記には民族籍の規定がなく，少数民族にとって中国共産党の一党支配体制は漢族が政治権力を占有するシステムでもあった。そうした不満から民族騒乱が継起するようになると，中国共産党は「区域自治」優位の政策に舵を切り，文化面からも少数民族の統合をはかろうとしている。確かに少数民族には一定のアファーマティブアクションがとられているが，現在の中国の民族政策は各民族の多様性を維持することよりも，ナショナリズムを強化して異なる民族の間に中華という概念に代表される共通性を創造し，国家統合をはかる傾向を強めている。また，国際的な枠組みからも少数民族の不満を封じ込めようとしているが，周辺国には中国の少数民族と同じ民族や宗教的価値観を持つ国も多く，中華ナショナリズムへの反発から少数民族のアイデンティティが高揚されると，それが周辺国のナショナリズムを刺激した場合，少数民族問題を媒介として中国に跳ね返ってくる可能性がある。

1 少数民族を取り巻く中国の国家構造

本章の狙い

　中国の歴代王朝が統治してきたエリアは，民族的多様性を内包する空間だった。民族の観点から宋代以降の王朝交代をみてみると，モンゴル族の元，漢族の明，満州族の清，そして漢族の中華民国といったように，それが異民族の間で行われてきたことがわかる。こうした1000年近い歴史的スパンに立つと，1949年の中華人民共和国の建国は，中国国民党から中国共産党へという，いずれも漢族指導者を中心とした政治勢力の間で権力交代がなされた点にも，歴史的な意義を強調できる。1912年の中華民国の建国から現在までの約100年間，中国は漢族が政治の実権を握り，その間の国家建設プロセスにおいて，漢族以外の民族集団が「少数民族」化（以下，漢族以外の民族集団を「少数民族」と総称する）していったのである。

　中華人民共和国の支配領域に目を向けてみると，基本的に清朝末期の領域を継承しているけれども，実際にそれは，そのままのかたちで自動的に受け継がれたわけではなかった。20世紀初頭に清朝が崩壊していく過程において，とりわけチベットやモンゴルといった少数民族地域では中国本土と異なる政治的な動きが展開されたため，中華民国期以降の政治指導者は，国家統合を推進することによって，そうした領域を再び中国のなかに取り込もうとしたのである。

　以上の視点に立って本章では，中国共産党の民族政策を跡づけながら，歴史的なスパンに立って，今日の少数民族問題の現状と課題を明らかにするものである。中国共産党が，実効支配を続ける領域のなかで多民族，多文化，多宗教な社会とどのように向き合っているかを探ることは，中国が今後，同様に多様な側面を持つ国際社会とどのように関わっていこうとするかの試金石とも言えるだろう。

居住地域の特徴

　少数民族が多く住む地域は現在，行政レベルに応じて自治区，自治州，自治県に分けられており，この3つを総称して民族自治地方と呼ぶ。一級行政レベルの自治区は内モンゴル自治区，新疆ウイグル自治区，チベット自治区，寧夏回族自治区，広西チワン族自治区の5つである。

　居住地域をめぐる特徴は，民族自治地方の総面積が中国全土の63.9％にのぼることに加えて，それが中国の陸地国境線のほとんどを占有している点にある。つまり中国の国家構造は，陸地国境線の内側を沿うように長大な民族自治地方がベルト状に分布している特徴を持っているのである。中国の周辺にはモンゴル，カザフスタン，北朝鮮など中国の少数民族と同じ民族で構成される国家や，イスラーム教でつながるアフガニスタンのように政情不安な地域もある。中国と隣接国は民族ファクターを通じて様々な問題が相互に連動しあう構造を持っているのである。

人口の特徴

　中国における少数民族人口の特徴は，少数民族の「少数」が必ずしも「少ない数」を意味しないことである。現在の中国では56の民族が政府に公認されており，このうち漢族以外の55の民族を少数民族と呼んでいる。10年ごとに大規模に実施される人口統計によれば，2010年の時点で少数民族の人口比率は8.4％にすぎず，確かに「少数」である。しかし少数民族人口の絶対数は1億1197万人で，これは日本の人口に匹敵する規模で，民族別にみてもチベット族が628万人，ウイグル族が1007万人，モンゴル族が598万人である。隣接するモンゴル国が約300万人で国家を形成していることを考えれば，人口500万人を超えるこれらの民族は十分に国家を形成しうる人口規模を持っているのである。

　中国には文字通り「少数」の民族も多く存在するが，国家統合を確保するという視点から重要な意味を持つ民族集団については，約12億人の漢族に比べて相対的に「少数」であるにすぎないのである。

漢族文化との遠距離性

　漢族と少数民族の間には文化面でも距離が存在する。イスラーム教を信仰するウイグル族に代表されるように宗教，言語，文化，歴史観などの面で独自性を保持している民族が多い。こうした状況において毛沢東時代には社会主義的イデオロギーが民族間の求心力を確保する役割を一定程度担っていた。しかし，改革開放時代に脱社会主義化が進むと，多民族をまとめあげるための新たなアイデンティティが必要となり，愛国主義や中華民族論が強調されるようになった。この文脈での中華ナショナリズムは，後述するように，少数民族からは漢族文化の強要と受け取られかねず，少数民族の伝統的価値観を否定されることへの危惧から，かえって民族問題を深刻化させる可能性をはらんでいる。

　以上のように中国は，国境沿いの広大な領域に，絶対人口が大きく，漢族と異なる独自の文化を持つ少数民族が居住する特徴を持つ多民族国家なのである。そのため中国の民族政策は，政治的優遇策を与えて少数民族を取り込もうとするよりも，対外的安全保障や国家統合を確保するための一手段として機能する傾向が強くみられるのである。

2　中華人民共和国の建国と民族区域自治制度

非連邦制の中華人民共和国

　中国共産党は1921年の結党から1949年の中華人民共和国建国までの28年間，少数民族が居住するエリアをいかに統治するかについて，日中戦争の展開や中国国民党との関係に影響を受けながら，民族自決権を承認して分権的な連邦制をとるか，中央集権の下で限定的な自治を認める制度にするかで揺れ動いてきた。

　日中戦争末期の1945年春に発表した「連合政府論」では，迫りくる中国国民党との政治権力の争奪を意識してか，諸民族の自決権を承認する姿勢を示し，近い将来の国家像として少数民族の自決を尊重するような「中華民主共和国連

邦」の創設を提唱した。しかし日中戦争終結後から始まる内モンゴルの統合プロセスなどをみても、中国共産党が実際に少数民族の分離権を認めることはなかった。そのことは、「連合政府論」が後年になって書きかえられたことにも示されている。のちに『毛沢東選集』に収録された「連合政府論」では、1945年に発表された原文と比べて、「国内少数民族の待遇を改善し、それぞれの少数民族に民族自決権および自発的希望による原則のもとで、漢民族と連邦国家を建設する権利を認めるように要求する」の部分が、「国内少数民族の待遇を改善し、各少数民族に民族自治の権利をあたえる」とされ、「新民主主義の国家問題および政権問題には、連邦の問題が含まれる。中国領域内の各民族は、自発的希望と民主主義の原則に基づいて、中華民主共和国連邦を組織し、またこの連邦の基礎の上に、連邦の中央政府を組織すべきである」の部分は全文が削除された。

　連邦制が否定されたことに関して1949年9月に周恩来は、「今日、帝国主義者が我々のチベット、台湾、新疆を分裂させようとしている。このような状況において、我々は各民族が帝国主義者の挑発に乗らないことを希望する。このため、我々の国家の名称は中華人民共和国とし、連邦とはしなかったのだ」と国家名称を決める際の一議論を紹介し、さらに続けて「我々は連邦制をとらないが、民族区域自治によって民族自治を行使する権力を認めるのだ」と民族政策の基本方針に言及した。こうして中国共産党は少数民族地域については民族区域自治制度のもとで、中央集権制下の一地方として統治する方針を固めたのである。連邦制を採用した同じ社会主義国のソ連と異なり、中国は非連邦制の国家としてスタートしたのである。

2つの理念が共存する民族区域自治制度

　民族区域自治制度とは、社会主義的中央集権の単一国家制度を前提とし、少数民族の自決権や分離独立権を認めないかわりに、一定地域に集居する少数民族に民族自治地方（自治区、自治州、自治県）の設置を認め、民族自治地方へ居

住することを条件に、一定の自治権と優遇策を与える制度と説明できる。しかし、この制度を少数民族に対するアファーマティブアクションとみなすだけでは、民族区域自治制度を核心とする中国共産党の民族政策の本質を読み解くことは出来ないといえる。

　1952年8月の「民族区域自治実施要綱」第5条は、その地方の経済・政治等の必要に基づきかつ歴史的事情を考慮して、各民族自治区内（この時点では、自治区、自治州、自治県に区分されておらず、一様に自治区としていた）には、部分的に漢族住民区とその都市を含むことが出来るとされた。また第12条では、各民族自治区の人民政府機関は、自治を実行する民族を主要な構成員として組織し、同時に自治区内の適当数のその他の少数民族と漢族を含まなければならないとされていた。この2つの条文が意味しているのは、民族自治地方の樹立にあたって、その地域に漢族居住者が存在することを認めていたことであり、さらにそうした漢族が持ちうる政治的な権利を条文によって保護した点にある。それは、自治を実行する民族の政治的役割を相対的に低下させかねないものだった。

　つまり民族区域自治制度とは、民族自治地方の「少数民族を優遇する民族自治」という理念と、民族自治地方内で漢族を含む「各民族を平等に扱う区域自治」という理念を融合した統治システムなのである。しかし、現実の政治過程でこの対立概念的な2つの理念を両立させることは極めて難しく、中国政治全体の政治路線の変動に影響を受けながら、「民族自治」か「区域自治」かのどちらか一方に、民族政策の重点がおかれることになったのである。

チベット自治区の樹立

　建国直後のチベットには、政治や宗教の特殊性が考慮されて民族区域自治制度の導入が見送られた。チベット社会におけるダライ・ラマ14世の影響力を考慮し、彼を中心とした特殊な政治システムを容認する方針をとり、たとえば1951年5月23日の「17条協定」第4条では、チベットの現行政治制度を変更し

ないこと，ダライ・ラマの固有の地位及び職権にも変更を加えないことなどが示された。しかし，その一方でチベットが中国の一部であるとの認識を崩すことはなく，早くから軍を進駐させていた。そして1959年3月10日に，ダライ・ラマ14世の身を案ずる市民が抗議の声をあげて政府との衝突が拡大すると，ダライ・ラマ14世はインド亡命を決意した。これ以後チベットの社会主義化が急速に進み，1965年9月にチベット自治区が成立し，民族区域自治制度に組み込まれるに至った。

民族政策における文化大革命の意味

　1966年に始まる文化大革命は，一般に10年に及ぶ大動乱などと表現される。しかし民族政策および民族自治地方の政治体制の文脈からみると，単に「民族自治」が機能不全に陥っただけでなく，文化大革命を通じて建国以来の政治体制が変容し，改革開放時代へつなぐ役割を担っていた。

　内モンゴル自治区を事例にこの点を明らかにしてみたい。建国以後，内モンゴル自治区の政治指導体制は，モンゴル族のベテラン党員であるウランフを中心に編成されてきた。ウランフは自治区の党第一書記のみならず人民政府主席や軍区司令など，内モンゴルの党政軍の最高ポストを掌握していた。しかし文化大革命がはじまると，ウランフは資本主義の道を歩む実権派として批判を受け，党政軍のポストから解任された。中国共産党中央華北局が作成した「ウランフの誤りの問題に関する報告」などによると，民族分裂活動を行って独立王国を樹立しようとしたこと，腹心を自治区党政機関の要職に優先的に配置し，とくに漢族の幹部に打撃を与えたことなどが批判の対象となった。この結果，革命委員会などの設置によって，党政軍の主な権力が漢族の指導者に掌握されることになった。文化大革命が終結し改革開放時代に入った後も，民族自治地方の実質的最高ポストである党書記に漢族幹部が登用される傾向が強まったのは，内モンゴルの事例をみる限り，文化大革命期がそのきっかけを作っていたのである。

3　改革開放と民族問題

民族区域自治制度の法制化とその限界

　1978年に改革開放政策がスタートすると，民族政策において「民族自治」の回復が目指された。1982年の「憲法」と1984年の「民族区域自治法」などで，民族自治地方の人民代表大会において主任か副主任，政府機関においてはその首長を，自治を実行する少数民族が担当することが決められた。また全国人民代表大会代表の選出に際しても，各民族に議席が確保されることになった。

　しかしその一方で，民族自治地方の実質的な最高指導ポストである中国共産党の書記については民族籍規定が設けられなかったため，行政レベルが上がるほどに漢族が中国共産党委員会の書記についた。これによって党のトップは漢族，国家機関のトップは少数民族という政治体制が慣例化していった。国家機関のポストを少数民族に与えながら，実質的な権限を持つ中国共産党のポストを漢族が押さえるシステムが形成されてしまったことで，少数民族にとって中国共産党の一党支配体制は，漢族が政治権力を占有するシステムとしても政治的な意味を持つことになった。1980年代は民族区域自治法の制定をはじめ，当時の胡耀邦党総書記らの努力によって「民族自治」の実現が模索された側面もある。しかし，国家機構において「民族自治」をみせながら，党組織においては「区域自治」を優先した政治手法は，「民族自治」の実現を期待した少数民族に，かえって「民族自治」の形骸化という不満を蓄積させることにつながった。

民族政策の転換点

　1987年から89年の1年半にわたってチベット騒乱が継起した。中国共産党は，この騒乱を封印していくプロセスを通じて，「区域自治」優位の民族政策へ舵を切り，現在にいたっている。

第6章 中国のナショナリズムと民族問題

　1987年9月21日にダライ・ラマ14世がアメリカ下院で「5項目の平和提案」を行った。その内容は，①人民解放軍の撤退と軍事施設の撤去によるチベット全土の平和地帯化，②民族としてのチベット人の存在を危うくする漢族の大量移住政策の停止と流入漢族の帰還，③チベット人の基本的人権と民主的自由の尊重，④チベットの自然環境の回復と保護および核関連施設の撤去，⑤将来のチベットの地位ならびにチベット人と中国人の関係についての真摯な交渉の開始であった。この直後，9月27日と10月1日にチベットのラサで民族騒乱が発生した。中国はこの騒乱を「少数の分裂主義分子がダライ・ラマ14世のアメリカ訪問にあわせて行った意図的な騒乱」として非難する一方，趙紫陽中国共産党総書記は，チベット騒乱が民族政策の不満から発生した可能性も否定出来ないとして，チベット社会で信望の厚いパンチェン・ラマ10世をラサに派遣し問題の処理を託した。チベットを訪問したパンチェン・ラマ10世は，騒乱の鎮静化を図るため，これまでのチベット政策にも誤りがあったことを認めて，ラサの主要な寺院に対して文化大革命で失われた文物や没収財物に対する問題の解決や老僧侶に対する生活補助の実施などを伝えた。しかし，寺院の代表者から意見を集約したところ，チベットは歴史的にみて独立国家であり，独立を求めてデモに参加した僧侶たちに罪はなく，即刻釈放すべきであるなどの反発の声が依然として根強かった。

　1988年3月にラサで再び騒乱が発生したことで，中国当局はチベットの主たる不安定要因が寺院と僧侶にあるとの認識を深めて管理体制を強化した。12月には胡錦濤がチベット自治区党委員会書記に任命され，1989年3月5日から7日にかけて発生したラサでの騒乱に対しては，戒厳令によって封じ込めた（戒厳令は1990年5月1日に解除された）。

　チベットでの戒厳令布告から3カ月後の6月4日に北京で天安門事件が発生し，趙紫陽に代わって江沢民が中国共産党総書記に着任した。政治路線が全体的に引き締められていくと，中国共産党はチベット騒乱を国内外の敵対勢力が国家分裂，反共産党，社会主義転覆を狙った計画的な騒乱であったとの認識を

強め，チベットに対する諸政策には対外的安全保障と社会治安の確保を最優先とする方針が一層顕著にみられるようになった。

　1989年は，チベットでの戒厳令布告，天安門事件の発生，米ソ首脳による冷戦終結宣言などが相次いだ1年であり，それは中国の指導者が対外的危機認識を重ね合わせていく時期と重なりあうものだった。このような状況のなか，ウイグル族の民族騒乱も発生した。1990年夏に新疆ウイグル自治区を訪問した江沢民党総書記は，同じ年の4月にバレン郷で発生した民族騒乱について，チベット騒乱と同様に国内外の敵対勢力による計画的な事件との認識を示し，民族問題は萌芽状態のうちに問題の芽を摘み取るべきであり，問題を未然に防ぐ手段の1つとして思想教育に力を入れる必要があるとした。すでに新疆ウイグル自治区では1990年2月から，ウイグル族研究者の執筆による『ウイグル人』『匈奴簡史』『ウイグル古代文学』の3冊を「ウイグルの歴史を中国史から独立して描き出し，東トルキスタン意識をあおっている」と批判する政治思想キャンペーンの実施を準備していたが，ちょうどこのタイミングでバレン郷事件が発生したことから，3書籍問題に対する討論と批判を「自治区の意識形態領域における民族分裂と反民族分裂との先鋭で複雑な階級闘争」と位置づけ，イスラーム教徒の宗教活動などへの統制も強めていった。

　このようなプロセスを経て現在に至るまで，中国の民族政策は，中華ナショナリズムによって少数民族の一体化を進めるような，いわば「区域自治」を基調とした政策として展開されているのである。

中華ナショナリズムと少数民族

　改革開放政策によって経済成長が進み社会が多元化してくると，中国共産党は計画経済の時代に比べて思想や教育の面での管理体制が弱まり，そこに「民族分裂主義」的な考えが浸透しやすい状況が生まれているとの認識を持ちはじめた。1992年1月に建国後はじめて中央民族工作会議が開催されたが，そのなかで江沢民は，「とくに我々が警戒しなければいけないのは国外の敵対勢力が

わが国の極めて少数の分裂主義分子を支援し，わが国に対する浸透・破壊・転覆行為を強めていることだ」と述べて，民族問題に対する強い警戒感を表明した。1990年代以降の民族政策はこうした認識のもとで実行に移されていったが，その最も顕著な特徴は統合へ向けた強いベクトルが働きつづけていることである。ここでいう統合とは，領域を統合するといった地政学的な意味にとどまらず，文化などの面からも少数民族を統合しようとする意味を含んでいる。

1990年代以降，中華ナショナリズムの高まりにあわせるように，中華民族や中華文化の担い手のなかに少数民族を取り込もうとする民族政策が示され，少数民族の祖国が中国であること，少数民族が中華民族の一員であること，少数民族の歴史が中国の歴史と重なるものであることなど，国家，民族，文化，歴史にかかわる各民族の認識を，中華ナショナリズムのもとで共有化をはかり，それによって民族団結を強化することが目指された。

言語面を例にとると，2001年に改正された民族区域自治法で，従来「小学校の高学年あるいは中学において漢語の授業を開講し全国に通用する普通語を普及させる」とされた文言が，「情況に基づいて小学校低学年あるいは高学年から漢語の授業を開設し，全国に通用する普通語と規範的な漢字を普及させる」に修正された。これは漢字を用いない母語を持つ少数民族に対しても，漢語授業の開始時期を早期化し，話し言葉にとどまらず規範的な漢字学習を推進する政策といえる。一方で，そうした言語環境を作り出すために，少数民族の教師が教壇に立ち続けるには，公的な漢語テストで一定レベル以上の成績をとることが求められている。中国で「バイリンガル」教育と呼ばれるこうした民族政策は，本質的には少数民族の人々に漢語という共通言語を普及させることに狙いがあるといえる。

民族区域自治法のもとで，少数民族には大学入試で得点が上乗せされるなど，一定のアファーマティブアクションが与えられている面は確かにある。しかし中国では，漢族と少数民族にまたがる宗教，言語，文化などの多様性を維持し，それを国家統合の強みに変えていこうとする政治的な発想は，概して希

薄である。むしろ異なる民族のあいだに「共通性」を創造するため，政策面での強制力を使ってでも中華ナショナリズムの受け入れを少数民族に迫るような民族政策を展開しているのである。

民族問題のリージョナル・グローバルイシュー化

　中国共産党は，天安門事件後の「和平演変」という国際圧力への警戒や冷戦構造の崩壊による周辺諸国の構造変化によって，中国の民族運動が国外勢力とさらに緊密な連携をとる可能性に強い危機意識を持ちはじめた。こうした事態への対処を1つの目的としながら，中国は周辺国との外交関係を強化した。とくにソ連崩壊後に独立し，新疆ウイグル自治区と隣接し民族的宗教的な共通性が高い中央アジア諸国とは，民族運動の国際連携を断ち切るための対策が必要であった。2001年6月に上海協力機構を樹立するまでの一連の外交プロセスにおいて，新疆ウイグル自治区からの分離独立を目指しているとされる「東トルキスタン」勢力に対して，当該地域の多国間協力を通じて共同で対処する枠組みを作り上げた。さらに2001年9月11日の同時多発テロ以降，イスラーム系民族であるウイグルの民族問題を，国際「テロ」との共闘という枠組みを使って対処するようにもなった。つまり中国は，ウイグル族の問題をリージョナルおよびグローバルの両面から国際的に封じ込め，問題の解決を図ろうとしているのである。こうした構図はウイグル族の問題に典型的にみられるが，その手法は他の民族の問題にも適用されるものである。しかし，多国間の枠組みを使って民族問題を封じ込めようとする政策は，逆に中国の民族問題を国際化してしまう結果を招き，中国の民族問題が国際社会から一層注目されるようになっていった。

第6章　中国のナショナリズムと民族問題

4　民族問題の現状と行方

自治区の人口比率からみる民族問題の特質

　チベット自治区と新疆ウイグル自治区では，それぞれ2008年と09年に大規模な民族騒乱が発生しているが，この2つの騒乱に質的相違を生み出す社会的背景の1つに，自治区の民族人口比率の差異がある。

　チベット自治区では，チベット族が人口総数の91％を占める一方で，中国全土のチベット族628万人のうちチベット自治区に住むのは272万人で全体の43％にすぎないという特徴がある。言い換えれば，チベット族の57％がチベット自治区以外の地に住んでいるのである。2008年3月のチベット騒乱がチベット自治区のラサから，近隣の青海省，四川省，甘粛省のチベット族居住地に飛び火したのは，こうした人口分布が一因である。またこの数字は，ダライ・ラマ14世側と中国側との対話のなかで，チベット側が高度な自治の範囲を，チベット自治区とその周辺のチベット族居住地をあわせた領域とするよう求める理由につながる。というのも，仮にチベット自治区だけで高度な自治が認められたとしても，それを享受出来るのはチベット族の43％でしかないからである。しかし中国側はダライ・ラマ14世側の求めるチベットの領域が中国全土の約25％になるとし，この要求を批判している。

　これに対して新疆ウイグル自治区には，中国全土のウイグル族の大部分が住んでおり，民族運動の際に自治区の領域拡大を求めるような動きは出にくい構図になっている。ウイグル族が問題にするのは，漢族の大量流入によって自治区でのウイグル族比率が極端に減少していることである。自治区の総人口2182万人のうちウイグル族の比率は46％にとどまり，漢族が40％を占めている。この数字を歴史的に比較すると，ウイグル族は1949年建国時の76％から，半世紀の間に30％も比率が低下したことになる。一方，漢族は建国時の7％から40％へと33％も増加している。漢族が新疆ウイグル自治区に流入したことで，ウイ

グル族の人口比率が急激に低下したのである。こうした人口比率の変化ゆえに，ウイグル族の民族運動は漢族を自治区の外に追い出すことを求めたり，分離独立を要求したりするケースが発生しやすいのである。

ただし中心都市に目を向けるといずれの民族自治地方においても漢族人口の増加が際立っており，チベット自治区のラサ市中心部では2010年の時点で漢族人口が39％に上っている。また新疆ウイグル自治区のウルムチ市では漢族人口が75％，ウイグル族は12％にすぎない。漢族が民族自治地方の中心都市においてプレゼンスを高めていることがわかる。

チベット問題の現状と行方

2008年3月に発生したチベット騒乱は，その規模の大きさにとどまらず，騒乱の模様がインターネットなどを通じて国際社会に配信されたという意味で，非常に大きな政治的インパクトを持った。

チベットの人々にとって毎年3月は，1959年にダライ・ラマ14世がインドへ亡命を決意した象徴的な月であることから，過去にも3月に騒乱が継起したことがある。とくに北京オリンピックを控えた2008年の3月は，チベットの伝統を保持したい僧侶たちの抗議行動をきっかけに，漢族との民族間経済格差に不満を持つ民衆と，政治実権を持てないチベット幹部の不満が共鳴し，3月14日にラサ市中心部での大規模な騒乱に発展し，3月下旬までに自治区周辺の甘粛省，四川省，青海省のチベット人居住地に飛び火した。

中国政府は，この騒乱を民族問題ではなく刑法に違反する刑事事件であるとの認識を示し，自首した者への処罰軽減と検挙協力者への処罰免除の方針を示す一方，逮捕された者には厳罰でのぞむこととした。さらに3月23日から24日まで公安部長らがラサを訪問し，チベット仏教寺院での愛国主義教育などを一層強化するよう指示した。一方，ダライ・ラマ14世は一連の抗議行動は中国の統治下でチベットの人々に深く根ざした憤りの発露だとし，チベット独自の文化，言語，アイデンティティを保持出来るかどうかが最大の懸念であると訴

第6章　中国のナショナリズムと民族問題

えた。
　中国とチベットの代表は，2002年から年に1度のペースで対話を実施してきたが，この対話について中国は，チベット亡命政府と中国政府の間で行われるものではなく，ダライ・ラマ14世という一個人の特使と中国共産党との間で行われるものとの立場をとっており，2007年7月に開かれた第6回対話で行き詰まりをみせていた。
　この時の騒乱が北京オリンピックの開幕5カ月前だったこともあり，中国は国際社会からも批判の目を向けられ，聖火リレーをめぐって世界各地で抗議行動が起きた。当初中国側は，従来の姿勢を固持していたが，やがて「3つの停止」すなわち①祖国を分裂させる活動を停止し，②暴力活動を画策し扇動する行為を停止し，③北京オリンピックを妨害する活動を停止すれば，いつでも対話の門戸は開かれているとの考えを表明し，対話に前向きな姿勢を国際社会に示そうとした。その結果5月4日に非公式ながら対話が再開したものの，その時に中国がチベット問題で譲歩する可能性は低かった。というのも，非公式対話と同じ日に，チベット騒乱後初の外遊となる日本訪問を控えた胡錦濤国家主席が日本人記者団と会見した際，中国の憲法は民族自治地方に自治権を与えて各民族の権利と利益を保障しているとして，民族政策の根本原則を維持する意向を示していたからである。
　非公式対話から2カ月後の7月初めに，7回目の公式対話が実現した。この対話で中国側は，「3つの停止」に代えて，①北京オリンピックに対する破壊活動を支持しない，②暴力犯罪の扇動を支持しない，③チベット青年会議のテロ活動を支持せず確実に規制する，④チベット独立と祖国分裂を図る一切の活動を支持しないという「4つの不支持」の受け入れをチベット側に要求した。「停止」から「不支持」へと言葉を切り替えたことによって，ダライ・ラマが騒乱に関与したという中国自身の主張を相対化する姿勢を示し，少なくとも国際社会に対して中国側の歩み寄りを印象づけようとの狙いがあったと考えられる。しかし「3つの停止」から「4つの不支持」に転換したとはいえ，いずれ

もオリンピックに関連した条件が付けられていたことで、それが時限的な条件でしかないのは明らかで、中国のチベット政策が本質的な転換を遂げたわけではなかった。事実、オリンピック後の対話において、中国からの独立を求めないけれども現状も認めないとするダライ・ラマ14世の中道路線に基づいて高度な自治を求めるチベット側と、高度な自治は独立の主張と同じだとする中国側の溝が埋まることはなかった。

　2008年11月の第8回対話では、チベット側が「全チベット民族が名実ともに自治を享受するための草案」を中国側に提示し、憲法と民族区域自治法の条文を引用しつつ、ダライ・ラマ14世の唱える中道路線こそが、中国の憲法に違反することなくチベットが高度な自治を獲得する方法であり、かつ中国とチベットの双方に利益をもたらすものだと論じた。しかし中国側は、党の指導、中国の特色ある社会主義の道、民族区域自治制度の3つを堅持することは憲法の定めていることで、これに反することは認められないとし、チベット側の提案を拒否した。今後しばらくの間、こうした対立の構図に変化の兆しはみられないだろう。

ウルムチ騒乱の意味

　2009年7月5日、新疆ウイグル自治区のウルムチでウイグル族の騒乱が発生した。翌7月6日の早朝に中国国営の新華社通信は、7月5日午後8時頃から騒乱事件が発生し、午後11時30分の時点で数名の民衆に死者がでたと発表した。政府がいち早く公開した映像に映る被害者の多くが漢族であったこととも関係し、7月7日には反ウイグル族の色彩を帯びた漢族による騒乱を誘発する事態へと発展していった。被害者数は時間の経過とともに増加し、7月15日には死者192名、負傷者1721名となった。この騒乱は、政府の発表を事件全容の最低ラインとしてみても、自治区の騒乱としては過去最大規模の騒乱であった。

　ここで言葉の概念整理を行っておくと、2009年7月の「ウルムチ騒乱」は、

第6章　中国のナショナリズムと民族問題

7月5日の「ウイグル騒乱」と，7月7日の「漢族騒乱」をワンセットにして捉える必要がある。その意味でウルムチ騒乱は，少数民族の起こした騒乱に漢族が報復的な騒乱を引き起こすという性質をもつ騒乱であり，その後の政治展開から判断すると，中国政府にとっての政治的な脅威は，少数民族のウイグル騒乱よりもマジョリティ集団である漢族の騒乱にあったと考えられる。

ウルムチでは7月7日の午後9時から翌朝8時まで全面的な交通管制が敷かれたが，自治区党委書記の王楽泉はその理由として，一部の漢族労働者が街頭をデモするなど社会秩序を乱し感情のままに行動してウイグル族と対立した点を挙げている。また胡錦濤国家主席がサミットを欠席し訪問先のイタリアから急きょ帰国したのも，時系列的に見れば，漢族騒乱後の7月8日のことだった。さらに当初こそ漢族の不満はウイグル族への批判として爆発していたものの，時の経過とともに批判の矛先は政治指導者へと向けられていった。ウルムチ騒乱から1カ月後の2009年8月に，同じウルムチ市で発生した「注射針刺傷事件」は，何者かが注射針を不特定多数の人々に次々と刺すという事件であったが，これに対する政府の対応への不満が噴出した。こうした不満を背景に，おもに漢族住民による数万人規模の騒乱が9月3日に発生し5名の死者がでた。結局，9月5日にウルムチ市党委書記栗智を解任することで事態の鎮静化を図り，後任には自治区の治安対策責任者である朱海侖を任命した。

以上のような政治展開が示しているのは，新疆ウイグル自治区という民族自治地方の政治社会を安定させようとすれば，自治区のなかで人口的にマジョリティ集団となった漢族の不満を抑制することが何よりも重要な政治課題になったということである。言いかえれば，少数民族が政治的経済的社会的な不満をいくら訴えたとしても，中国政府は少数民族の優遇策を拡大することでそれに対処する政策をとりにくくなったのである。もし少数民族への優遇策をとりすぎれば，漢族による政治体制への反発がさらに大きくなる可能性が高まったからである。

中国のナショナリズムと民族問題

　チベットとウイグルの事例からわかるように，とりわけ1990年代以降の中国では，宗教や言語など，様々な面で多様性を持つ各民族の国家への求心力を強化するために中華ナショナリズムが利用され，それによって少数民族社会をまとめあげようとする政策を継続している。しかし，人口の92％を漢族が占める中国でのナショナリズムは，少数民族の視点から見ると，それは漢族ナショナリズムへ陥りやすい性質を持つものである。したがって，中華ナショナリズムはチベットやウイグルの人々に自民族の文化的継承を危機的に捉えるきっかけを与えるものでもあって，中国のナショナリズムが少数民族のアイデンティティを刺激した場合，逆に中国の国家統合を脆弱化させる可能性を内包しているのである。

　また中国の周辺地域には，中国の少数民族と同じ民族による国家や，宗教的価値観を同じくする国も多い。中国のナショナリズムが周辺国のナショナリズムを高揚するような対立関係が発生すると，それが中国の少数民族のアイデンティティをも刺激し，民族問題を媒介して，中国の国家統合を弱めることもありうる。中国の少数民族に位置づけられている朝鮮族を事例に考えてみると，1992年8月に中国と韓国が国交を正常化した後，朝鮮族は自らよりも高度な経済力を持つ同一民族との接触が可能となり，韓国企業で働いたり，韓国へ出稼ぎに出ることなどによって，韓国を媒介にしながら国際社会とのかかわりを強めていった。朝鮮族を中華ナショナリズムの範疇に押しとどめる必要がある中国にとって，朝鮮半島のナショナリズムが朝鮮族のアイデンティティを揺さぶるような事態はどうしても避けなければいけない問題といえるだろう。

　中国がナショナリズムを発露させることによって新たな国際秩序を作り出そうとするような試みは，漢族内部の団結力を強化する点においては一定の効果を持ちうるとしても，本章で論じた少数民族の視点から見た国家社会構造ゆえに，かえって自国の求心力を弱める結果をもたらしかねないものでもあるのである。

文献案内

毛里和子『周縁からの中国——民族問題と国家』東京大学出版会，1998年。
 ＊政治学と国際政治学の手法を用いつつ，民族問題の視点から中国政治の本質を論じた現代中国政治の研究書。

加々美光行『中国の民族問題——危機の本質』岩波現代文庫，2008年。
 ＊民族問題を歴史と国際関係の両軸から分析し，とくに政治思想を視点から中国の民族問題を論じた民族問題研究書。

可児弘明・国分良成・鈴木正崇・関根政美編著『民族で読む中国』朝日新聞社，1998年。
 ＊政治学，経済学，社会学，歴史学，文化人類学など隣接諸科学の研究者が，民族の視点から中国の政治社会を分析した複眼な研究書。

第7章
改革開放の深化と急速な経済発展

小島末夫

---この章で学ぶこと---

　中国は従前の政治優先路線から，改革開放政策の導入（1978年12月）で経済建設重視へと転換して以来，30年以上の長きにわたって年平均10％近い高度成長を維持してきた。この結果，2010年に中国が名目GDPでも遂に日本を抜いて，アメリカに次ぐ世界第2位に浮上した。これは中国の台頭を如実に物語るもので，今や名実ともに同国が経済大国となったことを示している。

　このような中国の高成長を牽引したのは，主としてインフラ建設などの公共投資や輸出が挙げられる。確かにその成長一辺倒とも言える開発至上主義により，マクロ的には多大な成果を上げた半面，それに伴うひずみの発生など問題も山積みの状況にある。その最たるものが，貧富の格差拡大である。こうして2011年からスタートした第12次5カ年計画では，経済発展パターンの転換および投資と消費のアンバラ是正など経済構造調整の加速が強調されている。

　一方，中国は改革開放直後の閉塞状態を打破するため，極度に不足していた資金や設備・技術などを海外から積極的に導入することで，遅れた経済の立て直しを図ろうとした。最も注力したのが，外国からの直接投資受入れであった。この対外開放の実施に伴って国際貿易や外資導入が一段と活発になり，中国経済の国際化は大幅に進展した。とくに2001年末のWTO加盟前後から対中投資が加速され，併せて欧米諸国などとの経済摩擦も強まることとなった。同時にまた，世界一を誇る潤沢な外貨準備高を背景に，資源・エネルギーやグローバル市場の獲得を目指す中国企業の海外進出が急速に拡大した。

　そうしたなかで，世界経済との一体化の深まりを反映し，中国の影響力が益々高まっているのが現状である。とりわけ，中国マネーをバックに世界的に資金の主な貸し手となることで，その金融力が国際政治面にも段々と影響を及ぼしつつある。そのため，従来のような権利の要求だけではなく，大国にふさわしい国際責務の行使が改めて問われているところである。

1　世界経済のなかの中国

　中国共産党が1921年7月1日に誕生してから90周年を迎えたが，人民共和国の建国より数えてもはや60年余りが経過した。この間，とりわけ後半の改革開放期においては，戦後の東西両陣営による冷戦が旧ソ連の崩壊で終息するなど激動する世界情勢下にあっても，中国は30年以上の長きにわたり年平均10％近い高度成長を一貫して維持し続けてきた。中国のような大国が，これほど長く高成長を記録した前例はなく特筆に値する。

　こうして拡大しつつある中国経済の存在感は一段と高まり，今日では以前よりも一層重みを増している。他方，グローバル化の進展につれて，世界経済との相互依存関係はますます深まる状況にある。

　以下ではまず，世界経済のなかで中国がどのような位置づけにあり，如何なる役割を果たしてきたのか，かなり長期的な視点に立って明らかにする。

世界GDPに占める中国のシェア拡大

　中国が国内総生産（GDP）の規模でこれまでヨーロッパの主要国を次々と追い抜き，ひいては日本やアメリカに追いつき，追い越すのは一体いつになるのかに関して注目が集まり，従前より幾つかの推計が公表されてきた。

　ここではそれらのうち，オランダのグローニンゲン大学経済学部教授であったアンガス・マジソン（Prof. Angus Maddison）の推計結果を基に紹介する。同教授は，かつて欧州経済共同体（EEC）や経済協力開発機構（OECD）などの機関で，各国の長期にわたるマクロ統計の比較研究分野を開拓したことでつとに知られた人物である。なかでも，氏の近未来に及ぶGDP推計は，前近代から連なる超長期のトレンドを前提に試みられているところに特徴がある。そのため，改革開放以降の高成長による軌跡が必ずしも十分に反映されたものでない点を考慮しておく必要がある。

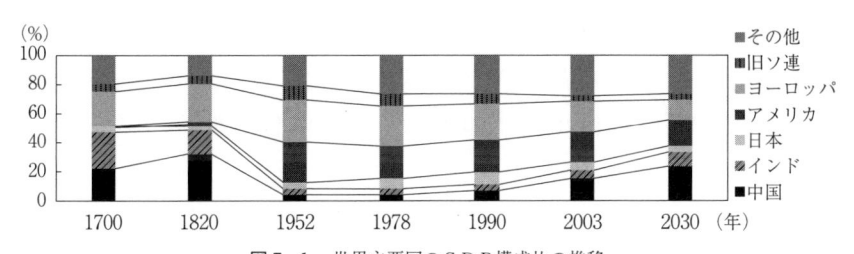

第7章 改革開放の深化と急速な経済発展

図7-1 世界主要国のGDP構成比の推移
（出所）　Maddison,Angus（2007）, Chinese Economic Performance in the Long Run（改訂版），OECD, P.44, 102から作成。

　図7-1で具体的に示したのは，世界における主要国・地域のGDP構成比の推移について年次別に対照したものである。このような国際比較を行う場合，よく問題となるのが貨幣価値や物価水準の差異である。そこで1990年の米ドルを基準とし，物価の差や為替の影響を除いた購買力平価（PPP：Purchasing Power Parity）によるGDP計算で発展比較がなされている。

　同図に見られる通り，中国は世界のGDPに占める比率が，前近代の清朝時代に当たる1700年時点には22.3％とインドの24.4％に次ぐ第2位，さらに1820年段階では32.9％と文字通り世界1位のGDP大国であった。しかし，その後は1870年に17.2％，辛亥革命後の1913年には8.9％へと，急激に低下の一途を辿ることとなった（この数値は，同じくマジソン教授の Monitoring the World Economy 1820-1992, OECD Development Centre, 1995に拠る）。そして人民共和国の成立後まだ間もない1952年には5.2％，計画経済時代末期の1978年当時においては最低の4.9％にまで落ち込んだ。これを世界経済の勢力図から改めて見直してみると，中国の経済は極度に疲弊しており，まさにどん底状態にあったことがうかがえる。

　そのような背景の下で，翌1979年に経済建設重視への大胆な政策転換が図られ，従来の統制経済から新しい市場経済体制への移行が実質的にスタートしたのである。それ以降，世界経済に占める比重の長期低落傾向にようやく歯止めがかかると同時に，復興を遂げながら国力増強を目指す契機ともなった。事

実，1990年に7.8％の水準まで戻した上記の比率は，21世紀に入って2003年になると一挙に15.1％へ飛躍的に伸びたことが分かる。つまり，その後の持続的な高成長の実現は，中国の経済大国としての地位の回復過程と捉えることが出来よう。

とはいえ，1人当たりＧＤＰの指標でみた場合，様相が全く異なってくる。たとえば，日米両国の値をそれぞれ100とした指数で相互に比較すると，1990年から2015年を経て2030年までの40年間に，日本とは10，36から52へ，アメリカとは8，25から34へと接近するものの，依然としてまだ両国との開きは相当に大きいと言える。すなわち，2030年時点の予測でさえ，中国の1人当たりＧＤＰはなお，日本のそれの約半分，アメリカの約3分の1のレベルに留まる（前掲マジソン教授の推計）と見られているのである。

中国の台頭と日中のＧＤＰ逆転

今世紀に入り中国の台頭が色々と叫ばれるようになって以来，中国はここ10年間も引き続き年率10％程度の高い成長を保ってきた。そして2010年には，中国が遂に名目ＧＤＰで日本を抜きアメリカに次ぐ世界第2位へと躍進した。実際，日本の内閣府発表によれば，2010年における日本のＧＤＰはドル換算で5兆4742億ドルだった。一方，中国の国家統計局によると，同年の中国のＧＤＰは5兆8786億ドルに上った。この結果，中国のＧＤＰがおよそ4000億ドルの差をつけて日本を逆転した。ここに日本は，1968年から42年間も保持してきたＧＤＰ世界第2位の座を中国に明け渡すに至った。

だが，国際通貨基金（ＩＭＦ）の計算では，中国はＰＰＰベースで実は日本のＧＤＰを2001年頃に早くも越えていた。これで中国は名実ともに経済面でも超大国として見られることになり，国際的プレゼンスも一段と高まった。

2000年代における世界各国のＧＤＰランキング・ベスト10をとると明らかなように，表7-1のとおり，ＰＰＰ基準では中国が世界3位から2位へと上昇し，反対に日本は同2位から3位へと順位を下げていることが分かる。ここで

第7章　改革開放の深化と急速な経済発展

表7-1　購買力平価基準による世界のＧＤＰ国別比較

(単位：10億ドル)

順位	国	2000	2005	2009	2010	2011
1	アメリカ	9,951	12,623	13,939	14,527（ 1）	15,065
2	中国	3,015	5,364	9,068	10,120（ 2）	11,316
3	インド	1,571	2,431	3,644	4,058（10）	4,470
4	日本	3,215	3,873	4,111	4,324（ 3）	4,396
5	ドイツ	2,144	2,492	2,811	2,944（ 4）	3,089
6	ロシア	1,121	1,697	2,121	2,231（11）	2,376
7	ブラジル	1,234	1,585	2,004	2,179（ 7）	2,309
8	イギリス	1,516	1,933	2,128	2,181（ 6）	2,254
9	フランス	1,534	1,861	2,082	2,135（ 5）	2,217
10	イタリア	1,398	1,634	1,736	1,779（ 8）	1,829

(注)1　カッコ内は米ドル建て名目ＧＤＰの2010年実績順位。
　　2　2011年は予測値。
(出所)　IMF-WorldEconomicOutlook（2011年9月版）から作成。

　注目すべきはインドの動向で，同国は2006年にドイツを上回って4位に浮上したあと，2011年予測値によれば，さらに日本をも追い抜いて世界3位になる公算が大きくなってきた。

　それでは，中国がいつ経済規模で世界最大となり，まさに世界一のＧＤＰ大国に躍り出るのであろうか。この点に関して内閣府の試算では，2025年に中国のＧＤＰは18兆2050億ドル規模に達し，18兆ドル弱のアメリカを上回るという（『日本経済新聞』2011年2月15日）。また人口動態や人民元の切り上げ要因などを織り込んだシミュレーション結果でも，大方の予想ではやはり2025年前後にアメリカのＧＤＰを抜くというのが有力なシナリオと定着しているようだ。

　そうしたなかで，ＩＭＦがとりまとめた最新の「世界経済見通し」（2011年4月発表）によると，中国経済の規模が2016年には早々とアメリカを超えるとのことである。当該推計もＰＰＰベースに基づいており，2016年の中国のＧＤＰは18兆9757億ドルに達するのに対して，アメリカは18兆8075億ドルとそれを下回る見込みとされる（ちなみに，日本は5兆1455億ドル）。この早ければ今からわ

ずか「3年後の世界一」というショッキングな予測は，急成長を続ける中国経済の勢いをそのまま象徴するものに他ならない。これには数字以上のインパクトがある。

　ただ，注意すべき点は，一般にＰＰＰ平均ベースでのＧＤＰは，人民元のように通貨が過小評価されていると，実際の名目ＧＤＰよりもかなり大幅に加算される傾向が強いことである。つまり，中国が計算上で仮に世界一になったとしても，アメリカがまだ世界最大の市場であり続けることには当分の間，変わりがないとみられる。

　いずれにせよ，中国の目覚しい経済発展とアメリカの地位の相対的低下は，今や疑いようのない事実である。それを裏付けるように，2008年秋に発生したリーマン・ショック後，欧米の景気回復が遅れる半面，中国はいち早く世界金融危機から抜け出して世界経済の重要な成長エンジンとなった。こうして世界経済は，主にBRICs（ブラジル，ロシア，インド，中国）諸国などの新興国を中心に成長が下支えされていると言っても過言ではない。何故ならば，主要先進各国の民間需要が力強さに欠ける上に，財政赤字や金融不安などの問題が重くのしかかり，財政・金融の不確実性が著しく増幅されているからである。

2　巨大化する中国経済の光と影

　改革開放時代の中国は，前節でも述べたように，生活水準の着実な向上に伴って高度成長を実現してきた。その意味で，改革開放を旗印とする新戦略を決定した中国共産党第11期中央委員会第3回全体会議（第11期3中全会）が開催された1978年は，まさにエポックメーキングな年となり，1つの大きな歴史的転換点でもあった。現代中国経済の特徴を一言で表わすと，それは計画経済から市場経済へという漸進的体制移行の過程で，試行錯誤を重ね紆余曲折を経ながらも他に類をみないほどの急激な成長を成し遂げたことにある。

　このように隆盛を極め巨大化する中国経済であるが，周知のとおり，今日で

第7章　改革開放の深化と急速な経済発展

は世界経済をけん引する一員と取り沙汰されるような存在にまでなっている。
　そこで本節では，各種の経済改革，なかでも市場指向型改革の大胆な遂行によるところが大きいと見られる中国の経済発展にスポットを当て，その成果とひずみ並びに今後の新たな施策について明らかにする。

権限委譲と「先富論」の推進

　上記の第11期3中全会（1978年12月）では，中国の4つの近代化（農業，工業，国防，科学技術）実現のための両輪として対内的には経済システムの改革が，また対外的には開放政策の実施が，基本的な国策として初めて認められた。同会議で実質的に政権の座についた鄧小平は，そのうち改革措置についてはまず農村部から始め，徐々に都市部へと波及させていったのである。
　時の鄧小平が真っ先に取り組んだのが，「労働に応じた分配」原則の貫徹など物質刺激の方法によって，悪平等や不公平の社会でやる気をなくしていた国民の積極性を最大限引き出すことであった。この背景には，文化大革命（1966～76）による経済発展の遅れ，階級闘争による国民生活の疲弊など旧体制下での弊害が目立ち，経済建設の推進にとって足かせとなるような状況が出現していたことが挙げられる。
　その一環として相次いで打ち出されたのが，「放権譲利」型改革と呼ばれる方策である。これは，以前の集権的社会主義の時代と異なり，中央政府がそれまで一手に握っていた経済管理権限を段々と地方政府や企業レベルに下ろし（自主権の拡大など），利益を徐々に譲っていくことに狙いがあった。
　さらに，このような制度改革と並行して，従来の内陸傾斜方式を改め経済発展の条件に恵まれた沿海地域が「先に豊かになる（"先富論"）」ことが容認され，政策的にも推進されていくようになった。鄧小平がここで「一部の地域，一部の人が先に豊かになるのを認めるのは，最終的には共に豊かになるため」のはずであった。しかし，当然の帰結として沿海地域はその後，政策上の優遇も得て急速に高成長を遂げた半面，それ以外の西部内陸地域では発展に取り残

されたままとなり，後述するように深刻な地域間所得格差を生み出す原因ともなった。

投資主導による高度経済成長の達成

中国は改革開放以降の1979～2010年において，ＧＤＰ年平均9.9％増という高成長を続けている。とくに1991～2010年の期間では，同10.5％増の2桁成長を達成した。この過去30年有余の間に，1992年（鄧小平の「南巡講話」）からの5年連続，2003年からの5年連続を含め，2桁成長を成し遂げた年は合計16回にも及んでいる。

これを産業別にみると，同期間中に第1次産業が年平均4.6％，第2次産業が同11.4％，第3次産業が同11.5％の成長率であった。また直近の第11次5カ年計画期（2006～10）におけるシェアでみると，第1次産業が10.6％，第2次産業が47.1％，第3次産業が42.2％の割合であった（表7-2参照）。つまり，中国では第2次産業の比重が一番大きく，かつ伸び率も高いことが分かる。そのうち工業部門では，重工業の伸びが軽工業のそれを上回っている。従って，中国の成長は第2次産業，なかでも重工業に大きく依存している特徴を持つ。参考までに日米両国の産業別構成（2009）を列挙すると，日本は第2次産業のシェアが23.8％，第3次産業が74.9％であり，アメリカの場合はそれぞれ18.6％，80.4％になっている。これからも明らかなように，中国では依然として，サービス業など雇用吸収力の高い第3次産業のシェアの低さが際立っている。

次に，需要面から国内総支出（ＧＤＥ）の構成比でみると，表7-2に示したとおり，民間消費の割合はほぼ一貫して低下（1980年：50.8％→2010年：33.8％）しているものの，逆に固定資本形成の方は20ポイント近く大幅な上昇（同28.8％→46.2％）をみせている。中国国家統計局はＧＤＰに対する需要別の貢献度を試算しているが，それによると2010年の場合，民間消費（33.8％）と政府消費（13.6％）を合わせた最終消費が47.4％，総固定資本形成が48.6％（う

第7章 改革開放の深化と急速な経済発展

表7-2 中国の国内総生産と国内総支出の推移

①国内総生産（GDP）の産業別構成比の推移　②国内総支出（GDE）構成比の推移　（単位：%）

年（5カ年計画）		産業別構成			最終消費		総固定資本形成		財・サービスの純輸出
		第1次産業	第2次産業	第3次産業	民間消費	政府消費	固定資本形成	在庫増加	
1978		28.2	47.9	23.9	62.1	48.8	13.3	38.2	29.8	8.4	-0.3
1980		30.2	48.2	21.6	65.5	50.8	14.7	34.8	28.8	6.0	-0.3
第6次	1981〜1985	31.8	44.3	23.9	66.4	51.8	14.6	33.9	28.0	5.9	-0.3
第7次	1986〜1990	26.4	43.1	30.6	63.9	50.2	13.6	36.5	28.4	8.1	-0.4
第8次	1991〜1995	21.1	45.1	33.7	60.1	45.5	14.6	39.0	32.3	6.7	0.9
第9次	1996〜2000	17.4	46.6	36.0	60.2	45.7	14.5	36.6	33.0	3.6	3.2
第10次	2001〜2005	13.3	45.9	40.8	57.0	42.2	14.9	40.0	38.0	1.9	3.0
第11次	2006〜2010	10.6	47.1	42.2	48.8	35.4	13.5	44.7	42.2	2.5	6.5
	2006	11.1	47.9	40.9	50.7	36.9	13.8	41.8	39.6	2.2	7.5
	2007	10.8	47.3	41.9	49.5	36.0	13.5	41.7	39.1	2.6	8.8
	2008	10.7	47.4	41.8	48.4	35.1	13.3	43.9	40.7	3.2	7.7
	2009	10.3	46.2	43.4	48.2	35.0	13.2	47.5	45.2	2.3	4.3
	2010	10.2	46.9	43.0	47.4	33.8	13.6	48.6	46.2	2.4	4.0

注 (1) 本表は当年価格での計算に基づく。
　 (2) 第1次産業は農業（播種，林業，畜産，漁業），第2次産業は工業（採掘，製造，電気・ガス・水道），建設業，第3次産業は交通運輸・倉庫・郵便電信業，卸売・小売業，金融業，不動産業などを指す。
　 (3) 国内総支出は国内所得が財・サービスの購入のために支出された金額のことで，総需要を指す。
（出所）中国国家統計局編『中国統計摘要』2011年版，P.22，36より作成。

ち在庫増加は2.4%），財・サービスの純輸出（輸出－輸入）が4.0%であった。ここで特記すべき点は，総固定資本形成の比率が日本の高度成長期よりもさらに高いことである。

ちなみに，日米両国では，日本の民間消費が59.4%，固定資本形成が21.2%

であり，それに対してアメリカの民間消費は70.8%，固定資本形成は12.2%などの割合であった（2009）。すなわち，中国の民間消費の極端な低さと投資の貢献の大きさが非常に目立っている。とくに上で述べた2桁成長が続くような景気の拡大局面においては，不動産開発も含む固定資産投資の伸びが突出しているのが特徴的である。固定資産投資とは，企業の民間設備投資と政府（中央・地方）の公共投資を足し合わせたもので，上記の固定資本形成と同義である。

中国経済はこれまで周期的に景気過熱の現象を引き起こしているが，それはほとんど投資過熱が主な理由であった。いずれも過剰な投資を反映したものである。こうして中国の高成長に寄与する主因としては，輸出のほか，インフラ建設や工場の新設・改造などを中心に広い意味での投資（外資を含む）に対する過度の依存が挙げられる。また別の角度から指摘するならば，この投資と消費のアンバランスこそが中国経済の構造的問題になっていると言えよう。

開発至上主義からの転換と「和諧社会」の実現
マクロ的な経済指標から見る限り，改革開放政策の成果は一目瞭然である。確かに数字の上では，経済の高成長，国民生活の改善，国際社会での地位向上と，どれ1つを取っても容易に理解出来る。しかし，その一方で解決を迫られるような課題が山積しているのも現状である。

中国では成長パターンが相変わらずの投資・輸出主導型であり，開発至上主義による高度成長の維持がこれまで重点とされてきた。しかも，発展の果実を皆で享受するような富の再分配よりは，一部の既得権益層に配慮しつつ全体のパイを大きくすることで社会全体の底上げを図ってきたのである。というのは，各地方のリーダーにとって何よりも成長が評価の対象であり，その追及こそが最優先の命題であったからである。このために，地方間での激しい成長率の過当競争を引き起こすこととなった。

そうしたなかで，経済成長の恩恵に与れない地方や国民の存在が急にクロー

ズアップされるようになってきた。とくに1990年代に入ると，沿海部と内陸部では発展速度に大きな較差が生じるようになり，先に豊かになるグループからの落ちこぼれ組が現れたのである。

　このように成長のひずみが顕在化するにつれて，高度成長が続いているにもかかわらず，国民の現状に対する不満と将来への不安はむしろ強まってきた。そのため現下の最重要課題として提起されているのが，格差の是正・解消である。何故ならば，格差は縮小するどころか，改革開放以前よりもますます広がる様相さえ呈しているからである。なかでも3つの格差，すなわち①沿海と内陸など地域間の所得格差，②都市と農村の制度的格差，③同一地域内（都市内部，農村内部）での階層格差が，政府当局にとって解決すべき喫緊の課題となっている。

　そこで胡錦涛政権が推し進めてきたのが，格差を是正してバランスを重視する社会の実現を目指す「和諧社会（調和のとれた社会）」路線である。つまり，従来の経済成長一辺倒に伴う様々な負の側面を克服するような社会の実現という意味合いが込められている。とくに社会の弱者へも目を配り，「三農（農業・農村・農民）問題」の解決に向け農村重視の姿勢を強く打ち出し実行に移してきた。また西部大開発で内陸部の成長率を引き上げ，地域間の格差是正にも意欲的に取り組んできた。だが，厳然たる格差の存在がデモやストライキを生む温床となり，今や社会問題化して実態を大きく変えるにはまだ至っていないのが実情である。

　中国社会に拡がるそうした矛盾を解消するため，第18回党大会（2012年11月）で新しく選出された習近平・新指導体制下でも，格差是正に向けて「共同富裕」（ともに豊かになる）の道を進んでいくことが改めて強調されている。また同じく，「汚職や腐敗，官僚主義という深刻な課題を必ず解決する」との強い決意が表明されてもいる。その意味から，今後の経済体制改革の行方に十分注視していく必要がある。

第12次5カ年計画と戦略的新興産業の育成

　中国はこれまで環境やエネルギーの問題をどちらかと言えば犠牲にしつつ，大量に資源・エネルギーを投入し消費することで成長を図るという道を主に選択してきた。しかし，高成長一本槍の政策にも限界が見られ始めたことから，急速な経済発展で生じた社会矛盾を解決すべく，成長の量的拡大から質的向上に軸足を移す時期にいよいよ入っている。

　こうした反省の上に立って，従前の高成長を支えてきた低付加価値で労働集約的な産業の高度化が，人件費の高騰なども手伝って一層求められるようになった。そのため，中国が国際競争力を強めて真の経済強国へ到達するのにどうしても避けて通れないのが，国内の脆弱な産業構造からの脱却と新興産業の育成であり，もう1つは民族企業に対する積極的な支援・強化策である。

　このような折，今後の成長のカギを握ると見られる経済発展パターンの転換と産業構造の戦略的調整が改めて強調され，しかもそれを加速するようにとの大号令がかけられた。これが，2011年3月に全国人民代表大会（国会に相当）で採択された第12次5カ年計画（2011～15）の主要目標である。後者に関して注目されるのは，今後の持続的な発展を遂げていく上で不可欠な産業高度化の柱として，第11次5カ年計画までは言及されなかった「戦略的新興産業」を全面的に打ち出したことである。

　これら「戦略的新興産業」は7つの分野からなり，2010年10月に国務院の決定として発表された。7産業はその内容によって，さらに次のような3つのグループに分けることが可能である。すなわち，第1はエネルギー利用の高度化が目標となるグループ——「省エネ・環境保護」「新エネルギー」「新エネルギー自動車」，第2は産業基盤と中間財の高度化および競争力強化を狙うグループ——「ハイエンド製造装置」「新素材」，第3は既存分野の拡大と高度化を目指すグループ——「新世代情報技術」「バイオ」（『日中経協ジャーナル』2011年8月号，6頁）。こうした7つの産業は中国の経済発展の先導的・支柱的役割を果たさねばならないとされ，同産業のコア競争力の向上を目指すと謳われている。そ

して，これら「戦略的新興産業」の付加価値が中国のGDPに占める割合を2015年に8％前後，2020年には15％まで高めるとしている。

これから見ると，中国は当該産業に資金と資源を重点的に注ぎ込むことで，一気に世界のトップ・レベルにまで登りつめようとしている姿勢がうかがわれる。その際に厳しく問われるのは，こうした産業振興を促進するに当たって，地方の各政府による重複投資がまたしても繰り返されることのないように，それを有効にコントロールし排除出来るかどうかという点である。

3　対外開放に伴う経済の国際化

経済体制の改革と並ぶもう1つの柱が対外開放である。この改革開放政策が打ち出された当初の中国では，それまでの自力更生路線の影響によって，資金や設備・技術が極度の不足状態に陥っていた。中国が「外国からの借款，援助，直接投資を受け入れない」とする対外経済3原則を頑なに守る方針を貫いていたからである。

そのため，中国はこうした閉塞状況を打破すべく，海外からそれらを積極的に受け入れることで立ち遅れた経済の立て直しを図ろうとしたのであった。本節では，対外開放の実施に伴ってとくに国際貿易や外資導入が活発となり，経済の国際化が進展してきた道程について，主に検討を加える。

外資導入窓口としての開放地区の形成

外資の利用方式のなかで，中国政府が本命視したのは，返済義務を負わずに必要な資金や設備などを入手できる外国直接投資であった。

そこで，外資誘致のため最初に取り組まれたのが，外資の受け皿としての「経済特区」を設けることであり，対外開放の最前線基地と併せ経済改革の実験場としても作られた。具体的には国務院が1980年5月に，香港やマカオなどに隣接する中国南部沿海地域の深圳，珠海，汕頭（以上，広東省）と厦門（福建

省）の4カ所に「経済特区」の設置を決定した。また1988年4月には，広東省に属していた海南島が省に昇格し5番目の経済特区に加えられた。

　これらの「経済特区」は4つの窓口（技術・管理・知識・対外政策）としての機能が期待され，まさに外資に対してショーウインドーの役割を担っていた。初期の討論段階では，「輸出特区」と呼ばれていたことからも想起されるように，参考例として当時，台湾の高雄や韓国の馬山などにあった「輸出加工区」が念頭に置かれていたものとみられる。

　こうして特区での一定の経験を積み重ねた後，1984年5月には沿海地域の各省・直轄市すべてに合計14の港湾開放都市（北は遼寧省の大連から南は広西チワン族自治区の北海まで）が指定され，そこに工業団地である「経済技術開発区」が設置された。次に中国政府は，翌1985年2月に珠江デルタ，閩南（福建省南部）デルタ，長江デルタを「沿海経済開放区」とし，そして1988年3月には新たに遼東半島や山東半島なども同開放区に組み入れた。さらに1990年4月になると，中国最大の経済都市・上海で未開発だった浦東地区の建設・開発が，国家の重点プロジェクトである浦東新区として正式に決定された。加えて2010年1月には，中国の直轄市の1つである天津市の濱海新区も追加指定され，政策や税制面での特別な待遇を受けることとなった。

　今日では上記のような沿海部の局地的開放のみならず，外資の進出は内陸部を含めて基本的に全国展開が可能となっている。つまり，中国の対外開放地域は，点（経済特区）から線（経済技術開発区），さらに線から面（経済開放区）へと次第に拡張されていったのである。ただ，この対外開放は，少なくとも1990年代末頃までは沿海地域への投資をより優遇するという地域傾斜政策の下で推進されていたところに特徴がある。従って，地域間格差の拡大を受け，西部大開発をはじめ内陸振興に本格的に注力されるようになったのは，ようやく2000年以降のことであった。

表7-3 中国の対外貿易に占める外資と委託加工のシェア

(単位：億ドル)

年	輸出額						輸入額					
	全体	外資系企業		委託加工			全体	外資系企業		委託加工		
			%	来料加工	進料加工	小計	%			%	来料加工	進料加工	小計	%
1993	917	252	27.5	160	283	443	48.3	1,040	418	40.2	130	234	364	35.0
1995	1,488	469	31.5	207	530	737	49.5	1,321	629	47.6	162	421	583	44.1
1998	1,837	810	44.1	307	737	1,044	56.8	1,402	767	54.7	199	487	686	48.9
2000	2,492	1,194	47.9	411	965	1,376	55.2	2,251	1,173	52.1	280	646	926	41.1
2003	4,384	2,403	54.8	543	1,875	2,418	55.2	4,128	2,319	56.2	391	1,238	1,629	39.5
2005	7,620	4,442	58.3	840	3,325	4,165	54.7	6,601	3,875	58.7	670	2,070	2,740	41.5
2008	14,286	7,906	55.3	1,105	5,647	6,752	47.3	11,331	6,200	54.7	902	2,882	3,784	33.4
2010	15,779	8,623	54.6	1,123	6,280	7,403	46.9	13,948	7,380	52.9	993	3,181	4,174	29.9

(注) 1 「来料加工」は，原材料・部品・デザインや設備を外国企業が無償で中国企業に提供し，中国企業が製品に加工して外国企業に引き渡す（輸出）。
2 「進料加工」は，中国企業が原材料を輸入し（有償），製品に加工して外国企業（委託企業）に輸出販売する。
(出所) 日中経済協会『中国経済データハンドブック』2011年版，p115より作成。原出典：『中国海関統計（月刊）』各年12月号。

対外貿易の急伸と加工貿易の進展

1980年代からの開放政策に伴って，対外貿易面での外貿公司による国家独占体制が終結し，対外取引の形態も多様化した。

1978年当時では，中国はまだ世界32位の貿易国（往復206億ドル）にすぎなかった。しかし，その後の急速な飛躍的発展を背景に，貿易総額は大幅に拡大した。事実，対外開放して10年目の1988年に貿易総額が1,000億ドル台へ到達した後，2004年に1兆ドルの大台さえ突破して日本を抜き世界第3位に，また2009年には輸出が前年割れながらドイツを抜いて世界一となった。今や中国は押しも押されもせぬ貿易大国の地位にある。

この結果，世界貿易に占める中国の比率は1978年時点の0.9％から2000年に3.6％，さらに2010年には一気に1割近い9.7％へと上昇した。と同時に，貿易依存度（GDPに対する貿易総額の割合）の方も一段と高まっており，1980年の12.5％から2000年段階の39.6％を経て，2005年には63.6％まで急激に増大し

た。2010年現在では少し下げたものの，なお51.2％の高水準にある。それ故に，中国経済の海外依存度の高さにつながっている。

　貿易相手別にみると，今日ではＥＵが1位，アメリカが2位，日本が3位となっている。また品目別構成に関しては，輸出入とも今や機械・輸送設備が主力であり，大宗商品の1つである繊維・アパレルを中心とした労働集約的製品がそれに次いでいる。とくに「世界の工場」となった中国では，輸出の高い伸びを反映し，後述するような欧米諸国との貿易摩擦を引き起こしやすい構造がビルトインされているのが問題である。

　一方，中国の対外貿易の構造的変化を貿易形態別に捉えると，一般貿易に比べ加工貿易の比率が極めて高いことが特徴として挙げられる。なかでも加工貿易が本格化した1980年代後半においては，そのうち加工賃のみを受け取る「来料加工」と輸出入決済を伴う「進料加工」がそれぞれ加工貿易（輸出入）の約半分ずつを占めていた。だが，1990年代に入って外資系企業の中国進出が激増すると，表7－3のとおり，「進料加工」が遂に「来料加工」の金額を上回るようになった。2000年には「進料加工」の割合が輸出入とも加工貿易の約7割を占め，2010年ではさらに8割程度まで増加した。この輸出入で大きな比重を占めている「進料加工」は，基本的に外資系企業が主たる担い手である。こうして中国の対外貿易全体に占める外資系企業の取り扱う割合は，表7－3で示したように，2010年でも依然として過半数の53.8％（輸出54.6％，輸入52.9％）を数えるに至っている。ちなみに，同最高値は2006年の58.9％であった。

　そうした背景として，加工貿易の急速な発展をもたらした主な要因が，外資に対するインセンティブで供与された免税措置にあったことには留意する必要がある。当加工貿易では，輸出加工に用いられる原材料や部品の輸入，また加工・組立後の製品の輸出が，すべて免税扱いにされてきた。従って，このような加工貿易中心の貿易構造に対しては，国内産業への波及効果があまり大きくなく，その成長寄与が限定的との批判も聞かれる所以である。

第7章　改革開放の深化と急速な経済発展

ＷＴＯ加盟と加速する対中投資

　外資導入の基本法である「中外合資経営企業法」（いわゆる合弁企業法）が1979年7月に制定されて以来，中国は経済特区の設置に始まる外資優遇策によって，海外からの直接投資受け入れに積極的な取り組みをみせてきた。

　中国商務部の統計では，2010年末現在，外国直接投資受入れは累計で認可件数が71万733件に上り，実行金額が1兆513億ドルと遂に1兆ドルを上回った。この間，契約ベースで減少傾向を示す時期もあったが，実行ベースでは概ね増加基調を続けてきた。こうして中国は，1991年から連続して途上国のなかで最大の投資受け入れ国となっている。

　このように対中投資が急増し始めたのは，1990年代に入ってからのことである。とりわけ，1992年の春節（旧正月）時に鄧小平が保守派を批判し，改革開放政策の拡大と経済成長の加速を呼びかけた「南巡講話」を契機に，中国への空前の投資ラッシュが起こった。その結果，対中投資額は香港の財閥企業などを中心に急増し，通年で110億ドルと前年の44億ドルを倍以上も上回る100億ドル台乗せの水準にまで拡大した。そして1994年には対ＧＤＰ比率が，過去最高の6.0％とピークに達した。

　次いで世界貿易機関（ＷＴＯ）加盟の前後あたりから，対中投資はさらに一層増大したのであった。中国のＷＴＯ加盟自体は，1986年の関税と貿易に関する一般協定（ＧＡＴＴ）への復帰申請から数えて実に15年に上るマラソン交渉の末，2001年12月にようやく実現した。だが，中国のＷＴＯ加盟交渉が大きな前進を見せ始めた頃から，実際には外資企業の期待感もあって対中投資は一段と加速されるに至った。このため，2002年にはとくに欧米企業によるＩＴ関連の大型投資案件が目立ち，通年で527億ドルを記録することとなった。

　それ以降も外国投資受入れは年々増加をみせ，2010年には中国向け投資が単年度で一気に1057億ドルと1000億ドルの大台を超すまでに伸張している。

　さらに，国・地域別にみると，実行ベースの対中直接投資累計（2010年末現在）では，中国の対外窓口であった香港が43.3％と依然として首位を占め，そ

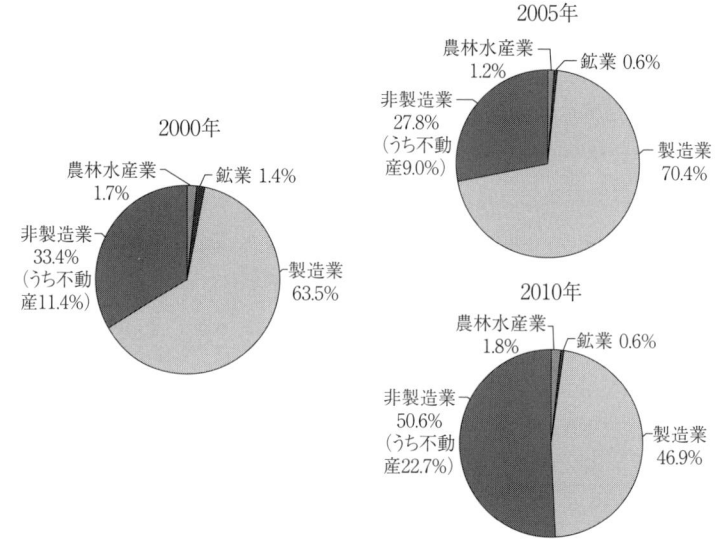

図7-2 対中直接投資実行金額の業種別シェア変化（2000年代）
（出所）『中国統計年鑑』2001年，2006年，2011年版から作成。

の次に英領バージン諸島の10.6％が続いている。ただ，1997年における香港の中国返還前後から，バージン諸島やケイマン諸島といったタックスヘイブン（租税回避地）地域経由の対中投資が急増し，香港の地位が相対的に低下しつつある。以下，日本が7.0％，アメリカが6.2％，台湾が4.9％とそれぞれ占め，第3，4，5位を構成している。

また業種別では，従来，日本，韓国，台湾などの対中投資の例に見られるように，輸出指向型で製造業の占める比率が際立って高かった。しかし，近年ではとくに国内販売型の非製造業，なかでもサービス業の伸びが目立つようになってきた。図7-2で示した通り，2000年段階の実行投資額でみると，製造業分野への投資は全体のまだ64％を占めていたが，2010年時点では5割弱と大幅に落ち込んだ。反対に非製造業に対する投資は，不動産業を中心に同期間に33.4％から50.6％へと全体の5割強を占めるまでに拡大した。

こうした中で最近では，これまで外資だけに供与されてきた税制上の優遇策

が見直された(たとえば,2008年に外国企業所得税率が従前の15%から25%へ一本化)ほか,外資の選別を強化するような動きが顕在化している。また外資による民族企業の合併・買収(M&A)案件に待ったがかけられ,独占禁止法を盾に外資のオーバー・プレゼンスに制約を設けるなど,外資に対する警戒の声も強く聞かれるようになった。

強まる経済摩擦と中国企業の海外進出

　従来,経済摩擦といえば,ほとんどが貿易のインバランス,投資を巡るトラブル,貿易慣行上の相違などの分野に限定されていた。しかも,中国は諸外国から自国製品に対する反ダンピング(AD。不当廉売)調査を受ける被提訴国の立場に多くあった。事実,中国は2000年までに世界の28カ国・地域から合計376件ものダンピング提訴(繊維製品が最多)を受けていた。

　だが,海外との経済交流の輪が広がりを見せるなかで,WTO加盟後の新しい状況下においては,緊急輸入制限(セーフガード)やAD措置の発動,知的財産権の侵害などをはじめ,経済摩擦の範囲・地域とも拡大するようになった。

　なかでもとくに注目される点は,中国のWTO加盟を契機に,中国企業や団体によるダンピング提訴が活発化したことである。正式加盟を果たした翌月の2002年1月1日から早速,中国は新AD条例を施行し,WTOが認める権利の行使によって国内産業を保護する姿勢へと転じた。ここに中国の輸出急増を巡る外国との貿易摩擦に対処するだけでなく,海外からの輸入拡大に対しても自ら対抗措置を採り始めたのである。

　加えて,1990年代までは日米間での貿易摩擦が恒常化していたが,2000年代に入ると,アメリカの対中貿易赤字の急増を受け,米中間における貿易摩擦が強まっている。とくに最近はアメリカのオバマ政権が輸出拡大戦略を打ち出したことで,それは一層激しさを増しつつある。そうした背景には,中国での過剰生産能力の顕在化→輸出への拡大圧力→貿易収支の黒字幅拡大→外貨準備高

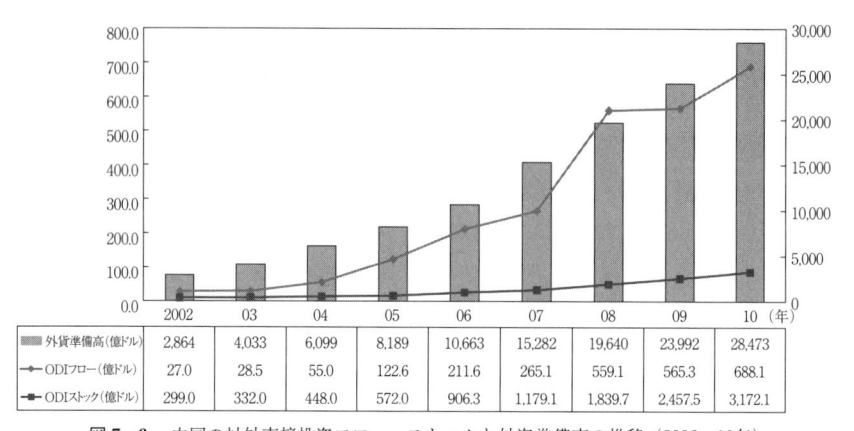

	2002	03	04	05	06	07	08	09	10 (年)
外貨準備高(億ドル)	2,864	4,033	6,099	8,189	10,663	15,282	19,640	23,992	28,473
ODIフロー(億ドル)	27.0	28.5	55.0	122.6	211.6	265.1	559.1	565.3	688.1
ODIストック(億ドル)	299.0	332.0	448.0	572.0	906.3	1,179.1	1,839.7	2,457.5	3,172.1

図7-3　中国の対外直接投資フロー・ストックと外資準備高の推移（2002〜10年）
注　フローとストック額のうち，2005年までは金融部門の投資額を除く業種の数値，それ以降は全業種の数値。
（出所）　中国商務部ほか『中国対外直接投資統計公報2010』2011年9月および国家統計局編『中国統計摘要2011』P84から作成。

の増大→貿易摩擦の先鋭化並びに人民元に対する切り上げ要求，に向かう構図があると見られる。

　また近年では，WTOの場でも中国の模倣品・海賊版対策などを不服としてアメリカの対中提訴が相次ぎ，中国がそれに負けじと逆に対米提訴する動きも目立っている。さらに，EUも中国の輸出補助金に目を付け，中国製品に対する反補助金調査を相次いで実施し同措置を発動するなど，一連の貿易摩擦の焦点になってきた。

　こうして中国は欧米諸国との貿易摩擦に直面しているが，世界経済の不均衡是正をめぐる緊張が高まるなか，アメリカ議会の米中経済安全保障調査委員会では，「中国モデルの国家資本主義が多くの貿易摩擦を引き起こす」との報告書をまとめ発表（2011年10月）したのであった。このように厳しい対立は，まさに世界的な国際競争力の確保をめぐり相互にしのぎを削っている姿の現われだとうかがえる。

　他方，WTO加盟により中国経済のグローバル化に弾みがついたことから，

大型国有企業を中心とする中国企業の海外進出が加速されてきた。中国は長い間，外国から一方的に直接投資を受け入れること（中国語で「引進来」）に注力してきたが，対外貿易の黒字基調に伴う潤沢な外貨準備を基に，2000年以降は併せて中国企業が海外に進出すること（同「走出去」）も，国家戦略の1つとして政策的に後押しするようになった。中国に不足している石油・天然ガスや鉄鉱石などの海外での資源開発が目的のほか，途上国への投資だけでなく先進国の市場開拓や技術導入を図るため，国際経済循環に参入することが奨励されているのである。

中国の対外直接投資動向をみると，図7-3のとおり，2003年から2005年にかけて28.5億ドルから122.6億ドルへ倍々ゲームで増加した後，2010年の投資フロー額では遂に日本を抜いて688億ドルに達し，世界第6位へと浮上した。投資残高では2010年末に3172億ドルと，中国は国内だけでなく海外でも積極投資に打って出る姿勢が鮮明になった。

このように活発な中国企業の海外展開をめぐって，最近の国際社会では「中国脅威論」が再燃しつつあり，「新植民地主義」との批判が耳目を集めるようにさえなっている。たとえば，アフリカ中南部のザンビアやアンゴラなどの国々で，中国への反感が急速に強まってきた。この背景には，中国の企業や労働者をむしろ優先する，いわゆる「ひも付き」投資が多く，現地の雇用や貧困問題の改善に必ずしも結びついていないことがあるとされる。進出先国から契約の全面的見直しを要求されているようで，中国は今後難しい対応に迫られている（『日本経済新聞』2011年10月18日付）。

積極的な姿勢の目立つＦＴＡ戦略

21世紀初頭の段階では，世界的視点から見て東アジアは「ＦＴＡの空白地帯」と呼ばれていた。しかし，日本が1999年に韓国との間で自由貿易協定（ＦＴＡ）に関する共同研究を提案したあたりから，中国でもその後は急速にそうした話し合いを進めるようになった。中国は国益重視をより強く全面に打ち出

しながら，官民一体となって経済・外交攻勢に転じており，今日では東南アジア諸国連合（ＡＳＥＡＮ）との関係強化をテコに，東アジア地域統合の成立に向け精力的な動きを展開している。

　中国はまずＡＳＥＡＮとの間で，2000年11月にシンガポールで開催された双方の首脳会談の席上，中国側から中国・ＡＳＥＡＮ自由貿易協定構想を提案した。次いで2002年11月の同首脳会議では，2010年の完成を目指して当ＦＴＡ交渉を加速することで合意，「包括的枠組み協定」が調印された。そして2004年１月に農水産品目を対象とするアーリーハーベスト（ＥＨ）が開始され，ついに2010年１月１日には予定通り同協定が発効し，ＡＳＥＡＮ原加盟６カ国との間で約９割の品目が無税化したのであった。まだ短期間の経過ながら，貿易促進効果が顕著に現れているという。

　中国のＦＴＡ進捗状況を辿ってみると，2010年末現在，中国は上で述べたＡＳＥＡＮを皮切りに合計10の国・地域と相次いでＦＴＡを締結しており，さらに９つの経済主体とも交渉または公式な共同研究を実施している最中である。

　こうした中でアジア太平洋地域の舞台では，複数の広域なＦＴＡ構想が同時並行で進められようとしている。１つはＡＳＥＡＮをハブとした，主に中国が志向する東アジア自由貿易協定（ＥＡＦＴＡ）――ＡＳＥＡＮ＋３（日中韓）で構成――と日本が主張するインドなどを入れた東アジア包括的経済連携協定（ＲＣＥＰ）――ＡＳＥＡＮ＋６で構成――であり，もう１つは最近とくに脚光を浴びている米国主導下の多国間ＦＴＡ枠組みの環太平洋経済連携協定（ＴＰＰ）である。後者に関しては，日本が第３の開国を唱えてＴＰＰへの交渉参加に向けた協議入りをようやく政治決断し，2011年11月に米ハワイで開かれたアジア太平洋経済協力会議（ＡＰＥＣ）首脳会議での席上，正式に表明した。

　これに対して，ＴＰＰへの参加呼びかけがなかったとされる中国は，そのＴＰＰをアメリカが経済・外交の両面からアジアへの関与を高める強力な手段だとみなし警戒しているようだ。中国は，東アジアの広域ＦＴＡを日中両国で動かすことを日本に打診したとも伝えられる。ここにも米中間の激しい綱引きの

第7章 改革開放の深化と急速な経済発展

様相が読み取れる。

　いずれにせよ，アメリカよりも中国との経済関係が強くなった東アジアでは，相互の緊密化が一段と進み，今や中国を中心とするアジア生産ネットワークが構築されている。従って，中国との連携を抜きにしては，もはや有効に機能する東アジア広域ＦＴＡや東アジア共同体構想も実際には成り立たないのが現状である。このため，中国との経済連携システムが不可欠であり，周辺地域の政治的安定を図る上でも重要なカギとなる日中韓の３国間協調で東アジア全体をカバーした枠組み作りを促し，早急に本格的な交渉段階へと進める努力を払うべきである。そうして最終的には，ＡＰＥＣが2020年までの目標に掲げるアジア太平洋自由貿易圏（ＦＴＡＡＰ）の実現を図っていくためにも，とりあえず日中韓ＦＴＡ（2012年11月に交渉開始で合意）とＴＰＰの結合を目指すことこそが何より肝要であろう。

4　世界経済・国際金融市場への影響

　世界はこれまでパックス・ブリタニカ（イギリスによる平和）を経て，パックス・アメリカーナ（アメリカによる平和）の時代が長らく続いてきた。しかし，昨今における欧州債務危機の連鎖によって世界的な景気後退への懸念が再び強まるなか，現在ではアメリカを含め危機収拾へと迅速に動き指導力を真に発揮出来るような国がどこも見当たらない状況にある。

　そうした先進国の主導に陰りが見えるなかで，従来のＧ７（日米欧先進７カ国）に代わって新しく登場したのがＧ20（主要20カ国・地域）であり，まさに「Ｇ20の時代」到来とも呼べる始まりでもあった。ちょうど2008年９月のリーマン・ショック後，先進国と新興国が世界的金融危機に結束して対応する場として，同年11月に米ワシントンでの首脳会合で誕生した。これは，もはや新興国抜きではグローバルな課題を先進国だけで何１つ対処出来ない，という厳しい現実を世界中にまざまざと見せ付けるものであった。

このように新興国の台頭で多極化する21世紀の世界において，とりわけ突出しているのが新興国の雄たる中国の存在である。周知のとおり，中国は国連安全保障理事会の常任理事国として，既に国際政治・外交の面では大きな影響力を行使している。それに加えて，前述したように中国が今やＧＤＰ世界第２位の経済大国にも登りつめたことから，国際舞台での地位がますます高まっている。
　そこで本節では，基軸体制が揺らぐ世界経済や国際金融情勢に対して中国が及ぼしている影響とその求められる責務について主に述べ，最後のまとめとしたい。

世界を変えつつある中国の金融力

　これまで既に指摘した如く，中国はその豊富な資金力（チャイナ・マネー）を背景にした経済的地位の向上とともに，世界経済に対してのみならず，国際金融の分野でも発言力を着実に強めている。その背後には，経済・貿易面で各国政府の対中依存が一段と増しつつある現実がある。
　力関係の変化の流れをはっきりと示した象徴的な出来事が，2009年６月に行われたアメリカのガイトナー財務長官及び2011年８月のバイデン副大統領による北京訪問の際，中国政府に対して米国債保有に格段の配慮と継続の協力をそれぞれ強く要請したという事実であった。この件は，世界最大の米国債保有国である中国が，今やアメリカをして人民元や人権問題などで妥協的な姿勢を余儀なくさせるほど，もはや無視できないパワーを持つに至ったことを如実に物語っている。
　実のところ，中国の外貨準備高は2011年９月末に世界で断然トップの３兆2017億ドルを記録し，その約36％に当たる１兆1370億ドル（同年８月末時点）が米国債に投資され発行総額の約25％を占めている（ちなみに，２位の日本は同20％の9366億ドルを保有）。中国のドル資産全体では外貨準備の６～７割に及んでおり，ユーロ建て資産の保有額は8000億ドル程度に上ると言われる。このため，外貨運用の分散と投資先の多元化を進めている中国の動きは，アメリカに

第7章 改革開放の深化と急速な経済発展

とっても大変関心の深い事項である。

　さらにギリシャに端を発した今回の一部ＥＵ諸国の債務・財政赤字問題を解決するため，2011年10月末に土壇場で合意された危機克服への包括策では，欧州金融安定化基金（ＥＦＳＦ）の再拡充（資金力拡大）が謳われた。その後，真っ先に投資参加を求められた先が中国であり，ユーロ圏17カ国の首脳会議が閉幕した直後，仏サルコジ大統領は中国とのホットラインを使い，胡錦涛国家主席に対しＥＦＳＦの出資者となるよう直接に協力要請をしたのであった。また国家レベルでも，イタリアは中国に国債の大量購入や基幹企業への投資働きかけを行うなど，債務危機に揺れる欧州から投資を求める「北京詣で」が後を絶たないような状況にある。

　一方で，世界金融危機さなかの2008年秋，中国は中米のコスタリカに対し，同国の国債を購入する代わりに台湾との国交を断絶するよう要求したことが報じられた。本件についてアメリカは，「中国が金融力を国際政治の武器にしようとしている」と身構えたという経緯がある（『日本経済新聞』2011年9月13日）。何故なら，アメリカはそうした金融力こそ超大国としてのパワーの重要な源泉と見なしているからに他ならない。

　併せてまた，ＩＭＦへの出資比率引き上げや中国初の副専務理事就任など，国際金融の分野での発信力を強めていることも非常に注目される。

　このように，中国は国際金融市場の安定への協調行動に大いに頼られる存在としてクローズアップされ，資金の主な貸し手となった文字通りの金融大国（フィナンシャル・パワー）としての影響力が高まりつつある。ここに中国台頭への警戒感も逆に一段と強まっているのである。

経済大国として問われる国際責任

　中国がまだ世界経済の真の救世主には成りえず，その成長をリードし下支えするような牽引力としては力不足の状態にあることは，広く一般に認識されているところである。とはいえ，世界経済との一体化がより進んだことを受け，

上述したように経済力や金融力を強める中国の及ぼす影響が，以前とは比べものにならないほど格段に増大していることもまた事実である。

　かつてブッシュ政権の国務副長官を務めたロバート・ゼーリック（前世銀総裁）は，2005年に「中国が国際社会システムにおける"責任あるステークホルダー（利害共有者）"となるよう促す必要がある」と発言したことがある。これは，中国とあくまで敵対するのではなく，国際協調の枠組みに取り込んでいく努力の必要性を訴えるものであった。折から，今日では国際市場安定化のための新たなルール作りに，中国の建設的で積極的な参加に大きな期待が寄せられている。それに対して中国側も，2011年から始まった第12次5カ年計画の下で，グローバル経済との積極的な融合を図り，国際経済・金融機関においてより大きな役割を果たしていく点と地域協力への積極的参加の方針を強く打ち出している。

　ただ，ここで気にかかるのは，中国の姿勢が大国と途上国（新興国）との間の使い分けを未だに巧みに利用していることである。つまり，時に見返りを主張するような大国としての顔がのぞいたかと思うと，またある時には権利を強く要求するような途上国の代表としての別の顔も見られる。

　従って，これからの中国は，国内外を取り巻く様々な懸案事項に対する新たな国際秩序の構築に向け，率先して実質的な成果が得られるよう大国にふさわしい行動を取ることこそが最も重要である。要は，中国にはこれまで以上に「影響力のある市場参加者」としての強い自覚と責任がより一層求められていると言えよう。

文献案内

大橋英夫『経済の国際化』（シリーズ　現代中国経済5）名古屋大学出版会，2003年。
　＊1979年以降の改革・開放期における中国経済の国際化に関連した諸問題を包括的に取り上げ，国際化の過程や対外開放の軌跡を丹念に追いながら分析。とくに，対外開放がもたらした未曾有の高度成長と市場化の進展を描き出すことで，中国経済の

第7章 改革開放の深化と急速な経済発展

実像に迫っているところに特色がある。

黒岩達也・藤田法子『開かれた中国巨大市場——WTO加盟後のビジネスチャンス』蒼蒼社，2002年。
  * WTO加盟直前の時点で，輸出基地として，また巨大市場としての中国にどんなビジネスチャンスが生まれるかを解説。なかでも，中国経済の将来を占ううえでの3つのキーワード，すなわち「WTO加盟，西部大開発，国有企業改革と民営企業」を中心テーマに取り上げ，中国経済に如何なる変革をもたらすかについて考察している。

小島麗逸・堀井伸浩『巨大化する中国経済と世界』アジ研選書6，アジア経済研究所，2007年。
  * 本書では，主に①中国の長期間にわたる高度成長の要因，②中国経済の世界経済に与える影響，③高度成長が中国の中間財，資源，原料の国内生産と供給に生み出しつつある変化，の3点を課題として設定することにより，詳細な分析が行われている。

高橋五郎『海外進出する中国経済』日本評論社，2008年。
  * 中国では対外開放の進展と外貨準備の急増を背景に，2000年代に入って"走出去"（海外進出）政策に一段と注力され，対外投資が増加基調にある。本書は，こうした資本輸出国・中国の台頭に焦点を合わせ，マクロとミクロレベルの両観点から詳細に分析・検証を行っている。

田中修『2011～2015年の中国経済——第12次5カ年計画を読む』蒼蒼社，2011年。
  * 本書の中心は，2011年から始まった中国の第12次5カ年計画のポイント解説にある。併せて，中国のマクロ経済政策の歩みと特徴および最近の動向，並びに中国経済の行方を占ううえで重要な，それが抱える構造的問題などについても詳細に説明されている。

第**8**章
中国の人権問題と民主化

中園和仁

―― この章で学ぶこと ――

　中国では現在でも人権・民主活動家が「国家転覆罪」で逮捕されたという報道が相次いでいる。欧米諸国は「中国は目覚ましい経済発展を遂げているが，国内の人権問題は解決に向かっていない」と批判し，中国に人権改善を強く求めている。とくに，2010年度ノーベル平和賞を受賞した詩人で，人権活動家劉暁波の拘留や，「1人っ子政策」にともなう政府による強制的堕胎や不妊手術の実態を明らかにした盲目の人権活動家陳光誠の軟禁（2012年5月米国へ出国），キリスト教徒に対する宗教の自由の抑圧，チベット・ウイグル族などへの社会的抑圧などが非難の対象となっている。
　中国政府は「一部の公民が法律の制約を受けているのは，中国が言論・宗教の自由を抑圧しているのではなく，これらの人々が中国の法律に違反したため，懲罰を受けている。人権問題とは全く関係ない」と反論している。逆に，中国政府は「各民族，人民の基本的権利を保障しており，いわゆる人権問題を利用して，司法の主権を含めて中国の内政に干渉することに反対する」と欧米諸国を牽制している。
　欧米諸国は中国内部の人権状況を調査，報告することに熱心である。その背景には，まず「国際的に普遍性のある人権問題にはどの国も責任がある」という基本的な認識があり，とくに米国には，「その普遍的問題のグローバルな状況を注視する責務がある」との姿勢がある。
　また，欧米諸国は中国の民主化の問題についても批判している。1980年以降，中国は経済の改革開放に乗りだし，政治改革にも着手した。しかし，89年の「天安門事件」で，学生を中心とする民主化運動は「反革命暴動」と断罪され，挫折を余儀なくされた。それ以降，鄧小平の「南巡講話」を契機に，中国の経済改革は急速に進んだものの，民主化につながる政治改革にはほとんど進展が見られていない。

1　中国の人権状況と民主化の挫折

中国の人権に対する基本的立場

　中国はそれぞれ1997年10月と98年10月に,「経済的,社会的および文化的権利に関する国際条約」(国連人権Ａ規約)と「市民的および政治的権利に関する国際規約」(国連人権Ｂ規約)に調印している。これは97年7月の香港返還に伴って,中国が2つの人権規約の「香港特別行政区」への適用を保証するための措置でもあった。香港に代わって,中央政府である中国政府が国連にこの2つの人権規約の執行状況についてレポートを提出する義務を負うことになった。

　中国は2001年には国連人権Ａ規約を批准したが,国連人権Ｂ規約についてはいまだ批准していない。そして,2004年には,全国人民代表大会(全人代)が憲法を改正し,初めて「国家は人権を尊重し保障する」と憲法に書き込み,人権がすでに中国法治の原則の1つとなっていることも事実である。

　そして,中国国務院新聞弁公室が発表した「2009年中国人権事業の進展」と題した白書では,中国の人権擁護の姿勢を次のように宣伝している。「中国政府は引き続き政治文明建設のなかで公民権利と政治権利の保障を貫いており,民主法制建設はさらに強化され,公民の秩序ある政治参与の拡大に努力,国民が主役となる権利を保障している。中国は人権に関する司法保障体系をさらに改善し,法律執行,司法における人権保障がさらに強化された。」

　しかし,国際社会からは,中国の人権状況にはあまり改善は見られないという評価を受けている。アムネスティ・レポートによると,中国で人権侵害が続けられている主要な原因は,政治的弾圧を強行する中国政府の姿勢であり,基本的人権や自由を無視した抑圧的な法律と法制度にあるという。しかし,そのいずれについても根本的な変革のための努力はなされておらず,中国の人権状況は,国連や国際的な人権擁護団体によって明らかにされ,強く非難されている。

このような国際社会からの批判に対して，中国政府は，「人権問題は国内問題であり，中国の人権問題について議論するのは内政干渉に当たる」と強く反発している。中国政府の人権に対する基本的な立場は1991年の「中国の人権状況」と題された白書で明らかにされている。「中国では衣食の問題は基本的に解決されており，生活水準も向上している」と述べる一方で，「依然としてその経済は発展途上の段階にあり，限られた資源と膨大な人口を抱え，『社会騒乱』が起きれば人民の最も重要な権利，すなわち『生存権』が脅かされる」と主張している。

　「そのため，国家の独立と主権の維持は中国人民の生存と発展にとって不可欠である」と述べ，さらに「国家の独立と安定保持」は政府にとって「長期的かつ焦燥の課題」であると結論付けている。また，「国家は，独自の文化的，歴史的，政治的文脈に応じて，人権基準を適用していく自由を有している」とも主張している。

「反革命罪」「国家転覆罪」

　中国には，1997年に刑法と刑事訴訟法が公布されるまで，刑法に当たるものは事実上存在していなかった。それは文化大革命によって大規模な人権侵害が行われた後の「自由化」の時期にようやく起草された。しかし，刑法には「反革命罪」に関する項目があり，「プロレタリア独裁の政権と社会主義体制度の転覆を目的とした」すべての行為を犯罪と規定している。「反革命罪」に対しては，「政治的権利剥奪」（投票権と立候補権を奪われ，移動の自由を制限される）から死刑までの処罰がある。また，刑法の条文は，政府に批判的なあらゆる集団に適用でき，公認されていないというだけで，どんな私的な集まりも「反革命集団」として「反革命罪」に問うことが出来る。

　また，「国家安全法」とその実施細則には，基本的自由権を制限する条項がある。この法律は，中国の領土以外の組織・集団・個人により，扇動されたり，資金援助を受けたりして，これらと共謀した中国国内の組織・個人による

国家の安全に危害を及ぼす活動を取り締まることが出来る。このような活動には，「政府の転覆を企てる」「諜報活動」「敵のために国家機密を取集し，漏洩する」「官僚の反逆を扇動する」「国家の安全を脅かすその他の活動」などの行為が含まれる。そして，言論・出版・集会・信条の自由といった基本的自由権の行使も，「国家安全に危害を及ぼす」場合には，すべて最後の「その他の活動」に含まれる。

　いかなる活動もそれが現在の政治体制を脅かすと当局が判断する限り，国家安全にとって危険ということになる。要するに，この法律は，国家の安全のためというより，現在の政治的権力と政策を保護するために作られていると考えることが出来る。たとえば，2010年ノーベル平和賞受賞者に選ばれた中国の作家で，人権活動家でもある劉暁波の拘禁がこの問題の本質を示している。09年12月，北京の裁判所は，劉に懲役11年の実刑判決を宣告した。中国における「法の支配」と人権尊重を求める「08憲章」を起草するとともに，これを広めたとして，劉には「国家転覆煽動罪」の容疑がかけられた。

　「08憲章」では，人権，民主主義，そして「法の支配」を，中国の政治体制の核心にすべきであると提言されている。大学で教鞭をとっていた劉は，1989年6月天安門事件の後拘束され，約2年間を刑務所で過ごした。その後，彼は2008年12月8日から，拘束，隔離され続けてきたが，翌年6月23日に正式に拘束された。これを受けて，ノーベル賞受賞者たちを含む著名な有識者たちが，中国の胡錦濤国家主席に対し，劉の解放を求める公開書簡を送った。

　劉の投獄は，2008年の北京五輪前から中国政府が強化してきた政治弾圧の一環である。それ以来，中国政府は，「国家機密関連罪」や「国家転覆関連罪」で，著名な反体制派たちを長期間にわたり投獄している。それ以外にも，メディアやインターネットの制約を拡大したり，弁護士や人権活動家，NGOに対する統制も強化している。2007年初頭以来，今日に至るまで，中国政府は，ウイグル民族やチベット民族に対しても統制を強化しており，恣意的拘禁や強制失踪は，新疆やチベットなどで増加しているといわれる。

国内政治の混乱に伴う人権侵害

　中国共産党が権力を掌握して以来，60年あまりの歴史において，人権無視の大規模な災禍が，相次いで起こった。土地改革運動，反革命鎮圧，三反五反運動，反右派闘争，大躍進運動，文化大革命などの政治運動で，罪もなく死亡した国民は，数千万人に上り，迫害を受けた者の数は計り知れないといわれている。

　そして，毛沢東の主導下で，1957年から58年前半にかけて展開した「ブルジョア右派」に対する闘争が，「反右派闘争」である。1956年に，中国共産党は文学芸術活動と科学研究における独立思考の自由と言論の自由を提唱した。「百花斉放・百家争鳴」と呼ばれる自由化政策のスローガンである。この呼びかけに答えた共産党批判が反右派闘争への引き金となった。民主諸党派の指導者，知識人，学生，一部共産党員らが中共の指導と独裁に反対したとして弾劾され，右派に認定され迫害を受けた者はおよそ55万人にのぼった。

　また，1958年から60年にかけて，毛沢東の指導で，急激な増産と急進的な理想社会建設を目指したのが「大躍進運動」である。公式には，その経済力において，2年でイギリスに追いつき追い越すことが目標とされた。農村の「人民公社運動」，伝統的な技術（土法）による製鉄運動などの急進的な政策である。この運動は経済法則を無視した政策であったうえ，自然災害にも見舞われたため，農村を中心に1000万人以上，一説には4000万人以上の餓死者が出たとされる。

　1966年には，政治・社会・思想・文化の全般にわたる改革運動という名目で，「文化大革命」が開始された。しかし，実質的には「大躍進政策」の失敗によって，政権中枢から脱落していた毛沢東らが，中国共産党指導部内の実権派による「修正主義」の台頭に対して，自らの復権を画策して引き起こした大規模な権力闘争として展開された。党の権力者や知識人だけでなく全国の人民も対象として，紅衛兵による組織的な暴力を伴う全国的な粛清運動が展開され，多数の死者を出したほか，1億人近くが何らかの損害を被り，国内の主要

な文化の破壊と経済活動の長期停滞をもたらすこととなった。

「階級闘争」が叫ばれ，人々は出身階級ごとに色分けされ，「紅5類」（労働者・中農以下の農民・兵士・革命幹部・革命烈士)，「黒5類」（旧地主・旧富豪・反動分子・悪質分子・右派分子）を一方的に迫害し，弾圧することが正当化された。犠牲者数については，中国共産党11期中央委員会第3回全体会議において「文革時の死者40万人，被害者1億人」と推計されている。しかし，文革時の死者数の公式な推計は中国当局の公式資料には存在せず，内外の研究者による調査でもおよそ数百万人から1000万人以上と諸説がある。紅衛兵と呼ばれる毛沢東の私兵が思想統制，拷問，つるし上げ，暴行，恐喝，財産没収，糾弾，時には殺人などを行い，徹底的な毛沢東への個人崇拝を強制していった。

「天安門事件」——民主化の挫折

文革の災禍があまりにも痛ましかったため，中国共産党の政治体制の弊害が白日の下にさらされた。絶対的指導者であった毛沢東の死と文革の終焉は，経済の自由化と政治的民主化を推進するための好機となった。毛沢東の死後，鄧小平が成し遂げた最も偉大な功績は国家主席が全権を掌握する体制を廃止したことだといわれる。

鄧小平は，1980年8月の党中央政治局拡大会議で，『党と国家の指導制度の改革』と題する演説を行い，「党政不分（党を以て政に変えるなどの政治の在り方）を改めるべきだ」と主張した。これは文化大革命の終結後，体制側から行われた最初の政治制度改革の提案であった。胡耀邦と趙紫陽の2人の総書記は，この鄧小平の講話の助けを借りて，政治改革に反対する党内保守派の抵抗を排除しようとした。

1978年12月，胡耀邦は党の11期3中全会で党中央政治局員に選ばれた。3日後，胡は中央組織部長から中央秘書長宣伝部長に役職が変わり，そこで中央宣伝部の改革に着手した。「宣伝部門が中心に先頭に立ち，20年余りなおざりにされてきた『百花斉放・百家争鳴』の促進派になることを要求する」と述べ

第8章　中国の人権問題と民主化

た。メディア統制によって真実を覆い隠し，あるいは「宣伝・演出」しているのが，この中央宣伝部であるといわれており，現在でも中国の「言論の自由」・「報道の自由」に対して大きな制約要因となっている。

　そして，1987年10月に開かれた第13回党大会では，趙紫陽総書記が「中国の特色ある社会主義の道に沿って前進しよう」という題目で政治報告を行い，大胆な政治改革案を提起した。胡耀邦と趙紫陽は中国共産党第13回党大会で，市場化と民主化の第1段階の綱領を提出し，政治改革を推進した。胡耀邦・趙紫陽主導の下で，中国の政治改革は一挙に加速するかに見えた。

　上からの政治改革の流れを受けて，一般民衆の間にも次第に民主化を求める声が高まっていった。しかし，89年6月4日に発生した「天安門事件」は中国の政治会改革の流れを一気に逆流させることになる。北京の天安門広場で民主化を要求して座り込みを続けていた学生，および市民を人民解放軍の戦車・装甲車が実力で排除し，武力弾圧を行った。人民解放軍は学生と市民に対し，無差別に発砲し，多数の死傷者を出した。事件後，民主化を要求したこの運動は「反革命暴動」と規定された。これに対し，西側諸国は人権弾圧として中国政府を激しく批判し，中国に対する経済制裁を実施した。中国政府は天安門事件について，公式的には「政治風波（騒ぎ）」と評価し，武力弾圧を正当化している。

　かつて，鄧小平は党の理論工作会議（1979年3月13日）で，4つの近代化を実現するためとして，4つの基本原則を提示した。①社会主義の道を堅持する，②プロレタリア独裁を堅持する，③共産党の指導を堅持する，④マルクス・レーニン主義，毛沢東思想を堅持する，の4点である。この4つの基本原則は，中国共産党の規約，中国憲法にも書き込まれている。

　「天安門事件」後，鄧小平は経済の改革・開放政策を推進する一方で，「4つの基本原則」を堅持することを改めて強調し，次第に文革における経験を希薄化し，毛沢東のイメージを守るようになった。「天安門事件後」の92年1月から2月にかけて，鄧小平は武漢，深圳，珠海，上海などを視察し，経済改革の

加速を号令する「南巡講話」を発表した。しかし，これはあくまでも「社会主義市場経済」が改革の目標であり，民主化へとつながる政治改革は封印された。

中国は個人崇拝が色濃い毛沢東主義以前の体制からは脱却し，合意に基づいて統治する能力主義の集団指導体制の確立には成功したが，党政分離はなかなか進まず，権威主義の共産党一党独裁体制が崩れることはない。

2　人権についての論争

欧米諸国の人権概念——普遍的価値

17世紀から18世紀にかけて，イギリスやフランスで，ホッブス・ロック，ルソーらによって主張されたのが「自然権」であり，社会，国家が成立する前においては，すべての人間は自立的で自由であったと考えられる。人間が社会の仕組みに頼ることなく，自然状態の段階より持つ不可譲の権利で，人権はその代表的なものとされている。

社会，国家を構成し，これに参加するのは，個人の自由意思に基づく行為であり，これがいわゆる「社会契約」である。そして，社会，国家の正統性はこのような契約によって表明された個人の意思によるとされる。契約によって複数の個人が「人民」となり，複数の個人の意思が一体化して「人民の主権」となる。

従って，西欧諸国の観点からすると，個人が中心であり，個人こそが，その保有する権利の中心にあることになる。個々人の主要な権利は，他の仲間とともに自治に参加することであり，この権利は不可侵で譲り渡すことの出来ないものとされる。原則として，選挙権は平等であり，政府は人民を代表し，人民に対して責任を負う。政府は選挙によって，定期的にチェックされる。今日では選挙権は完全に普遍的であって，市民であれば，一般的に政治の様々なレベルの代表を，選挙で選ぶシステムになっている。

しかし、実際には西欧諸国においても、権利の侵害は発生しており、裁判所で常に争われていることからもこのことはわかる。それにもかかわらず、政府の政策としての侵害は稀であり、あっても短期間である。一般的に、権利を侵害するのは行政部門であり、これは主として警察権の乱用によるものである。強権的な行政システムはいまだに存在する。しかし、権利侵害の問題は司法部門によって、裁判所に持ち込まれ、その結果侵害は抑止され、収束する。

伝統中国の人権認識

ルイス・ヘンキンによれば、中国の伝統においては、個人は中心的存在ではなく、西欧において常識とされる個人の権利という考え方は存在しない。個人は社会に自主的に関わるものではなく、統治の正統性は個人の同意、あるいは個人の集合体としての人民の同意に基づくものではない。伝統中国においては、個人の自由とか平等ではなく、秩序と調和が理想とされている。

個人の独立ではなく自我を捨てて協力することが必要とされ、個人の良心の自由より、伝統的真理に対する忠誠が優先される。そこには個人と社会の間の区別、分離、対立はなく、あるのは合一と調和であって、これがすべて個人の行動の基礎となっている。個々人は従順であるべきであり、主義主張的であってはならないし、権利も義務も絶対的ではなく、調和という目的に従属すべきである。

社会の目的は個人の自由を擁護し推進することではなく、階層的調和を維持し、社会が真理の掌握者となることである。皇帝は人民の父親であって、家父長的権威を保持する。支配の第2レベルとしての官僚は強力ではあっても、一定限度の権限しか持たず、家父長的皇帝の意志を実施し、これに忠誠を尽くす。中国人は通常、統治秩序維持以外の理由のための、国家による保護とか国家法の存在を期待しないといわれる。

また、R・ランドル・エドワーズは、個人の権利に対する尊重は、法による正式な支配と密接に関連していると主張する。法律は個人の権利への尊重なし

でも存在するが，権利は法律なしでは長く存在することは出来ない。中国は数千年にわたって法による正式な統治と個人の重要性を軽視してきた。集団的利益は個人的利益に優先し，服従，調和，和解の美徳が権利意識と相対したため，当事者間の訴訟の発展を押し止めた。個人の自己規制と党の適切な指導によって利害の調和は可能であり，達成出来ると考えられた。各個人がより効率的な社会組織中で歯車として機能することが期待されているのである。

中国の伝統的思想である儒教は階層主義的秩序における社会関係を説いており，父親対息子，夫対妻といった形で，相互間の義務と正当な尊敬と服従関係として確立されている。個々人は，家族的，家父長的階層秩序関係のなかに位置づけられ，家族または親族の大連合は，皇帝にも似た家父長の指揮下に置かれる。このような考え方は，欧米諸国が提唱する普遍的価値に対するアンチ・テーゼとして，アジア的価値感としても説明される。

伝統的儒教倫理と共産主義道徳においては，個人は社会の利益に対する最優先的関心と，党と責任ある国家機関によって割り当てられた役割を喜んで演じる。中国の伝統においてもまた社会主義のイデオロギーにおいても，個人の権利は自然ではなく，付与されるものである。中国の指導者は過去の皇帝や官僚と同じく，権利は国家の一方的な決定による条件に服従すべき恩恵的下賜の形で国家に由来すると考えている。伝統的国家の主な動機は効率的な行政と政治の安定であり，個人の権利への関心ではなかった。

それでは，社会主義の到来は，中国に人権に対する意識の変革をもたらしたのだろうか。少なくとも社会主義には，全体としての社会の福祉に対するコミットメントが意識されている。社会主義国家はその目的を社会主義社会の推進，達成，そして維持に置いており，この目的を達成するために，生産，運輸，そして通信の主要手段を国有化した。人民は一定の計画の下に組織化され，統制される。社会主義の将来のためには，犠牲も強要される。社会主義という旗印の下では，社会への個人の従属ということが核心となっている。社会主義の建設にあたっては，個人主義は克服されなければならない障害であり，

通常ブルジョワ社会で理解されているような自由は、ネガティブで非建設的である。

人権についての欧米諸国と中国との認識の相違
　このように、中国における権利は欧米諸国における権利とは大きく異なっている。西欧において、すべては個人から出発する。個人がすべての中核にあり、社会の目的は、個々人の福祉である。しかし、中国においてはすべてが社会、集合体から出発し、個々人のではない一般的福祉が中核である。
　また、西欧においては、個人の保護の権利に関して、政府及び社会は「非政治的」な司法部門によって強制される。一方、中国においては、権利は社会から独立して存在することはないため、政府と社会が個人の権利を強制されることはない。強制されるのは官僚機構のより低いレベルにおいてであり、それも、一定の権利を付与するという社会の政策を実施しなかった場合に限られる。
　中国においては、「社会主義」の下で生活することによって、個々人の基本的生活の必要条件が充足される。個々人も政治プロセスには参加出来るが、統治の大綱は政府の指導者が決定する。国の政策に反対する権利はなく、これを批判する権利もない。マス・メディアも批判のための自由な手段ではなく、教育のための公の手段でしかない。反体制派は孤立に追いやられ、脅迫されることが多い。彼らは腐敗や恣意的逮捕に対して批判することはあっても、軍を批判することはほとんどない。
　アンドリュー・J・ネイザンによれば、中国憲法における権利は公民の権利であって、個人の権利ではないという。これは、中国公民でない者には権利の保障がないことを意味している。民主的社会においても、公の秩序や一般の福祉を理由として、特定的に権利を制限する場合のあることは、明らかに認められている。しかし、諸権利を全体的に押さえ込むとか、予定される一般の福祉に総体的に服従させるということは、認められない。すなわち、いかなる意味

表8-1　人権についての欧米諸国と中国との認識の相違

	欧米（普遍的価値）	中国（アジア的価値）
個人の権利	個人の権利は自然に存在するものである。	中国の伝統においても、社会主義のイデオロギーにおいても、個人の権利は付与されるものである。
個人か、社会か	個人がすべての中核にあり、社会の目的は個々人の福祉である。	すべてが社会・集合体から出発し、個々人の福祉ではなく、社会一般の福祉が目的である。
個人の権利と政府および社会との関係	個人の保護の権利は政府および社会に対して「非政治的」な司法機関によって強制される。	個人権利は社会から独立して存在することはないため、政府および社会に対して強制されることはない。
個人の利害への対応	社会は原始的な個人のかたまりである。多岐にわたり衝突することの多い個人間の利害は保護され、社会の活力の源泉として奨励されるべきものである。	個人の自己規制と党の適切な指導によって利害の調和は可能であり、達成出来る。各個人がより効率的な社会組織の中で歯車として機能することが期待される。
憲法における権利	個人の権利である。	公民の権利である。
人権についての憲法の規定	憲法は政府が遵守しなければならない人権を規定している。	憲法は政府が与える、あるいは与えることを約束する人権を規定している。
司法の独立の是非	公開の独立した法廷がある。権利の享受は保証され、権利意識の一般化が促進されてきた。	独立した司法機関は存在しない。正式に争うことは不適切であり、社会の調和を乱すものである。
法治か、人治か	法律は個人の権利への尊重なしでも存在するが、権利は法律なしでは存続することは出来ない。	集団利益が個人利益に優先するため、法律よりも服従、調和、和解の美徳が強調される。
マス・メディアの役割	批判のための自由な手段である。	教育のための公の手段である。

（出所）筆者作成。

でも、国家の利益だけのために制限されることはないのである。

　中国の伝統においても、また社会主義のイデオロギーにおいても、権利は付与されるものであって、もともと存在するものではない。中国の伝統においては、個人は中心的存在ではなく、西欧において常識とされているような個人の

権利という考え方は存在しない。個人は社会に自由にかかわるものではなく，統治の正統性は個人の同意あるいは個人の集合体としての人民の同意に基づくということではない。

3 中国の民主化の行方

経済発展と民主主義

鄧小平の「南巡講話」以降，中国は経済の改革開放を一挙に加速させ，今日の目覚ましい経済発展を成し遂げたが，政治改革は遅遅として進まず，民主化への道は閉ざされたままである。中国は経済発展・産業化によって自動的に民主主義がもたらされるわけではなく，民主主義や自由には独自の課題があり闘争が必要であると考える。シンガポール，香港，韓国，台湾は，経済発展に力を注いだ権威主義的指導者の下で急速に発展した。1980年代以降の中国の急成長を社会主義崩壊後のロシアの悲惨な経済実績と比較すれば，計画経済の国家社会主義制度から何らかの市場経済体制に移行中の国々を180度民主主義に転換することは，深刻な危機をもたらす可能性がある。経済成長が至上命題の発展途上国に，民主主義は必ずしも必要なく，必要なのは専門の行政機関，効率的な中央銀行，健全な銀行と企業である。不安定な時期に民主主義に切り替えるという危険を冒す必要はない，というのが中国の基本的な考え方である。

ダニエル・ベルは，経済と民主主義との関係について，中国のような権威主義国家の見方を次のように解説している。

「国家はまず経済発展しなければならない。その後に民主主義はついてくるかもしれない。民主主義は発展途上国によい統治をもたらさないし，少数の例外を除いて，民主主義は，新興発展途上国によい統治をもたらさなかった。途上国の政府が発展に必要な安定と規律を確立出来なければ，民主主義になっても発展しない。発展の初期段階で，1人1票の制度を用いることに

は内在的欠陥がある。人口の大多数がわずかにしか読み書きが出来ない場合，アメよりもムチに反応する。しかし，選挙の際，最高の票を得たいと思う政治家はムチを使えない。少ない報酬で人々に働いてもらい，多くを資本投下に回したいと望んでも，1人1票は反対の結果を招くだけだ。……発展途上の状況で効率的に統治するには，政府が投資率を向上させなければならない。少なくとも一定期間，比較的少ない見返りで比較的多くの努力を国民に要求しなければならない。政府は強い指導力がなければ，最も痛みの少ない解決策を取ることになってしまう。国民に多くの要求をせずに，投資効率を向上させなければ，社会を浮揚させることは難しい。投資率を維持出来ないばかりか，これまで貯蓄してあったものさえ，浪費するような政策を選挙で公約することになる。もし有権者が騙されやすく，こうした公約が実現可能だと信じてしまうならば，国家は破綻してしまう。」

確かに，これは民主主義国家が抱えるジレンマではある。選挙で勝利するため，甘言を弄し，財政赤字を放置し，大量の国債を発行して，国家財政破綻の危機を招いた「ギリシャ危機」や，前に進まなかった日本の「消費税増税」論議を彷彿させる。日本は国と地方が抱える長期債務残高はＧＤＰ比180％に達し，米国もＧＤＰ比100％近くになる。これに対して，中国の財政は比較的健全であり，中国が抱える国債残高はＧＤＰ比20％程度に止まっている。前述のように，中国共産党は社会主義の道，プロレタリア独裁，共産党の指導，マルクス・レーニン主義と毛沢東思想の堅持という「4つの基本原則」を堅持している。毛沢東の文化大革命は誤りとされながらも，この4原則は継続している。この4原則は実際にはほとんど形骸化しているものの，共産党の指導という原則だけは大きな影響力を保持している。独裁的な政権であれば，民主主義国のように有権者の目を気にして，経済危機への対応が遅れることはなく，迅速に手を打つことが出来ると考えられている。

変わらない上からの統制

　中国共産党自身も政治改革，民主化への道が全く必要でないと考えているわけではない。中国共産党内部からも政治改革，言論の自由に対する要求が出ている。毛沢東の秘書を務めた李鋭など中国共産党の古参幹部たちは，五中全会に対して公開書簡を提出している。「我々はいまだに香港の人々が植民地時代に有していた言論出版の自由を手にしていない。高級幹部のみならず，国家の総理さえも言論出版の自由はないのだ」と指摘し，温家宝首相の政治改革に対する発言を削除して，中国国内に伝えないことに対して，「目には見えない黒幕がこれをやっている」と批判する。「目に見えない黒幕とは，中国共産党中央宣伝部だ」とし，「中央宣伝部は中国共産党中央委員会を凌駕し，国務院も凌駕している」と非難している。それはたびたび報道される温家宝の政治改革発言にも現れている。2010年8月の深圳経済特区30周年を祝う演説で，温家宝は「経済改革だけをやって政治改革を進めないと，経済改革も進まなくなる」と述べ，政治改革の必要性を訴えている。温家宝首相は，「天安門事件」で学生らに同情的な姿勢を示して失脚した趙紫陽元総書記の側近で，これまでも政治改革を再三訴えてきた。

　また，温家宝首相は「天安門事件」それ自体についても，共産党指導部の非公式会議で再評価を提案したとされる。2012年3月20日の英紙ファイナンシャル・タイムズの報道によると，温首相は3度にわたり，事件の再評価を提案したが，すべて強い反発に会ったという。「天安門事件」から20年以上が経過したが，「反革命暴動」の評価を変えることは難しい。「天安門事件」の再評価については，台湾の馬英九総統も，「中台統一」の話し合いの前提として提起しているが，中国政府がこれに応じる気配はない。この問題をいかに解決するかは，中国が平和裡に民主国家に転換出来るかどうかの巨大な公共の利益に直接関係している。

　一方，中国政府は中国の民主化の動きについても厳しい取り締まりを行ってきた。1998年3月に，中国の民主化運動家たちが「中国民主党」を結成し，北

京，上海，山東省などに支部を創立した。しかし，まもなく当局の弾圧に会い，数十人が拘束され，なかには懲役十年の刑を受けるものも出た。「中国民主党」はインターネットを使って全国に散らばる少人数の党員間で連絡を取り合いながら，中国の3分の1の省と自治区でNGOとして登録しようとしたといわれる。「中国民主党」は政権交代可能な政党になるという使命を公言しており，NGOに許される範囲を超えた反政府勢力として認定されたのである。政府は弾圧に乗り出し，発足から数か月で民主党は禁止され，組織につながる人間はことごとく逮捕された。

　中央政府は地方に対する統制もしっかり掌握しており，地方官吏の任命権を譲り渡すことはない。政治改革を始めようという意思を持たない政府の下では，中国の民主化への動きは，主として下から上への漸進的な動きしかなく，上から下へ改革を断行した台湾の「蔣経国モデル」に期待することは難しい。国民党の蔣経国は父蔣介石の死後，1978年に台湾の総統に就任し，晩年には本省人（台湾籍）の李登輝を副総統に登用，戒厳令の解除，党禁・報禁の解除（政党結成の自由化，新聞発行の自由）など，後の台湾の民主化につながる施策を次々に打ち出した。しかし，中国政府は蔣経国が採用した政策は，結局自らの政権を失う結果となったと判断しており，逆にこれを反面教師として強く戒めている。

　中国の古代から現代に至るまで，中国の政権交代は，すべて暴を以て暴に代えるというものだったが，今日に至るまで「銃口から政権は生まれる」という信念は揺るがず，上から下への民主化の動きは期待出来そうもない。

　また，最近では，中国各地で労働争議が頻発している。大量の失業者と残酷な搾取にさらされる「農民工」という非正規労働者が，独立した民間労働組合を組織しようとする動きがますます強くなっている。多くの農民も，独立した農民組合を組織する要望を絶えず提起している。しかし，中国共産党は，民間の自発的労働組合と農会に対して厳しい弾圧を加え，また当局側の労組を通じて，上からのコントロールを強めようとしている。

広がる民主化要求の動き

　天安門事件以後,村落レベルでは事実上の自由選挙が行われているが,その自由度がどの程度のものかは不透明である。また,今のところ,そのような村レベルの選挙が県,市,省など上のレベルに波及する気配はない。しかし,最近中国のなかでも,住民が村のトップを公正な選挙で選ぼうとする動きも出てきている。

　2011年9月,約40年間もトップに居座り独裁を極めた中国広東省烏坎村の共産党村支部書記が,村民の土地使用権を無断で業者に売却したり,村幹部の選挙で不正を行ったりしたことに村民の不満が爆発し,デモを誘発する事件が起きた。村民は自主選挙で選んだ13人の代表から成る自治組織を発足させたが,同年12月に代表の1人が当局に連行されて死亡し,これをきっかけに抗議運動がさらに拡大した。激怒した村民は村内に立てこもった末,広東省政府に直訴,書記らの腐敗の調査を要求した。広東省党委はこの騒動を抑えるため,村民代表との対話に乗り出し,自治組織の容認や村幹部の選挙やり直しなどを約束した。2012年2月4日に,温家宝首相が広東省広州市を訪れた際,「公開された公正な手順が必要だ」と発言したことも,同省の選挙法に基づいた今回の代表選を後押しした。

　2月11日,地元共産党書記の独裁と腐敗に怒った村民による大規模抗議の末,書記が交代するという異例の事態となった烏坎村で,村民代表らを決定する直接選挙が行われた。村への管理を強めようとする上層の陸豊市当局などに反発し,権利意識を高める村民たちは,「公正・公平・公開の民主選挙」を推し進めた。

　党中央宣伝部は国内メディアに対して,烏坎村問題の報道を控えるよう指示したという。全国各地で民衆の抗議活動が頻発する中,「烏坎の公開選挙」が他地域の民衆を刺激しないよう,当局は警戒を強めた。

　3カ月にわたる争議の末,村幹部を更迭に追い込んだ烏坎村で新しい共産党村支部が発足し,トップの書記に争議で村人をまとめた林祖鑾氏(65歳)が任

命された。非暴力と団結力で政府の譲歩を勝ち取った「烏坎村」モデルは，各地の住民を勇気づけた。

　しかし，広東省トップの王洋書記は，烏坎村の選挙は民主主義の象徴であると国内外で報道されていることに対し，今回の選挙は「中国の既存の法律に従って単に実施されたものに過ぎない」と述べて，民主化の動きが中国全土に広がらないよう歯止めをかけた。

　翻って，1997年7月に，英国から中国に返還され，中国の「特別行政区」となった香港は，返還後どのように民主化が進展しているだろうか。中国と一体となった香港が中国の民主化に影響を及ぼす可能性も考えられる。香港は「1国2制度」の原則の下で，返還後も「高度の自治」「言論・報道の自由」「法の支配」といった「核心的価値」を引き続き保持している。

　しかし，返還前に，パッテン総督は有権者数を増やす形で選挙を実施し，議会が成立したが，返還後中国政府によってこの議会は解散させられ，香港の民主化は大幅に後退した。返還前の議会で第一党となっていた民主党は，返還後は親中派政党に議席を奪われ，現在では少数政党に転落した。香港の憲法に当たる「基本法」は2008年に「1人1票」の普通選挙を実施することを提案していたにもかかわらず，中国の全国人民代表大会はこれを認めず，2020年まで延期された。

　また，特別行政区行政長官の選挙は民主主義とはほど遠いものであった。1期目はわずか400人で選挙が行われ，2期目は800人であった。そして，2012年3月に実施された選挙も，相変わらず親中派が多数を占める1200人足らずの「小さなサークル」内で実施された。行政と立法との関係は，チェック・アンド・バランスの関係にはなっておらず，「行政主導」の原則の下で，行政が立法に優位となる構造になっている。行政長官には極めて大きな権限が付与されている。

　大陸と違って，香港では一定の民主化は進んでいるものの，所詮中国政府に管理された「鳥かご民主」に過ぎないともいえる。ただ，2017年には，行政長

官選挙を「1人1票」の普通選挙で実施し，2020年には，立法会（議会）にも普通選挙が実施されることが予定されており，香港での普通選挙の実施が大陸にどのような影響を及ぼしていくかが注目される。

　中国の支配階級，すなわち党幹部と資本家は政治改革が既得権益を脅かすことを恐れており，太子党（指導幹部の子弟）集団は，経済改革で得た利益を独占するために，政治改革への道を閉ざしている感がある。しかし，拡大する貧富の格差に対する中国国民の不満は日増しに強まっており，社会の安定を揺るがしかねない状況にある。21世紀の中国はどのような方向に進むのだろうか。権威主義的統治による経済発展を優先するのか，それとも，格差を是正し，民主化へと方向転換するのか選択を迫られている。

文献案内

ダニエル・A・ベル／施光恒，蓮見二郎訳『アジア的価値とリベラル・デモクラシー──東洋と西洋の対話』風行社，2006年。
　＊全米人権・民主主義基金という架空のNGO東アジア担当サム・デモという人物が，香港，シンガポール，中国大陸という3つの東アジア世界で問題に関わっている卓越した人物と，人権と民主主義に関して対話し，議論する。

R・ランドル・エドワーズ，ルイス・ヘンキン・アンドリュー・ネイサン／斉藤惠彦，興梠一郎訳『中国の人権──その歴史と思想と現実と』有信堂，1990年。
　＊中国の人権状況を西欧の人権状況と比較し，個々の権利が中国法の下でどのような状況にあるかを分析している。そして，人権が国家の要請と衝突する場合には，中国では人権に対して厳しい制約があることを明らかにしている。

アムネスティ・インターナショナル／アムネスティ・インターナショナル日本支部訳『中国の人権──政治的弾圧と人権侵害の実態』明石書店，1996年。
　＊アムネスティ・インターナショナルは，中国の人々の政治的・市民的侵害が行われていることを憂慮し，その改善措置を要請している。これは中国における政治的弾

圧と人権の侵害の実態についての報告書である。

焦国標／坂井臣之助訳『中央宣伝部を討伐せよ——中国のメディア統制の闇を暴く』草思社，2004年。

 ＊中央宣伝部は，中国のメディアを管理・監督する最高機関である。焦国標北京大学助教授は，この中宣部が中国における報道の自由を厳しく制限している実態を明らかにした。中国ではインターネットによるアクセスが禁止された。

劉暁波／劉燕子他訳『天安門事件から「08憲章へ」——中国民主化のための闘いと希望』藤原書店，2009年。

 ＊2009年，中国の民主化についての方途「08宣言」を書き記した劉暁波は，国家政権転覆扇動罪で逮捕されたが，翌年，ノーベル平和賞を受賞した。本書「天安門事件」への彼の思いや，「08憲章」などを収録し，解説している。

第**9**章

独立自主外交

三船恵美

― この章で学ぶこと ―

　第9章では，改革開放以降2011年末までの中国外交について学ぶ。
　1978年12月に開催された11期3中全会は，毛沢東時代から鄧小平時代への転換点，改革開放の幕開けとされている。11期3中全会で党の路線を革命闘争から近代化路線に転換して以来，中国は飛躍的な経済成長を遂げてきた。また，1978年12月に米中政府が国交回復の共同声明を公表し，翌年1月1日に米中の正式な外交関係が樹立したことで，台湾戦略が武力解放から平和的統一に転換された。さらに，1980年代半ばにはソ連との関係改善に動き，中国外交政策は，それまでの「国際統一戦線」から「独立自主」へと大転換した。革命闘争から経済建設への路線転換という視点だけから見れば，中国外交の転換点を改革開放に求めることが出来よう。しかし，反ソ国際統一戦線から独立自主外交への転換，「中米ソ戦略大3角形」を基礎とする外交政策の設計，「1国2制度」の提起，という視点からも見れば，改革開放後の中国外交方針の転換点は1980年代前半である。
　1978年12月～2011年末までの中国外交は，その特徴から4つの時期に区分できる。①「革命闘争」から「改革開放」へ，また「国際統一戦線」から「独立自主」へと2つの方針転換をした冷戦期の1978年12月～1991年，②ポスト冷戦の国際秩序再編のなかで，中国がアジアの地域大国として台頭した1992年～2001年，③グローバル経済において急激に台頭したＷＴＯ加盟翌年（2002年）から2008年秋まで，④リーマン・ショック後，の4つの時期である。本章は，以下の構成で学んでいく。まず第1節で，1980年代における外交方針の大転換を理解する。第2節で，国家統一問題としての台湾・香港・マカオをめぐる中国外交を概観する。第3節で，ポスト冷戦における中国脅威論の台頭とそれに対応する中国外交について整理する。第4節で，リーマン・ショック後にそのプレゼンスを飛躍的に高めている中国の積極的な外交について学ぶ。

1　改革開放と外交戦略の転換

求められる平和な国際環境――「独立自主外交」の提唱

　1978年12月，中国は11期3中全会（中国共産党第11期中央委員会第3回全体会議）で改革開放を宣言した。また，同月，米中政府が国交回復の共同声明を公表し，翌年1月1日に米中の正式な外交関係が樹立した。同年に起きたソ連のアフガニスタン侵攻とイラン革命は，アメリカ外交に大きなインパクトを与え，アメリカにとっての中国の戦略的価値を高めた。イラン革命によって，アメリカがソ連のミサイル基地監視に使っていた偵察基地が使えなくなると，鄧小平が訪米した際，その代替施設として中国内の施設の提供を中国側からアメリカ政府に申し出た。1984年のアメリカ大統領選挙の年を転換点として，世界政治は「新冷戦」から「新デタント」へ向かったが，中国の外交方針の転換はそれより少し前の1981年から1982年にかけてであった。

　改革開放を積極的に推進するため，1982年9月に開催された中共第12回全国大会で新時期の外交方針が提起された。開会の辞において，鄧小平は1980年代の外交任務が①現代化建設の強化，②国家統一の実現，③覇権主義への反対と世界平和の維持，であると説いた。その核心は経済建設である。また，毛沢東時代の主要敵を前提とする反ソ国際統一戦線を放棄し，「独立自主外交」を提唱した。独立自主外交の主な政策は，世界平和の維持，平和共存5原則に基づく国際関係，第三世界の台頭である。ソ連に対しては3大障害（中ソ国境・モンゴル地域のソ連軍，ヴェトナムのカンボジア侵攻支持，アフガニスタン侵攻）を取り除けば，中ソ関係の改善が可能であると呼びかけた。

　中国が「独立自主外交」を提唱した最大のねらいは，中ソ関係の改善による米ソ等距離外交への転換であった。米中国交正常化からまもないアメリカによる台湾への武器移転をめぐる交渉など，米中間の軋轢が高まったことは，中国の政策方針の転換の1つとして考えられるであろう。しかし，それよりも大き

な理由は，宦郷などの鄧小平の政策ブレーンが，伝統的なイデオロギーから国際情勢を観察するのではなく，リアリズムの視角から「米ソ中の大三角関係によるバランス・オブ・パワー」こそが国際政治の発展方向を決定すると考えていたからである。「新冷戦」でアメリカが対ソ強硬路線を採ったことで，米ソ中間の均衡を採ることが中国の国際的地位を高めるとの国際認識が中国にはあった。

　改革開放が進み，中国の対外関係が発展したことにより，1985年，中共は新しい外交政策へ転換した。1985年5月23日～6月6日に開催された中共中央軍事委員会拡大会議において，解放軍の改革と編成が議論され，3つの重要な決定がなされた。それは，①国防建設の中核を経済建設とすること，②解放軍の100万人兵力削減，③反ソ国際統一戦線の徹底的放棄と，それに伴う「中米ソ戦略大3角形」を基礎とする中国外交政策の設計，の3点である。

　独立自主外交の目標は，中華人民共和国建国百周年にあたる21世紀半ばまでに，中国を先進国レベルにまで発展させることである。そこで，1985年の夏，鄧小平は20世紀における中国外交の方針を「平和」と「発展」とした。「平和」と「発展」は，中国国内の経済発展と社会の安定のための国際環境を形成する「手段」として，中国外交の主要な任務に位置づけられたのである。

米中国交樹立と中越戦争

　1972年にアメリカのニクソン（Richard M. Nixon）大統領が訪中し，米中関係は改善されたものの，アメリカにおけるウォーターゲート事件，中国における批林批孔運動，第1次天安門事件，4人組逮捕などが続き，米中国交正常化の交渉は停頓していた。それが動き出した1つの要因は，1977年7月に鄧小平が再復活を果たし，同年秋に中共中央副主席，翌年春に第1副総理に就任したからである。また，この時期の国際形勢において，ソ連の影響力が拡大し，両国にとって米中国交樹立の必要性が認識されたからである。

　鄧小平の再復活の翌月，カーター（Jimmy Carter）政権のヴァンス（Cyrus R.

Vance）国務長官が北京を訪れ，外交関係の樹立を提案した。それに対して，鄧小平は，過去4年間，米中国交樹立には3つの条件を満たさなければならないと中国が繰り返してきたと述べた。3つの条件とは，台湾との断交，米華相互防衛条約の終結，台湾に駐留する米軍と軍事施設の撤収である。当初，台湾問題では譲歩出来ないとしていた中国であったが，第3世界におけるソ連の拡張政策が一層進行し，米中両国は外交関係正常化の必要性を検討した。ソ連が軍拡を進め，ヴェトナムと中国が対立し，ソ連がヴェトナムに軍事基地を建設するなかで，中国はソ連を牽制するためにアメリカとの協調を必要とした。また，1978年10月にカーター政権が連邦議会へ貿易協定や中国への最恵国待遇供与など経済分野における米中協力を積極的に働きかけたことにより，同年末の中共第11期中央委員会第3回全体会議（11期3中全会）に先立つ中共中央工作会議における重要講話で，鄧小平は党と国家の重点工作を経済建設に移行し「4つの近代化」建設に全力を注ぐと路線を転換した。台湾問題でアメリカへ不満を抱きながらも，対ソ牽制と経済建設のために，中国はアメリカと国交正常化に合意した。

　米中両政府は，①アメリカは中華人民共和国政府が中国の唯一の合法政府であり，その範囲内でアメリカ人は台湾人と文化・通商・民間関係を保持できる，②米中関係正常化の際，アメリカ政府は台湾との外交関係を断絶すると宣言し，1979年4月1日以前に台湾ならびに台湾海峡から米軍と軍事施設を撤収させ，米華相互援助条約を終結すると台湾当局に通告する，③1979年1月1日以降，米中両国は相互承認し外交関係を樹立する，と合意した。1978年12月15日（中国時間16日），米中両国政府は米中間の国交樹立が合意に達したことを共同コミュニケと政府声明で発表した。

　米中が国交正常化した同月，訪米した鄧小平はカーターに，中越戦争を始めるつもりであることを伝えた。中国はヴェトナムとかつては友好関係にあったが，米中接近後，ヴェトナムへのコミットを縮小し，1975年には無償援助を，1977年には借款の供与を停止した。1978年に中国がヴェトナムに対するすべて

の経済プロジェクトを打ち切り，技術者の引き揚げを通告すると，ソ連はヴェトナムへの経済・軍事援助を拡大した。ヴェトナムは同年6月にコメコン (COMmunist ECONomic community：COMECON) へ加盟し，11月にはソ連と軍事同盟条約の「ソ越友好協力条約」を締結した。翌月，ヴェトナム軍がカンボジアに侵攻してポル・ポト (Pol Pot) 政権を倒すと，1979年1月，鄧小平はヴェトナムへの「懲罰戦争」を決定した。翌2月17日に約10万の中国軍は侵攻を開始したが，中国側の損害も大きくなり，3月5日には全軍撤退を宣言した。この中越戦争が契機となって，中国は軍事領域における近代化の必要性を痛感し，今日に続く中国人民解放軍の改革へと邁進した。

中国の平和的台湾統一とアメリカの「台湾関係法」「817コミュニケ」

1978年12月の米中国交樹立の共同声明は，台湾のみならずアメリカ議会にとっても突然のことであった。議会は政府が用意していた国内法「台湾関係法」を超党派で大幅に手直し，翌年4月10日，上下両院で採択して，大統領に署名を迫った。「台湾関係法」は第2条（B）で「アメリカは台湾人の安全あるいは社会または経済体制を危機にさらす武力行使または他の強制にも抵抗する能力を維持する」と，また第3条A項で「アメリカは台湾に自衛を可能にするのに十分な防衛的機材・役務を供与する」と規定した。中国政府はアメリカ政府に強く抗議したが，アメリカから台湾への武器供与問題はレーガン政権へと持ち越されることとなった。

レーガンは，大統領選挙運動中，中国に過度に譲歩したとカーター政権の外交政策を批判した。しかし，その2年後の1982年8月17日，レーガン政権は中国と「対台湾武器供与の段階的削減に関するコミュニケ（817コミュニケ）」を交わし，「台湾向け兵器売却政策を長期政策としないこと，台湾に売却する兵器は性能・数量で，最近数年のレベルを超えないこと」としたうえで，将来における段階的な縮小を約束した。中国はレーガン政権に輸出中止の期限を設けさせようとした。しかし，レーガンは「817コミュニケ」に対して，「中台の軍

事バランスが保たれている限り，アメリカは台湾への武器輸出を制限する」というレーガン独自の解釈を示した。この覚え書きは，中国が軍事力を増強させるたびに，「それに匹敵する軍事力を台湾が持てるように，アメリカが台湾に武器供与援助する」というアメリカ側の主張を正当化させてきた。

　アメリカの対台湾軍事援助は，台湾海峡の軍事均衡のみならず，台湾政治にも大きな影響を及ぼした。1984年の「江南事件（蔣経国の批判的伝記を書いたアメリカ国籍の台湾人作家である江南が暗殺された事件）」でアメリカの議会と世論が国民党の恐怖政治に反発し，下院外交委員会アジア太平洋小委員会が「武器輸出統制法修正条項」の発動を議論して蔣経国政権に圧力をかけたため，国民党は1986年に党禁（新規政党の結成禁止措置）を解除し，1987年には戒厳令を解除して言論を自由化した。武器輸出関係がコミュニケ通りに絶たれていれば，台湾の民主化と「台湾化」はもっと遅れていたであろう。

2　国家統一と「1国2制度」

「1国2制度」構想

　1978年12月22日，中共は台湾統一に向かうと決定した。米中国交が正式に樹立された1979年1月1日，「台湾同胞に告げる書」が公表された。同書は，1958年の毛沢東による「台湾同胞に告げる書」以来の正式な台湾に対する文書で，「祖国の平和統一」と「3通（中台間の直接的な通商・通航・通信）」と「4交（学術・文化・体育・工芸の交流）」を台湾に呼びかけるものであった。「台湾同胞に告げる書」に続き，1979年1月のアメリカ議会における演説でも，鄧小平は「台湾解放」の表現を用いなかった。鄧は「我々は社会主義国であるから，国家が統一されたら，台湾の社会制度・生活様式・意識形態の維持を認める」と語った。これらが「1国2制度」構想の始まりである。「1国2制度」構想は，中国の台湾政策が「武力解放」路線から「平和統一」路線へ方針転換したことを意味する。

第9章　独立自主外交

　全国人民代表大会常務委員会委員長の葉剣英は，1981年9月30日，「祖国統一9項目提案」を公表した。同案は第3次合作による祖国統一，3通・4交のための協議，統一後の特別行政区の設置とその高度自治と軍隊の保留，台湾の現行社会・経済制度・生活様式の不変，中台間の往来の自由，台湾財政の困難時の中央政府からの援助，台湾工商界の大陸における経済活動の保証などを骨子とした。

　「1国2制度」構想は，当初，台湾政策として提起されたものである。しかし，1982年には，香港とマカオの回収にも適用されることになった。同年，全国人民代表大会で新憲法が採択され，第31条で「国家は必要のある時には特別行政区を設けることが出来る」と規定された。1984年6月には，鄧小平が「1国2制度」構想による香港・台湾問題の解決を説いた。

香港・マカオの回収——平和的交渉による解決

　中共は，「8文字指示（長期打算，充分利用）」の下，イギリスによる香港の植民地統治を認めてきた。1963年3月8日付『人民日報』社説は，「我々は条件が熟した時に，話し合いを通じて平和的に解決する。解決されるまで，現状を維持する」と述べていた。しかし，国連復帰の翌年1972年3月10日，中国の黄華国連大使は「非植民地化宣言に関する国連特別委員会」に対して，香港とマカオを非植民地化リストから外すことを要求する書簡を送り，両地域の独立を封じた。1979年3月には，マクレホース（Lord C. M. MacLehose of Beoch）香港総督が初訪中し，イギリスが99年間租借した新界について，期限が切れる1997年以降も租借したいと表明した際，鄧小平は香港の主権回復の意志を示した。1982年のイギリス首相のサッチャー（Margaret H. Thatcher）訪中後，返還交渉が繰り返された。1984年12月，中国はイギリスと香港回収に関する合意に至り，中英共同声明が出された。

　一方，マカオについては，1979年の中国とポルトガルの国交樹立の際，マカオの主権が中国にあることが確認された。1986年に返還交渉が開始され，1987

年,両国はマカオの主権が中国に返還されることを決定した。

香港とマカオでは,それぞれ「特別行政区」として「1国2制度」が適用され,社会主義の中国にありながら,経済・社会制度は資本主義の制度を返還後50年にわたって維持されることとなった。香港とマカオは,それぞれ,1997年7月1日,1999年12月20日に中国の特別行政区となった。

台湾独立化傾向の警戒と反国家分裂法

1988年1月13日に蒋経国が逝き,本省人の李登輝副総統が総統代行を務めると,台湾は「台湾化」を進めるとともに,積極的に外交を推進することで台湾の存在を国際社会にアピールする「現実外交/弾力外交」を展開した。1995年6月に李登輝が訪米すると,反発した中国が「文攻武嚇(言論で攻撃し,軍事力で威嚇する)」を展開した。また,翌年3月の台湾初の総統直接選挙をめぐり,台湾独立を懸念した中国は,大規模な演習を台湾近海で行い,台湾を威嚇した(第3次台湾海峡)。アメリカは台湾関係法に基づき空母インディペンデンスを含む第7艦隊を台湾近海に派遣するとともにWTO加盟交渉を絡ませる等様々なチャンネルを駆使し,緊張状態を収拾させた。

2000年に,民進党の陳水扁政権が誕生すると,陳は現状変更と現状維持に揺れ動いた。2003年8月,陳は「1辺1国論」を主張した。中国の対話拒否が続く場合,台湾の将来についての住民投票を提起したため,「独立」につながる動きとして,中共とアメリカから強い反発を受けた。それでも,陳は現状変更への漸進をあきらめなかった。2003年9月,陳は現行憲法が台湾の現状に即していないと,住民投票による憲法制定構想を公表した。その準備として,陳政権は住民投票法案を提起し,2003年11月に立法院で採択された。住民投票は独立へ向かい「1つの中国」原則から離れる兆しだとして,アメリカと中国は強く反対した。12月に温家宝総理が訪米した際,温家宝は,中国が台湾に武力行使をしなくてすむように,アメリカが台湾を自制させてほしいとブッシュに伝えた。これ以降,中国の台湾政策は「アメリカによって台湾独立を押さえ込

む」という政策を採った。

　2004年に陳水扁が再選し任期中に新憲法を制定することを表明すると，翌日，中国の全人代法律委員会の張春生委員は記者会見で，「国家統一法」の策定を表明した。「国家統一法」は，「両国論」を契機に中国の多くの台湾専門家の間で必要性が訴えられたが，胡錦濤政権期になって中共が本格的な検討に入ったものである。2004年12月27日，中国政府は「中国的国防」を公表した。「中国的国防」には，台湾に対する独立阻止をするためにはいかなる手段も採る決意が強く示された。そのような台湾独立阻止に中国国内法として法的根拠を与えたのが，2005年3月14日の第10期全人代第3回会議で採択・施行された「反国家分裂法」である。「反国家分裂法」の内容はとくに新しいものではなく，「第2台湾白書」の延長上にある。「第2台湾白書」では武力行使の要件が「台湾側により統一交渉が無期限に拒否された場合」であったが，「反国家分裂法」では「分裂もしくは分裂の可能性がある場合と，平和統一の可能性が失われた場合」となっている。分裂の可能性の基準が曖昧で，「統一」よりも「現状維持」が基軸である。「反国家分裂法」は内容的に従来の中国中央の主張を超えるものではなかった。しかし，アメリカから予想以上の反発を受けた。当初，中国はアメリカ政府に対して台湾統一などを定めた「国家統一法」の構想案を示していた。「統一」に懸念するアメリカから強く反対・警告されたために，「反国家分裂法」に名称を変えたのである。中国側はアメリカに譲歩して，「統一の強要」ではなく，「独立の阻止」を目的とする「反国家分裂法」にした。そのため，中国では，アメリカも台湾が「分裂活動」を行うことには反対しており，「反国家分裂法」に賛成はしないものの，強い反対はしない，とみていたのである。

　2008年に馬英九が総統に当選し，国民党が政権に復帰してからは，中台関係は急速に改善した。経済貿易関係の発展を重視する政策が採られ，2010年には中台間のFTAに相当する「経済協力枠組み協定（Economic Cooperation Framework Agreement：ECFA）」が締結された。

3　「中華民族の偉大なる復興」と平和発展論

冷戦の終焉と中国脅威論の台頭

　第2次天安門事件（1989年）で国際社会から中国が孤立するなか，1989～91年，国際社会は大きく動いた。東欧革命，ソ連の解体，そして冷戦終焉によるアメリカ1極体制の出現である。ポスト冷戦期の外交政策と対外関係の発展方向は，1992年の中共第14回全国代表大会で決定された。

　その骨子は，第1に，「独立自主外交」のもと，改革開放政策と「3歩走（3つのステップ）」発展戦略を引き続き堅持することである。「3歩走」発展戦略とは，1987年の中共第13回全国代表大会の政治報告で趙紫陽が説いた①GDPを1980年比で倍増し，人民生活の生活を「温飽（最低限の衣食住が足りる暮らし）」にする，②20世紀末までにGDPをさらに倍増し，人民生活を「小康（いくらかゆとりのある暮らし）」にする，③21世紀半ばまでに1人当たりの平均GDPを中等先進国レベルにし，人民生活を比較的富裕にする，という3段階発展戦略である。第2に，平和共存5原則の基礎のもと，鄧小平の「24文字指示」を反映した「韜光養晦（とうこうようかい）」すなわち「能力を隠して時機を待つ」ことである。24文字指示とは，「冷静観察，站穏脚跟，沈着應付，韜光養晦，善於守拙，絶不當頭（冷静に観察し，足下を固め，沈着に対応し，能力を示さず，欠点を隠し，決して先頭に立たない）」である。つまり，国内発展のために平和な国際環境をつくるという外交方針であった。

　しかし，中国の外交方針とは裏腹に，1990年代前半，南沙諸島をめぐる海洋進出と海軍増強，国防費の膨張，急速な経済成長によって，アジア諸国で中国脅威論が高まった。1992年2月25日に中国は「領海法」を制定し，そのなかに1958年の領海宣言にはなかった尖閣諸島（中国名：釣魚台）を初めて挙げ，台湾，澎湖島，尖閣諸島とその付属諸島，東沙諸島，西沙諸島，南沙諸島などが含まれるとした。同年秋の中共第14回全国代表大会における江沢民の政治報告

では,「領土・領海・領空の主権」とともに,「海洋権益」の防衛を主張した。翌年,中国は新しい『作戦綱領』を制定し,防衛空間を従来の「本土」から「空・地上・海・宇宙空間」に拡大した。また,南沙諸島問題をめぐる中国の海軍力整備と空軍力強化が関係諸国を刺激したことで,東南アジア諸国が急速に軍拡し,当時の東南アジア諸国による通常兵器の輸入量は10年間で2倍以上にもなった。さらに,1994年にミスチーフ礁に中国が施設を建設したことで,翌年,ASEANは南シナ海の平和と安全保障に脅威を与える行動を「関係国」が停止するように外相声明を出した。国名を明記しなくとも「関係国」が中国であることは明白であった。

「新安全観」の提起

　中国脅威論が高まるなか,冷戦後の日米同盟の意義が台頭する中国を封じ込めるものとなった。1995年2月,アメリカ国防総省は冷戦終焉後のアジア太平洋地域における安全保障指針を示した「東アジア戦略報告」で「中国の安定と近隣諸国との友好関係はアジア太平洋地域の平和・安定・経済成長に不可欠」と説く一方で,中国の軍事力増強や北朝鮮の脅威を指摘し,冷戦後の日米同盟の新たな役割を「ソ連の封じ込め」から「地域の安定確保」へ置き換えた。翌年4月の「日米安全保障共同宣言」において,日米は「アジア太平洋地域の安定と繁栄にとり,中国が肯定的かつ建設的な役割を果たすことが極めて重要である」と強調する一方で,日米安保体制を「アジア太平洋地域の安定的で繁栄した情勢を維持するための基礎」と位置づけ同盟を強化した。中国は日米同盟の強化の意図が日米による「中国封じ込め」であると懸念し,日米両政府に対して再三抗議をしていた。アメリカは,1995年にAPECでの安全保障協議を提起したのに続き,「日米安全保障共同宣言」では,ARFや北東アジア安全保障に関する多国間対話と協力の枠組みを発展させることを再確認した。中国にとって,台湾が加盟しているAPECでの両岸問題をめぐる安全保障協議も,中国封じ込めの多国間枠組の形成も,望ましいものではなかった。

「日米安全保障共同宣言」を契機として、同年、中国は「新安全観」を提起した。「新安全観」は相互信頼・互恵・平等・協力を基軸とする近年における中国の「外交の要素」であり、「国防戦略の基本方針」でもある。「新安全観」は同盟に基づく冷戦型思考ではなく、対話と協力によって国家間の対立を解決しようとする協調的安全保障観であるとされている。中国は日米同盟の再定義と強化が「中国封じ込め」であると警戒し、アメリカに対する牽制手段としての多国間外交と善隣外交を強化していったのである。

「平和的発展」論の提起と中国の「核心的利益」

中国外交の大枠を規定する主な要因として、以下3点が挙げられる。第1に、中国外交の主要な任務が中国国内の経済発展と社会の安定のために国際環境を形成することにある点である。第2に、中華人民共和国建国百周年に当たる21世紀半ばまでに「中華民族の偉大なる復興を実現する」という国家目標のもと、中国が富強大国化への道を歩んでいる点である。第3に、ソ連消滅と中露善隣友好関係の発展による地縁政治の転換が、中国の国防の意義を「国土防衛」から「主権防衛」へ転換させるとともに、アメリカを中国の周辺外交と大国外交の最も根本的な規定要因にした点である。冷戦期における中国の国防の主軸は、ソ連、インド、ヴェトナムなどの南北軸であった。しかし、ソ連の解体とかつての敵対国との関係改善が、南北軸の陸上戦争の可能性を後退させ、国防の主軸は東西軸へと移った。

中国外交は、改革開放政策のもと、中国国内の経済発展と社会の安定を実現するために、平和で安定した国際環境の形成を任務としている。そこで、胡錦濤は中国改革開放論壇理事長の鄭必堅に、対外的には中国脅威論を払拭し、対内的には強硬派を抑えて経済発展のための環境作りを目指す戦略構想を策定するように指示した。それが2003年12月に提起された「平和的台頭」論である。しかし、「台頭（中国語で崛起＝英語でskyrocketingの意）」のみに注目が集まり、国防発展に不利であるなどの理由から批判が集まり、2004年頃になると使われ

第**9**章　独立自主外交

なくなった。

　2005年末には「平和的発展」論が提起された。国務院新聞弁公室が公表した「中国的和平発展道路」は，「平和的な国際環境を利用して自国を発展させ，自身の発展で世界平和を促進する」「中国の発展は平和な国際環境を必要とする」「中国の発展が世界から離れられないと同様に，世界の繁栄は中国を必要とする」と説いた。また，2009年1月に公表された「2008年中国的国防」は，「中国経済はすでに世界経済の重要な構成部分となり，中国はすでに国際システムの重要なメンバーとなり，中国の前途・命運はますます世界の前途・命運と密接に結びつくようになった。中国の発展は世界を離れることが出来ず，世界の繁栄・安定も中国を離れることが出来なくなった」と説いた。中国が平和に発展し世界と調和をとることこそが，中国の国益であるというのである。

　これは，文字通りに読むことはできない。中国の積極的な海洋進出が批判された2011年，国務院新聞弁公室が9月6日に公表した「中国的和平発展白皮書（中国の平和的発展白書）」に注目するならば，同白書は「平和的発展は中国が現代化および富民強国を実現し，世界文明の進歩のためにより大きな貢献をなす戦略」と宣言している。また，同白書は，中国の平和的発展の対外方針や政策が，①和諧世界（世界との調和）の建設推進，②独立自主の平和外交，③新安全観の提唱，④積極的かつ有為な国際責任観の保持，⑤善隣友好の地域的協力観の遂行，であると述べている。この「第2平和発展論」は，中国脅威論を否定する2004年の「第1平和発展論」と本質的には大きな違いはない。しかし，「中国が絶対に譲歩できない核心的利益」として，①国家主権，②国家安全保障，③領土保全，④国家統一，⑤中国憲法によって確立された国家の政治制度と社会全般の安定，⑥経済・社会の持続可能な発展という基本的保障，の6項目を明記した。

「和諧世界」論

　中国外交の理念は，「平和的発展」と「和諧世界（世界との調和）」である。

「和諧世界」が初めて胡錦濤によって語られたのは，2005年4月のアジア・アフリカ首脳会議であった。その後，同年7月の「21世紀の国際秩序に関する中ロ共同声明」に「和諧世界」の言葉が明記された。続いて同年9月の国連創立60周年の首脳会議における演説で，胡錦濤が「長期に平和で共に繁栄する和諧世界の建設に努力する」という重要講話を発表した。翌年8月には，中共中央の外事工作会議が「和諧世界の建設の推進を堅持する」ことを強調し，「和諧世界論」は現在の中国外交の重要な理念の1つとなった。

　それでは，中国は平和的に国際社会と協調していくのであろうか。必ずしもそうとは言えない。『2008年中国的国防』は，「中国は科学的発展観を国防と軍隊建設の重要な指導方針とすることを堅持し，進んで世界の軍事発展の新しい趨勢に適応し，国の主権や安全，発展の利益の確保を根本的な出発点とし，改革革新を根本的原動力とし，より一層高い起点に立って国防と軍隊の現代化を推し進めている」と説いている。つまり，国家主権の擁護と持続可能な発展の出発点として，軍隊の現代化を推進している。それは，中国側が主張する主権の擁護やエネルギー資源の獲得のために，軍が利用されていくことを意味しており，南シナ海や東シナ海における中国の脅威が懸念されている。

4　中国の積極的海洋進出と新興国家集団としての台頭

中国の「核心的利益」と積極的な海洋進出

　1970年代から周辺海域に進出し始めた中国は，1980年代以降，各海域における支配を拡大していき，21世紀初頭には，「第1列島線」から「第2列島線」へ積極的な海洋進出を拡大している（図9-1を参照）。中国は2003年，国家海洋局・民政部・人民解放軍3謀本部が合同で「無人島保護・利用管理規定」を交付し，島嶼の管理制度を開始した。2009年12月には全58条からなる「海島保護法」が採択され，翌年施行された。島嶼の生態保護を名目に，南シナ海や東シナ海におけるエネルギー資源や海底鉱物などの権益と絡んだ領有権問題に対

第9章　独立自主外交

して，中国が軍事活動を本格化させている。

　中国は，2005年の「鄭和航海600周年」を記念して「500カイリ制海圏」構想を発表した。中国はかつて朝貢貿易を行っていた地域を「清の版図でありながら列強に奪われた中国固有の領土である」とみなしている。中国では，1980年代後半頃から，これらの地域を本来の国境とは別の「戦略的辺疆」と呼んでいる。そのような「戦略的辺疆」は総合国力によって増減するものと中国は考えている。「戦略的辺疆」のラインこそが「第1列島線」である。

　鄧小平時代の中国の外交方針は，「韜光養晦」であった。しかし，急速に国際的な地位を高め，自信を深めた中国は，強硬な周辺外交を展開していった。2010年3月14日，全人代閉幕後の記者会見で中国の対外政策の基本的立場を質問された温家宝は，「自国の発展を優先する，平和的発展の道を歩むことを堅持する，中国の主権・領土保全にかかわる重大な問題では，中国はたとえ貧しい時期でも頑強不屈であった」と答えている。

　中国の海洋進出には，安定的なシーレーンの確保，自由航行できる海峡の確保，安全保障態勢の確保だけでなく，海洋における経済的利益の確保がある。中国の国家海洋局海洋発展戦略研究所が発表した「中国海洋発展報告2011年版」によれば，2006年から2010年の中国の海洋経済は13.5％の成長を遂げており，2010年の海洋総生産額は国内総生産の9.6％を占め，約3800万人の雇用を創出している。

中国の「真珠の数珠戦略」

　近年における中国の人民解放軍の活動は，近海防衛型の活動に加え，遠洋における活動も拡大しつつある。それは，東シナ海や南シナ海にとどまらず，西方にも展開されている。

　「世界の工場」である中国の経済発展と国内社会の安定は，その貿易に大きくかかっている。中国にとって中東やアフリカから資源を輸送するシーレーンの安全確保は，重大な課題である。しかし，それらの海域において，アメリカ

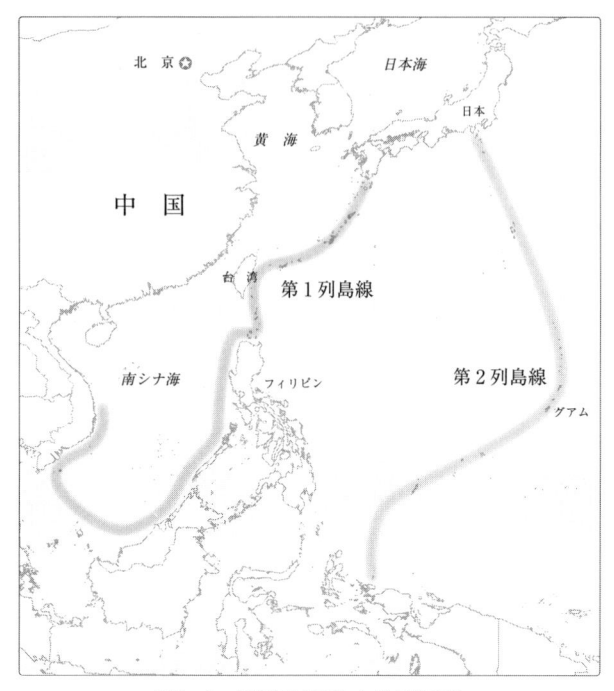

図9-1 「戦略的辺疆」と第1列島線
(出所) Office of the Secretary of Defense, Annual Report To Congress: Military and Security Developments Involving the People's Republic of China 2012, May 2012, p.40.

海軍が強力なプレゼンスを維持しているため,中国は戦略的脆弱性を抱えている。そこで,胡錦濤は「中国はマラッカ・ジレンマに直面している」と語った。この「マラッカ・ジレンマ」を克服するために,中国が,中東から中国南部に至るシーレーン沿いに展開している一連の外交・軍事的措置が,「真珠の数珠」戦略(string of pearls strategy)である。

「真珠の数珠」戦略は,アメリカのブッシュ政権1期目の国防長官であったラムズフェルド(Donald Henry Rumsfeld)に提出された非公式報告書「アジアにおけるエネルギーの未来」を,ワシントン・タイムズが入手し,2005年に報道したことから,それ以来,世界的に注目された。中国が展開している「真珠

第9章　独立自主外交

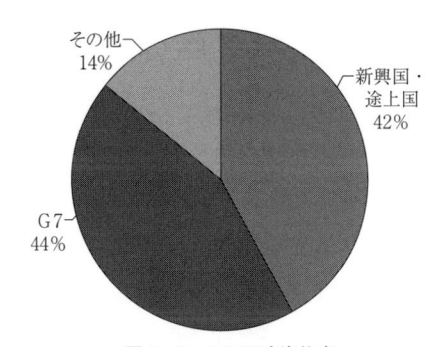

図9-2　IMF出資比率

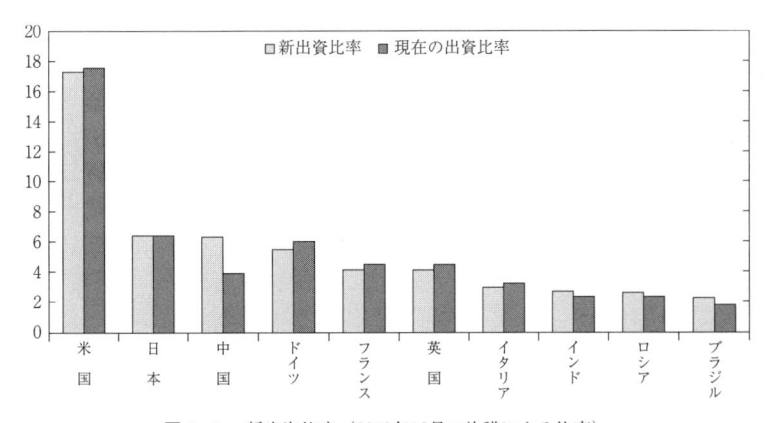

図9-3　新出資比率（2010年12月の決議による比率）

の数珠」戦略の骨子は，①中東・アフリカから中国南部へのシーレーン沿いの一連の軍事基地・軍港の構築，②その地域における諸国との外交関係の強化，③潜水艦の配備拡大と戦闘能力の増強，である。ただし，「真珠の数珠」戦略は，アメリカ国防省の非公式報告書が指摘したものであり，中国の軍事戦略の呼称ではない。

　アメリカ国防総省が毎年連邦議会へ提出している『中国の軍事力2010年版』は，軍の近代化により軍事力を使って外交的に優位に立つ選択肢が増えた中国が，インド洋や第2列島線を越える西太平洋までも作戦行動範囲内にしようと

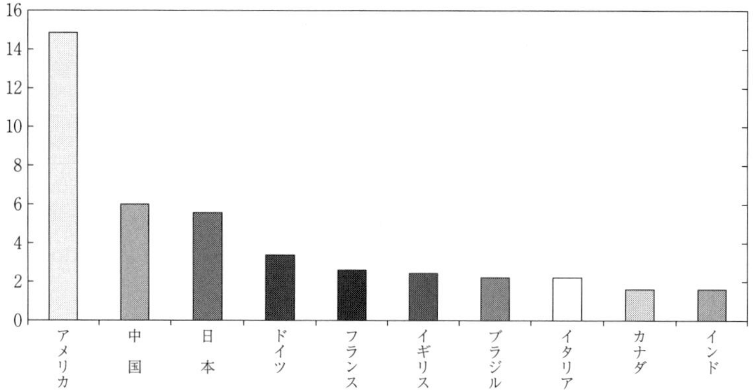
16
14
12
10
8
6
4
2
0
アメリカ
中国
日本
ドイツ
フランス
イギリス
ブラジル
イタリア
カナダ
インド
図9－4　世界の名目ＧＤＰランキング上位10国（ＵＳドル）

している可能性がある，と懸念した。現在の中国海軍の動向を考えると，すでに，第１列島線から第２列島線へと活動範囲を拡大し，インド洋における戦略的な軍事・外交政策を展開して，インド周辺諸国との親交外交を深めている。これがインドを刺激し，インドに「ホルムズ・ジレンマ」をもたらしている。

新興国家集団としての台頭

中国の積極的な海洋進出で中国脅威論が拡がっている。その一方で，経済大国として台頭する中国への期待も高まっている。中国の経済的台頭は，2001年末にＷＴＯ加盟し，翌年以降注目されてきた。サブプライムローン問題に端を発した世界的な金融危機を契機に，世界経済の牽引役の多極化が推進され，それに伴い国際政治にも構造変動がおきた。リーマン・ショック後の新興国家の台頭をもたらし，その新興国家の中核としての中国のプレゼンス向上は著しいものである。

地球環境問題や国際政治経済などのグローバルな問題をめぐり，ＷＴＯ，ＩＭＦ，世界銀行，Ｇ20，ＢＲＩＣＳなどで，「途上国グループ」もしくは「新興国グループ」の中核として，中国が第三国と連携を推進している。そうすることで「世界の多極化」の流れを推し進め，中国の国際的影響力や発言力を高

めている。たとえば，2010年，ＢＲＩＣＳの４カ国は，国際金融制度の改革で協調してＩＭＦや世界銀行，Ｇ20などにおける発言権の強化を求めた。これを受けたＩＭＦは，運営改革を行い，世界経済の構造変化に対応した増資と組織改革を決めた。新興国・途上国の新たな出資比率は42.3％となり，Ｇ７の43.4％とほぼ並び，中国はアメリカと日本に次ぐ３位に躍り出る。新興国家グループとして結束すれば，その発言力と議決への影響力は大きくなる。新興国家グループの影響力が大きくなることで，それが中国の国際的プレゼンスや中国との協調の重要性を一層高めている。

文献案内

天児慧・三船恵美編『膨張する中国の対外関係——パクスシニカと周辺国』勁草書房，2010年。

＊"相互依存と相互不信"，"協調と対立"といった矛盾した構造のもと，中国の対外戦略がいかに変容してきたのかを，アメリカ・インド・ＡＳＥＡＮ・韓国と北朝鮮・台湾の周辺国・地域との関係から分析している。

中園和仁『香港返還交渉』国際書院，1998年。

＊第４章に記載。

Srikanth Kondapalli and Emi Mifune (eds.), *China and its Neighbors*, New Delhi, Pentagon Press, 2010.

＊中国の周辺外交と国際関係について分析している。インドと日本の研究者による国際シンポジウムの成果をもとにした共著。

牛軍編『中華人民共和国対外関係史概論（1949～2000）』北京大学出版社，2010年。

＊第４章に記載。

第10章
環境問題と資源外交

中園和仁

―― この章で学ぶこと ――

　1978年末に改革・開放政策に転換して以来，中国は30年以上にわたって急速な経済発展を遂げてきた。海外からの投資が殺到し，中国は今日では「世界の工場」と呼ばれるまでになり，日本を抜いて世界第2位の経済大国となった。

　経済発展はエネルギー消費を増大させ，環境破壊につながった。中国各地で環境破壊が進行し，生産に伴うエネルギー消費が拡大した結果，汚染物質の排出圧力が日増しに増加した。経済発展を目指しながら，環境悪化の趨勢を抑えるのは極めて困難である。中国はエネルギー需要の3分の2以上を石炭でまかなっており，石炭の燃焼は空気中の煙と煤塵の70％と二酸化硫黄の90％の原因である。現在，中国では国中の都市がたびたび分厚いスモッグに覆われる。これは中国の大気汚染がいかに深刻かを示すものである。

　一方，中国の工業生産の45％以上，ＧＤＰ（国内総生産額）の27％以上を占めているのが，農村地域にある郷鎮企業であり，これらの企業の多くは立ち遅れた生産施設や不十分な環境対策のため，数多くの環境問題を引き起こしている。農村地域からの水質汚染物資が中国全体の排出量の3分の1，あるいは半分近くを占めているためである。

　「先に汚染，後から対策」と評されるように，中国では経済発展が優先され，環境対策は後回しになってきた。改革・開放期の中国において，分権的な経済発展を可能にした地方主義を核とする政治経済構造が，地方レベルでの環境政策の失敗の背景にあるともいわれる。このような深刻な環境破壊にもかかわらず，経済発展を維持するにはいかに資源を確保するかが中国にとって最大の課題となった。このような背景の下に，資源確保の必要性に迫られて，アフリカへの積極的進出に象徴される中国の活発な資源獲得外交が展開されることになった。

1　経済発展がもたらす環境汚染

「まず発展，それから環境」

　1978年末の中国共産党第11期3中全会で，権力を掌握した鄧小平は改革・開放政策を打ち出した。それ以来，中国は年率10％前後の高い経済成長を30年以上も続けてきた。安価な労働力に目を付けた海外資本の投資が殺到し，中国は今日では「世界の工場」と呼ばれるまでになった。そして，中国はGDPで日本を抜いて，世界第2位の経済大国にまで躍進した。

　18世紀後半にイギリスで起こった産業革命は，ヨーロッパの資本主義社会，工業化社会の起点となったとされる。改革・開放政策の結果，中国は一気に計画経済から市場経済に転換し，世界中に製品を供給出来るほどの目覚ましい経済発展を成し遂げた。改革・開放の成果は中国人にとって，イギリスの産業革命にも匹敵するものである。

　中国の改革・開放政策は「先に豊かになれるところから豊かになれ」という鄧小平の「先富論」に基づいて推進された。この「先富論」は毛沢東時代の平等主義・平均主義から脱却し，都市部・沿岸部が先に豊かになることを容認し，遅れた農村部，内陸部を牽引していくという構想から始まった。共産党指導体制においては，一時的な経済格差は容認するという極めて大胆な発想であった。

　1989年6月の「天安門事件」で，改革・開放路線は中断を余儀なくされるが，事件後中国政府は民心をつなぎとめるために，再び経済発展に全力で取り組むことになる。そして，92年に，鄧小平は改革・開放政策の拡大と経済成長の加速を呼びかける「南巡講話」（中国南部を視察して回り，改革・開放の加速を呼びかけた）を発表した。改革・開放が再び推進され，経済成長は一気に加速し，今日の驚異的な経済発展の転機となった。

　93年，中国は共産党の一党独裁を守りつつ，市場経済化（事実上の資本主義

化）を推し進めるという「社会主義市場経済論」を公式に導入した。中国の政治体制を経済改革の流れのなかで転換させ，民主化させようとする西側による「和平演変」を警戒しつつも，積極的に市場経済化を推進した。その結果，中国は発展途上の貧しい国から脱却し，これまで経験したことのない豊かさを享受することになった。

　しかし，中国経済の急速な発展にもかかわらず，実際に豊かになったのは，一部の特権階級や，沿岸部・都市部の住民だけで，農村部，内陸部は発展から取り残され，貧富の格差は中国の深刻な社会問題となった。急速に拡大する貧富の格差を是正しなければ，社会に不満が充満し，政治は不安定化する危険性が高まるため，胡錦濤政権は問題の解決を迫られた。

　2007年，胡錦濤政権は「調和のとれた社会」の実現に取り組み始めた。それは，「都市と農村，経済と社会，人と自然の調和こそが重要であり，経済成長によって生まれた貧富の拡大や腐敗問題，環境問題の矛盾の解決を通して，社会の安定と発展を目指そう」とするものである。経済発展に伴って，様々な矛盾が噴出する中で，貧富の格差や腐敗の問題と同様に，環境汚染問題は政府が真剣に取り組まなければならない最も重要な課題となった。

　経済改革の成功により，中国国民の生活は大きく変化した。生活水準が向上し，商品やサービスが広範に提供された。また，交通網の整備により移動が自由になり，職業選択も自由になった。人々はまさしく「向前観」の下，向上心に燃え，前向きに努力し，豊かな生活を送ることが出来るようになった。この「向前観」には，「向銭観」（中国語の発音が同じ），すなわち金儲けに精を出すという意味も含まれている。企業が利潤の追求をその存在理由とするように，かつて「資本家の打倒」を目指していた中国国民が資本主義的経済活動を積極的に追求し，その結果，今日の飛躍的な経済発展を達成した。

　しかし，このような成功を経済分野で生み出した原動力が，皮肉にも中国の自然環境を荒廃させている原因でもある。膨張する経済は，水，土地，エネルギーの自然需要を劇的に増大させた。森林資源は広範囲に枯渇し，砂漠化，洪

水，種の減少のような多岐にわたる壊滅的な二次的影響を誘発している。

中国では，成長への欲求が環境破壊への懸念を圧倒的に上回っているのが実情である。「まず発展，それから環境」という原則は，1980年代全般と1990年代の大部分を通じて変わることなく繰り返され，これが環境破壊に歯止めをかけることを困難にした最大の理由である。

増大する中国ののエネルギー消費

経済発展が進めば進むほど，それに比例して，エネルギーの消費は拡大する。中国では自前でまかなえる石炭火力発電が全発電容量の約7割を占める。急速な経済成長に伴って，2002年から顕在化した電力不足で，脱硫設備などが不十分な上，エネルギー効率の悪い小規模火力発電所が各地で盛んに建設されたことも汚染拡大に拍車をかけた。

中国はエネルギー需要の3分の2以上を石炭でまかなっている。また，石油は中国の総エネルギー消費の23.6%を占めるとされ，比較的クリーンなエネルギーである天然ガスや水力は，総エネルギー消費のそれぞれ2.5%と6.9%に過ぎない。

中国のエネルギー消費構造の顕著な特徴として，石炭に依存する割合が非常に高いことである。中国では，石油，天然ガス等のエネルギー資源と比較すると，石炭の埋蔵量が圧倒的に豊富であるためである。エネルギーの主要供給源である石炭は中国の経済成長を支えてきた。現段階では，良質で経済性が高く開発コストが低い石炭鉱区はすでに開発後期に入り，新規鉱区の開発は地質条件が複雑で，開発コストが高い脆弱な生態環境地域に移っているといわれる。

中国国内では，長い年月をかけて石炭を中心とするエネルギーの生産構造が形成されてきた。1978年から一部の年度を除き，エネルギーの生産構造において，石炭の生産量は引き続きエネルギーの生産総量の70%以上を占め，2008年には76.7%を占めた。エネルギー産業は石炭を中心とする生産体系を形成し，エネルギー消費も自然に石炭を中心とする消費体系になったと考えられる。

標準炭（万トン）

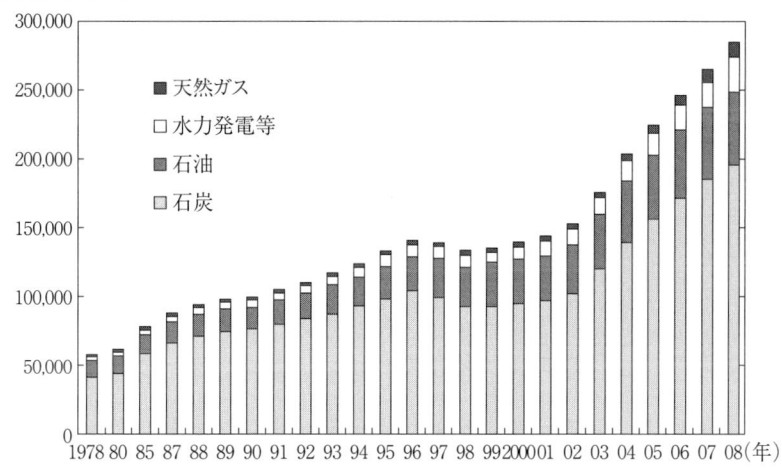

図10-1 中国のエネルギー消費量の推移
（出所）『中国統計年鑑』2009年版、「環境問題のデパート中国」26頁。

　その原因は、中国において石炭の埋蔵量と生産量から見ると、石炭が比較的割安なエネルギー源であるという点である。市場経済原理により、経済主体である企業ではその経済活動の主要な目標は利潤最大化を追求することにある。そのため、石炭の価格がその他のエネルギーより比較的に安く、経営者は大量な石炭を使用し、石油あるいはその他のエネルギーを選ばないことが自然な選択肢となる。

　しかし、石炭の燃焼は、空気中の煙と煤塵の70％と二酸化硫黄の90％の原因となる。改革期を通じて、中国の石炭使用量は6億トン強から12億トン以上へと倍増し、中国は世界最大の石炭消費国となった。硫黄分の少ない良質の石炭は輸出に回され、国内では質の悪い石炭を消費してきたことも、環境汚染の圧力をさらに強いものにしてきた。

　30年以上にわたって、平均で10％近い経済成長を続けていることが、環境悪化の趨勢を抑えることを難しくしている。経済発展のスピードに対策が追いつ

いていかないのである。既存の工場の汚染源に対応を徹底したとしても，新たに建設される工場の増加により，汚染物質排出総量を抑制することは難しい。

環境破壊と汚染の実態

　何世紀にもわたる燃料や耕地，戦争のための需要から，中国では1人当たりの森林面積はすでに世界最低レベルに落ち込んでいた。経済成長に伴って，森林伐採の勢いは加速し，森林破壊はさらに深刻化した。今日，中国は，森林被覆率を16.5％と発表しているが，これは米国の24.7％，世界平均の27％と比べても相当低いレベルに当たる。

　また，現在，中国全土の4分の1以上が砂漠となっている。北西部では，砂漠化の速度は1970年代の年間1560平方キロから，1990年代後半には年間3436平方キロと2倍以上になり，農民と牧畜業者の流失が続いた。2000年5月には，砂漠化の進行に対して，当時の朱鎔基首相が「首都を北京から移さなければならなくなるかもしれない」と懸念を表明したほどである。

　それまで，中国政府は森林破壊と砂漠化の深刻さを認識せず，真剣に対応してこなかった。しかし，1998年に，チベット高原から東シナ海までを流れる大河長江が氾濫して，3000人以上が死亡，200万ヘクタールの土地が冠水し，200億ドルの経済的損害が引き起こされた。相次ぐ森林伐採と湿地の破壊の結果，土地の洪水吸収能力が失われたことが原因と考えられた。朱鎔基首相は即座に四川省西部の広い範囲で伐採を禁じた。

　現在，中国では国中の都市がたびたび分厚いスモッグに覆われる。これは中国の大気汚染がいかに深刻かを示すものである。大気汚染が最も深刻な都市の世界ワースト20には中国の都市が16も入っており，北京もその1つである。ひどい日には首都のスモッグは50階建てのビルが100メートル先から見えなくなるという。

　また，国内300以上の都市のうち，約3分の2が世界保健機関（WHO）が設定したPM2.5（微小粒子状物質）の許容値を超えている。PM2.5は呼吸器およ

第10章 環境問題と資源外交

び肺疾患の最大の原因だといわれる。さらに、酸性雨を引き起こす二酸化硫黄（SO_2）の放出量は現在世界最高で、国土の４分の１以上に影響しており、そのなかには農地の30％も含まれる。酸性雨は漁場を汚染し、耕地を荒廃させ、建築物を腐食する。

発展著しい内陸部最大の工業都市重慶では、年に270日も霧が発生するが、この霧は市中の火力発電所やセメント工場などから吐き出される年間70万トンもの二酸化硫黄（SO_2）や浮遊粉塵を含んだスモッグとなって街中を覆う。中国環境保護総局の発表によると、二酸化硫黄（SO_2）排出量は1999年までは低下傾向を示していたものの、2003年以降再び増加し始め、2005年には約2549万トンと99年に比べ、27.8％も増えた。中国は現在、世界最大のSO_2排出国とされる。

これに伴って、全土の約３分の１の地域が酸性雨の影響を受け、長江以南の浙江省や江西省、湖南省、江西チワン族自治区、広東省では特にひどく、呼吸器系の重度の疾患患者も出ている。こうした環境悪化は急速な経済成長で電力需要が高まったためである。

また、中国は２兆8000億立方メートルの水資源総量を擁し、水資源大国ともいえるが、13億以上の人口を有しているため、１人当たりの換算量は世界平均約7000立方メートルの３割程度の約2150立方メートルしかない。北西部の雨量はわずか年間100ミリメートル以下で、南東部の年間1500ミリメートルに比べて極端に少ない。長江以南に水資源総量の約８割が偏在している。

水資源が絶対的に少ない北方地域では慢性的な水不足に悩まされ、北京、天津など人口1000万人以上を抱える大都市では、周辺地域から水を集めるのにすでに限界に達している。北方地域では、排水基準を十分に満たしている工場排水が河川に流されても、降雨が少ないため、基準を超える汚染が進んでいる。

「先に汚染、後から対策」と評されるように、中国では経済発展が優先され、環境対策は後回しになってきた。2001年７月末、中国の穀倉地帯である肥沃な淮河水域は環境災害に見舞われた。激しい雨で支流が増水し、1440億リッ

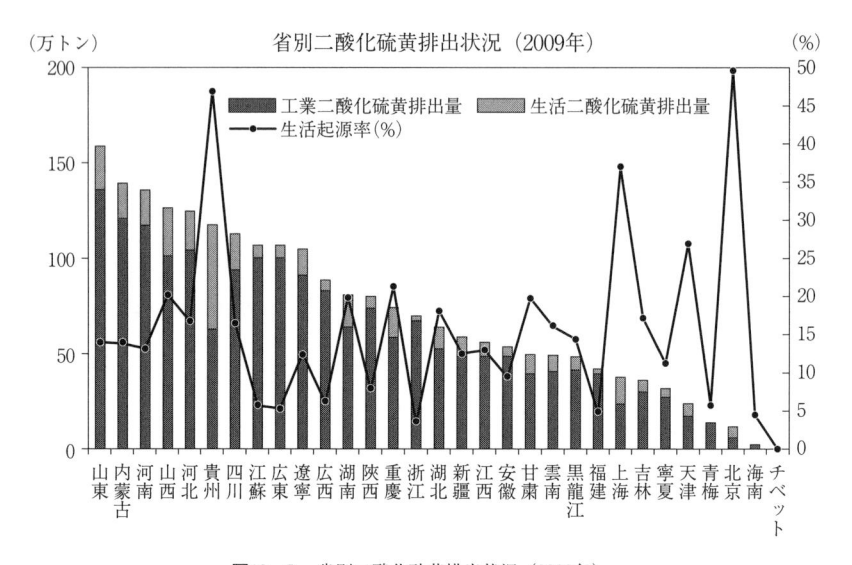

図10-2 省別二酸化硫黄排出状況(2009年)
(出所) 『中国環境統計年報2009』より作成,[データ・資料]第Ⅱ部 統計,258頁,中国環境問題研究会編『中国環境ハンドブック2011～2012年』2011年,蒼蒼社。

トルもの高度に汚染された水が川に流れ込んだ。下流の安徽省では,川の水はごみ,黄色い泡,魚の死骸でドロドロの状態となった。

中国七大河川の1つである淮河は河南省を源とし,安徽,山東,江蘇四省の計27万平方キロを潤す。流域は中国有数の農業地帯であると同時に,改革加速のなかで80年代後半から急増した町村営や個人経営の中小工場「郷鎮企業」が集中する地域でもある。

2 環境保護への取り組み

環境保護の構造的障害

1970年以前の中国では,環境保全やエネルギー政策は主として農村を対象としていた。工業化が始まる以前の中国では,農業が経済の中心だったことか

第10章 環境問題と資源外交

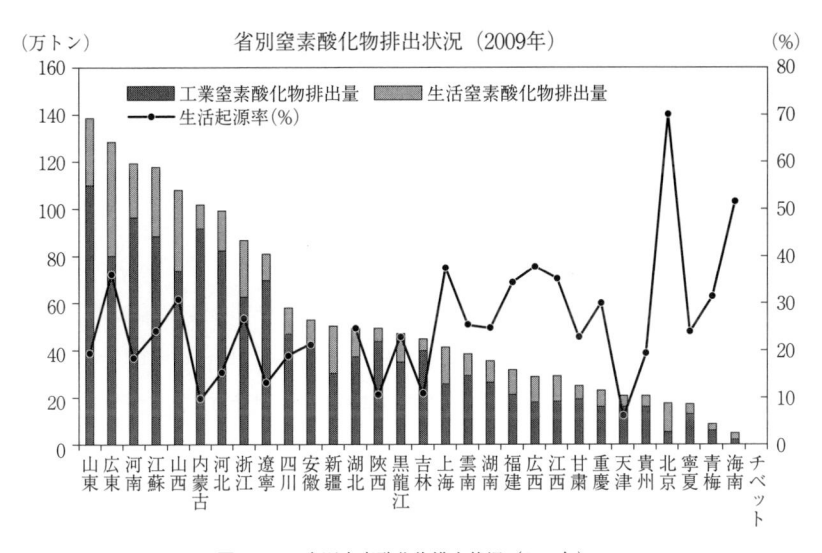

図10-3 省別窒素酸化物排出状況（2009年）
（出所）『中国環境統計年報2009』より作成，[データ・資料] 第Ⅱ部 統計，258頁，中国環境問題研究会編『中国環境ハンドブック2011～2012年』2011年，蒼蒼社。

ら，環境問題も農村を中心に発生していた。80年代から90年代にかけて，改革開放政策の下で，経済発展を追求するようになると，環境汚染やエネルギー不足が大きな問題となった。環境政策も工場からの排出物による汚染の修復や省エネルギーなど，対象が多様化していった。

中国の人口の約54％，7.2億人を占めるのが農民である。中国には農村戸籍制度という独特の制度があり，戸籍は都市戸籍と農村戸籍に分けられている。農民はこの制度により都市住民と差別化されていて，農村戸籍の人は都市に自由に移動することは出来ない。そこで，社会生活上で不平等な扱いを受けている農村居住者が興したのが，いわゆる郷鎮企業であり，中国の工業生産の45％以上，ＧＤＰ（国内総生産額）の27％以上を占めている。

郷鎮企業とは，非国有で，100％外資ではない農村地域にある企業のことを指し，郷鎮営，村営，農民による共同経営，農民の個人経営，外資との合弁な

ど様々な形態がある。これらの企業の多くは立ち遅れた生産施設や不十分な環境対策のため，多くの環境問題を引き起こしている。農村地域からの水質汚染物資が中国全体の排出量の3分の1，あるいは半分近くを占めるともいわれている。

　郷鎮企業は農村に貴重な雇用機会と現金収入をもたらす一方で，深刻な環境汚染を引き起こしてきた。小規模のため，処理施設は不十分であり，環境保全意識も低い。業種の大半を占める製紙や皮革，メッキ，染色工業に伴う排水は大部分が，そのまま川に流され，固形廃棄物は土手に山積みされてきた。

　地方政府は汚染企業を主要な財源としているため，そういった企業に対して厳しい措置を取ることが出来ず，逆に汚染企業を保護しようとするケースが各地で見られる。改革・開放期の中国において，分権的な経済発展を可能にした地方主義を核とする政治経済構造が，地方レベルでの環境政策の失敗の背景にあるともいわれる。

　また，中国では伝統的に法律の強制力が弱く，「法に依拠せず，規定に従わず，法の執行が厳格ではなく，違法を追求せず，権力で法に代える」といった中国特有の「人治」が地方レベルの環境政策の実効性を骨抜きにしている。経済発展に伴って，汚染物質の排出圧力は日増しに増加しており，環境悪化の趨勢を抑えるのは難しい状況にある。

　中国における環境の汚染と悪化は，この国の環境保護の能力をはるかに凌ぐ速さで進行した。中国政府は行政上および法律上の指導を行うが，はるかに大きな権限を省や地方の役人に委譲している。また，中央政府は環境保護の取り組みにおいてキャンペーンを利用し，変化の原動力として市場を利用する。

　しかし，地方当局は環境保護法を守るか，数千人の地域住民を雇用する汚染企業を支持するかという選択を迫られれば，環境保護は地域経済にとって大きな負担だと考え，通常後者を選ぶ。地方の環境保護担当者も司法当局も，地方政府から予算をもらっているため，利害の対立は多くの場合，経済成長を優先する地方当局に有利な解決になる。

このように、環境保護の難しさの一端は地方レベルの政治経済の性格にある。地方政府官僚は、地域の財界人と深くつながっていることが多く、地元の工場を一部所有している場合もある。少なくとも部分的には自治体が所有しており、官僚の財産に直接寄与している汚染工場を取り締まるのは難しい。また、地方部局は地方政府の官僚機構に埋め込まれているため、環境コストがどれほどかかろうと、経済成長を高水準に保ちたい官僚から、強烈な圧力が環境保護局に加えられる。

本格化する環境保護への取り組み

1972年に、国連の初めての国際環境会議である「国連人間環境会議」（UNCHE）が開催された。中国は会議に代表団を派遣し、環境破壊と保護の問題を発展途上国と先進国との対立の文脈で問題提起したものの、政府は代表団の帰国を受け、逆に環境保護機関設立に向けて行動を起こした。翌年6月、中国は初めて全国環境保護会議を開催し、翌年には、国務院が環境保護問題を研究するため、国務院環境保護領導小組を設置するとともに、すべての省、市、自治区に対して、環境規制、調査、監視機関の設置を求めた。

「国連人間環境会議」への参加に触発されて、政府は1970年代から80年代に、中央と地方の両方のレベルで正式な環境保護機関を構築するプロセスに着手すると同時に、環境保護の法的基盤の整備を開始した。鄧小平は改革・開放を進める一方で、全国的な環境保護への取り組みを加速させた。中国の経済発展への道は環境に破壊的な影響を及ぼすことを鄧小平はすでに認識していた。78年には、憲法が改正され、「国家は汚染などの公害を防止するだけでなく、環境と天然資源を保全する義務を負う」ことが明記された。

また、翌年には、全国人民代表大会が、「中華人民共和国環境保護法」を可決した。この法律は環境保全の基本原則を確立し、環境保護のための法の細目づくりを促進するものであった。こうして、中国政府は、70年代から80年代初頭にかけて、一連の重要な会議を開き、産業及び海洋汚染等を規制する法令を

可決した。

　しかし，独立した環境保護機関を設立するまでには，かなりの時間を要し，紆余曲折を経て，ようやく88年3月に実現した。ついに，国家環境保護局は都市農村建設部から独立した地位を獲得し，国務院の直属となった。そして，89年，全人代常務委員会は正式に環境保護法を公布した。その中心となる四原則は①環境保護の調整，②汚染防止，③汚染者責任，④環境管理の徹底であった。

　90年代を通じて明らかになったのは，中国政府は環境保護の重要性を認識しながらも，問題の解決に向けて積極的に行動に移すことはなかったということだった。中国の環境機関は，部局間の交渉においてほとんど影響力を持たず，地方官僚は環境保護法に注意を払うことはなかった。

　地方の役人にとって，環境保護は最優先の課題ではなく，それより地域住民の経済水準の向上に重点を置いた。「まず発展，次に環境」という考え方は，80年代前半から90年代半ばまで中国の指導部内で，またメディアの中では堂々と言及されていた原則であったからである。

　1972年の国連人間環境会議から，92年にリオデジャネイロで開催された「国連環境開発会議」（地球サミット）までの20年は，中国の経済，政治，社会が大きく変動した時期である。しかし，中国代表団の姿勢は20年前の国連人間環境会議での姿勢とほとんど変わらず，国際社会の目には気候変動に関する国際合意を阻止しようとしているようにさえ映った。しかし，20年前もそうであったように，中国が国際舞台で強い抵抗を見せた後には，国内において環境意識と環境政策が大きく変わった。

　92年の地球サミットは，西欧の理念である市民参加を強調し，非政府組織（NGO）という概念を中国に導入することによって，中国政府の環境ガバナンスに対する考え方を大きく変えることに貢献した。地球サミットは，中国政府関係者にとって，2国間および政府間機関のつながりを超えた国際的な交流と協力に対する意識を高める結果となった。

　中国は地球サミットの後，環境保護の面で大きな進歩を遂げたものの，環境

中に放出される汚染物資の量は、いまだに許容レベルをはるかに上回っており、中国政府は生態系の破壊に効果的に歯止めをかけることが出来ないでいる。それはエネルギー部、国家計画委員会、外交部など環境にあまり熱心でない部局の官僚が、中国には第1に発展を推進する必要があると考えていることが一因である。彼らは先進国が工業化の過程で地球資源を消費し、環境を悪化させてきたと認識しており、汚染問題に対応する責任は第一に先進国にあると主張する。

　1995年8月、国務院は「淮河流域の水質汚濁防止に関する暫定条例」を制定し、強硬措置に踏み切った。年間生産量5000トン以下の小規模な製紙工場の1110カ所を閉鎖し、淮河方式と呼ばれる汚染企業対策を実施した。その後、この方式は全国的に採用され、96年7月から1年3カ月の間に閉鎖された汚染工場は、全国で計約6万5000カ所にも上る。

　地方産業は地元の貴重な財源であるため、各省や県レベルの政府には強権を発動してまで、企業の汚染に目を光らせるという空気があまりなかった。それが、郷鎮企業による環境汚染を招いた大きな原因である。

　2005年11月、中国石油吉林石油化学工場が爆発事故を起こし、ベンゼンなどの大量の有害物質が松花江に流出した。松花江は下流のハルピン市などの飲料水源として利用されていたため、大きな影響を与えた。また、当局が有害物資流出の情報を隠していたため大きな混乱を招いた。当時の解振国家環境保護総局長が責任をとって辞任した。この松花江水汚染事件を契機として中国の環境政策、情報公開政策に大きな転機が訪れた。

環境NGOとその活動制限

　環境の保全に正面から取り組まなければ、社会的・経済的コストは拡大する一方である。現在、中国政府は経済成長を維持しながら、環境保護も推進しなければならないというジレンマを抱えている。94年から、中国政府は環境保護を推進するため、官僚機構と法制度を整備し、市民に参加する道を開き、環境

ＮＧＯを認めるという新たな方針を打ち出した。そして，マスメディアに対しても，調査を奨励し，草の根の取り組みを支援している。

　中国政府は非政府組織（ＮＧＯ）の設立を認め，メディアが積極的に環境問題を取り上げることを奨励し，環境保護のための独立した合法的活動を行うことを容認した。これには国の正式な環境保護機関の弱点を補うという意味もあった。一方で，中国政府は，天然資源の価格引き上げや汚染工場の閉鎖のような厳しい措置をとることには，社会不安を引き起こす恐れを懸念して消極的である。

　中国政府は，住宅供給，医療，教育，年金，環境保全など従来担ってきた社会福祉に責任を持つつもりはなく，代わりに民間部門が国民の社会福祉ニーズに応えることを奨励してきた。そのために市民社会の出現に道を開き，中国メディアに一層の開放を認めたのである。その結果，中国の役人は，社会活動組織が「和平演変」，すなわち西洋民主主義への移行要求を助長するのではないかと危惧している。従って，中国政府はＮＧＯの活動範囲を慎重に制限してきた。

　中国政府はＮＧＯを育成し，発展させる必要性を強調しながらも，一方で95年から97年にかけて新規のＮＧＯの登録を２年間停止し，98年９月には国務院が「社会団体登録管理条例」を公布し，一連の規制を行った。この新たな規制は，すべてのＮＧＯの登録を義務付けるもので，このような団体は申請する前に政府機関から許可を受けなければならなくなった。政権を転覆出来るような大衆運動が小さな集団から起きる危険性を中国政府は恐れているのである。

　中華環境保護連合会の調査によると，環境保護を行う民間組織は2005年末の時点で2768団体であり，そのうち政府系団体が全体の半数を占め，政府部門から独立して結成された草の根組織は全体の１割に満たず，約200団体であった。また，民間組織管理制度の下で民政部門に登記した団体は全体の２割程度にしかすぎず，まったく登記手続きを行っていない団体も１割程度ある。

　さらに，海外に本部があり，中国で事務所を開いて活動を行っている国際Ｎ

ＧＯについては，団体登記しようとしても，登録制度がない。やむを得ず外国企業として登記したり，中国の研究機関との共同プロジェクト体として合法性を確保しているのが実態である。これは，「二重管理体制」に代表される民間組織の管理制度の硬直性が背景にある。団体登記に際しては，それを主管する民政部門だけではなく，活動分野を管轄する党・政府部門，または関連組織が「業務主管単位」として団体管理を行う。「二重管理体制」は，政府部門から派生したような社会団体には有利になるものの，逆に政府部門とは独立して結成された草の根ＮＧＯにとっては大きな壁となる。中国政府は国内でＮＧＯ部門の成長を認める一方で，その活動範囲を用心深く制限している。正式な規制に加えて，ＮＧＯの活動を停止できる効果的なメカニズムを政府は持っているのである。

　中央政府が活発化する環境ＮＧＯに寛容なのは，地方での汚染対策の監視と民衆に対する環境協力を安価に推進する機能を果たすからである。また，ＮＧＯは政府の権威主義的な部分を覆い隠す政治的な隠れみのとして機能し，中国はＮＧＯという社会団体を容認しているというメッセージを世界に送ることが出来る。政府のＮＧＯに対する支援はあくまでも条件付きであり，登録，資金，活動の場についてＮＧＯが課された規則は，ＮＧＯの活動の幅だけでなく，その数も制限している。

3　資源外交

資源確保の必要性

　1990年から2007年の間に，中国のエネルギー生産量は2.3倍となり，消費量は2.7倍に伸びた。中国は石炭，石油，天然ガスなど資源に恵まれており，1993年までは，国内のエネルギー需要を満たした上で，輸出に回すことも出来た。しかし，1990年代に入ると，開放政策の深化により経済成長が加速し，油田の供給能力も低下した結果，2002年にはエネルギーの純輸入国に転落した。

とくに，石油については，2003年に世界第2位の消費国，第3位の輸入国となり，2008年には対外依存度が51.4％に達した。持続的経済成長を維持するには，エネルギーの安定確保は不可欠であり，中国政府は国際的なエネルギー検疫，確保に力を入れている。

中国の石油会社の海外進出は1992年に始まった。当初は探鉱，開発という事業に集中していたが，1990年代後半からは石油生産まで手掛けるようになった。

エネルギーなどの資源の消費は経済発展と並行して急増し，東北地方などでは石炭，石油資源の枯渇が深刻な問題となってきた。遼寧省撫順市は100年以上の採掘の歴史を持つ石炭の露天掘りの町として知られるが，この間に推定埋蔵量の半分以上を掘り尽くした。黒龍江省大慶市にある大慶油田でも石油の掘削効率が年々悪くなってきており，資源の枯渇の危機が深刻になってきている。

急速な経済成長に伴いエネルギー不足が深刻化する中国は，海外での石油，天然ガスの開発促進に国家戦略として取り組んでいる。アフリカ，中東，ロシア，カザフスタン，南米のベネズエラ，米国やカナダなど，世界中の石油，天然ガス資源が埋蔵されている地域で，鉱区の確保や企業買収などを，政府と国営石油企業が一体になって進めている。

とくに，中国政府首脳が頻繁に資源国を訪問し，国営石油企業の資源確保を支援している。中東ではサウジアラビア，オマーン，イランなど湾岸産油国に，またアフリカでは，スーダン，リビア，ナイジェリア，アンゴラ，アルジェリア，エジプト，ガボン，コンゴなどに力を入れている。

中国政府は2000年まで移民を規制してきたが，今日では，海外で働きたいと思う中国人に，移民を奨励している。中国にとって，移民政策は，人口の増加，経済の過熱，公害の蔓延といった中国内部の問題を解決する1つの手段となっている。「中国には600本の河川があるが，そのうち400本は公害により生物のいない死の川だ。だから，3億人ほどアフリカに行ってもらわなくては国

がもたない」と語る中国の学者もいる。

中国のアフリカ進出

中国はアフリカの資源を自国に持ち帰るばかりではなく，廉価な商品を自国から携えてくるし，道路，鉄道，官公庁の建物の建設・修復もする。中国はアフリカ諸国のエネルギー開発にも積極的で，コンゴ，スーダン，エチオピアで水力ダムを建設し，エジプトでは民用原子力計画を立ち上げている。

また，中国はアフリカ全土を光ファイバー網でカバーしようという計画すら持っており，アフリカの各地に病院，無料診療所，孤児院を開いている。協力協定とセットになった友好条約，無利子借款とセットになった開発計画によって，中国は外交関係だけでなく，アフリカの国民感情の上でも，フランス，英国，米国をしのぐようになった。中国はともに非同盟国であることを強調し，中国式の経済発展を推奨する。世界銀行ＩＭＦ（国際通貨基金）が求める民営化，権力の分散，民主化，透明化を行わなくても，中国はアフリカを支援してくれる。

ギニアには何本もの大河が流れており，ダム建設に適した場所が122ヵ所もある。鉱山，ダム，水力発電所，鉄道，精錬所など，必要なものをすべてパッケージにした提案が出来るのは，中国だけである。資金は中国輸出入銀行から提供され，返済はアルミニウムで行う。ギニア側は，最終製品のアルミを中国に輸出するだけで，租税収入，雇用，インフラ，エネルギーを得ることができるという好条件になっている。

これに対し，ＥＵは「グッド・ガバナンス」と民主主義が行われていないとして，ギニアへの食糧援助を停止した。1991年以降，欧米諸国は金融支援の条件として，民主化を持ち出したが，中国はこれを人権を口実にした内政干渉だと批判している。中国にとって，アフリカの政治体制がどのようなものであるかは関係ない。こうして，中国はアフリカから受け入れられ，欧米勢力を駆逐しつつあるのである。

中国の紐のつかない50億ドル規模の経済援助は，アフリカ各国の政府と指導者たちにしてみれば大変魅力的なアメであり，見返りに資源の探鉱・開発権益を与えることになる。
　彼らは，「欧米の首脳が来ると，政治的なアジェンダを持ってきて，国連の改革と地域紛争のことしか言わない。しかし，中国は違う。それは経済だ。人権など政治的なことは一切言わずに援助をしてくれる」と中国の支援を歓迎している。
　1995年，江沢民国家主席はアフリカ訪問した。この訪問を機に，中国はアフリカへの本格的進出を開始し，中国の大企業に向けて，「海外に行って，世界レベルの企業になれ」と号令をかけた。1990年代末から，アフリカのインフラ整備プロジェクトは，例外なく中国政府から強い支援を受けることになった。プロジェクトの入札案内が発表されれば，中国輸出入銀行からの融資に加え，どこの国の競争相手よりも有利になるような援助が中国の応札企業に与えられたからである。
　スーダン政府が支持するアラブ系民兵が，アフリカ系住民を迫害し，20万人の住民が虐殺され，隣国のチャドとの国境に250万人もの難民が出るなど，ダルフール紛争が深刻化した。ダルフール紛争については，ブッシュ米大統領が，「21世紀最大の虐殺」として，スーダン政府を制裁するよう求め，国連安全保障理事会でも中国に対する国際社会の批判が高まった。
　このように，中国は資源確保のためには，人権や民主主義，あるいは兵器の輸出等で問題視されている国であっても積極的に進出している。中国の資源確保政策は，国際的ルールに反しており，欧米諸国は中国の資源外交に対して警戒感を抱いている。中国が石油や天然ガスの確保に国を挙げて取り組むのは，資源の安定確保が国家存立を左右するとの強い危機感が背景にある。
　高度経済成長を続けるためには，その膨大な資源需要を満たすことが，中国の最重要課題である。中国は国家戦略として，胡錦涛国家主席と温家宝首相が先頭に立って世界に向けて資源確保のための首脳外交を展開してきた。2006年

11月,中国はアフリカ諸国48カ国の首脳を北京に招き,「中国・アフリカ会議」を開催した。そこでは,双方の「内政不干渉」を前提に,戦略的関係の構築などを目指した「北京宣言」を採択した。中国がこの会議を主催した最大の狙いは,豊富な資源に恵まれたアフリカ諸国への影響力をさらに拡大することであった。

文献案内

エリザベス・エコノミー／片岡夏美訳『中国環境レポート』築地書館,2005年。
  ＊中国の環境問題の背景となる制度,社会,政治,経済の構造を分析している。環境保護の障害として「先に経済発展,後で環境対策」といった考え方,中央政府と地方政府との関係,環境NGOの制限などの問題を明らかにしている。

藤野彰編・読売新聞中国環境問題取材班『中国環境報告——変容する大地は甦るか［増補改訂版］』日中出版,2007年。
  ＊環境問題取材班が総力をあげて現地取材を行い,中国の環境汚染の危機的状況を明らかにしている。河川断流,砂漠化,酸性雨などの環境破壊や,大気汚染,石炭依存体質,車急増,素銀汚染などの環境汚染の実態も明らかにしている。

小柳秀明『環境問題のデパート中国』蒼蒼社,2010年。
  ＊中国は従来型の大気汚染,水質汚濁,土壌汚染などの従来型の公害問題だけでなく,ダイオキシン・環境ホルモン,砂漠化,生態環境保護,地球温暖化などの新しいタイプの問題を抱え,しかもそれぞれのスケールが大きいことが強調されている。

中国環境問題研究会編『中国環境ハンドブック——2011～2012年版』蒼蒼社,2011年。
  ＊本書はハンドブックという名称通り,中国の環境問題に関する特集と,環境問題にデータ・資料から構成されている。エネルギー消費,環境汚染,水資源などの統計データが図表・グラフでわかりやすく示されている。

セルジュ・ミッシェル,ミッシェル・ブーレ／中平信也訳『アフリカを食い荒

らす中国』河出書房新社，2009年。
　＊中国が資源確保のため，アフリカ進出を活発化させ，欧米先進国にとって変わろうとする姿を現地取材により明らかにしている。先進国の「援助主義」より，中国の「市場主義」が成功している例が多数示されている。

終　章
中国がつくる21世紀の国際秩序

中園和仁

1　「屈辱の歴史」からの脱却

歴史が残した問題

　アヘン戦争を機に，中国は西洋列強の経済進出と侵略にさらされ，中国を中心とする「中華帝国」的秩序と「王朝体制」は崩壊への道をたどる。中国は「不平等条約」体制の下で主権の一部を失い，いわゆる「半植民地」の状態に陥り，次第に西欧の「国民国家体系」に組み込まれていった。

　西欧列強によって半植民地化された中国の歴史は，中国人にとっては「屈辱の歴史」である。全国を統一した国民党は，近代国民国家としての主権確立を目指す外交を展開し，関税自主権を回復し，不平等条約体制の克服に努めた。第2次世界大戦中の1942年には，中国はついに米・英との不平等条約撤廃に成功し，戦後は日本から東北地方（旧満州）と台湾を回復した。中国は百年を経て，国民党の手によって，ようやく列強による支配，半植民地状態から抜け出すに至った。

　しかし，間もなく国民党と共産党との間に内戦が開始され，国共内戦に勝利し，全国を統一したのは中国共産党であった。1949年10月，共産党は中華人民共和国の成立を宣言した。新中国は同じ共産党政権のソ連への全面的傾斜の道を選択するとともに，残存する帝国主義の影響を一掃する方針を打ち出した。

　国民党に劣らず，共産党政権の主権確立の意識は強固であり，国家統一は新中国にとっても最大の使命であった。歴史が残した問題，すなわちイギリスの

植民地香港・ポルトガルの植民地マカオの回収，および敗走した国民党が支配する台湾の解放が，新中国が取り組むべき課題となった。蔣介石の国民党は香港返還を「百年来の悲願」としたが，毛沢東の新中国にとってもそれは変わらなかった。しかし，戦後の米ソ冷戦の状況のなかで，朝鮮戦争を機に，米国は中国にとって最大の脅威となり，台湾の武力解放が困難となっただけでなく，香港・マカオの問題の解決も棚上げせざるを得なかった。

「富強大国」への道

　建国後30年近くを経て，中国は改革・開放路線に転換すると同時に，植民地の問題の解決にようやく着手した。鄧小平の中国は「新界」の租借期限（1898～1997年）問題を契機に，香港回収工作に乗り出す。中国は「1国2制度」（1つの中国に，2つの異なる制度）構想の下に，植民地の回収を実現しようとした。

　本来，「1国2制度」構想は台湾の統一を目標に考案されたものであったが，先に香港とマカオに先に適用されることになった。交渉の結果，1997年に香港は中国に返還され，99年にはマカオも本土に復帰した。香港とマカオはそれぞれ「高度の自治」を享受する中国の「特別行政区」となった。しかし，中国の指導者にとって，台湾の統一が実現しない限り，建国以来の使命は終わることはない。

　一方，西欧の「国民国家体系」に取り込まれた中国は，近代的で富強の国民国家を創り出すというもう1つの課題に取り組まなければならなかった。そして，建国後の中国が目指したのも「富強の大国」であった。大衆の「主観的能動性」に依拠した生産力の飛躍的拡大を目指す「大躍進」政策により，「2年でイギリスを追い越し，15年で米国に追いつく」という目標が掲げられた。しかし，経済の原理を無視した「大躍進」政策は失敗し，共産主義社会の初期段階の組織化を試みた「人民公社」，そして飛躍的増産を目標とする「総路線」といった精神論による経済発展の試みはいずれも失敗した。「平等主義」「平均主義」の計画経済は，中国の経済発展の大きな障害となり，その結果，中国の

終　章　中国がつくる21世紀の国際秩序

国内経済は疲弊・停滞し，発展から取り残された。

　1978年の中国共産党11期3中全会での「改革・開放」路線への転換を機に，「市場経済」の原理が導入され，中国経済は一気に急速な発展へと向かった。それ以来，30年を経て，中国は世界第2位の経済大国へと変貌し，中国が夢見た「富強大国」への道は実現に向かいつつある。しかし，主権確立，すなわち台湾の統一を目標とする国家統一，及び領土保全と，富強の近代国家の建設という建国以来の2大目標に向かう中国のエネルギーは衰えるどころか，ますます勢いを増している。

2　統合（国家統一）か分離（独立）か

国家統一へ向けて

　広大な大陸からなる中国は，現在も統合（国家統一）と，分離（独立）の動きという2つの相反するベクトルに直面している。国家の統一に関しては，「1国2制度」構想の下に「植民地」香港・マカオの回収に成功したが，適用対象となるべき台湾の統一に関しては，台湾側との間に交渉の目途すら立っていない。一方，国内には，分離・独立の動きを示すチベット，新疆ウイグル，内蒙古の各自治区の少数民族問題を抱えている。

　中国が提唱する「1国2制度」構想は，統一のための枠組みであるが，人民解放軍を駐留させている香港・マカオとは異なり，台湾に対しては独自の軍隊を保持することを認めており，さらに譲歩する寛容な姿勢を示している。

　しかし，台湾側からすれば，台湾が中国の「特別行政区」になるということは，それは自らが地方政府に転落することを意味している。台湾の人々にとっては，民主化した台湾が一党独裁の中国の地方政府になることは受け入れがたい選択肢である。台湾側には，最終的に独立を目指す民進党と，中国との国家統一を目標とする国民党とが政権争いを続けているが，いずれも中国が提唱する「1国2制度」の受け入れには否定的である。

229

1992年に，中国と当時の国民党政権は「一国共識，各自表述」（1つの中国を共通認識とするが，解釈はそれぞれが行う）という原則で合意した。この合意を基礎に，一時台湾側に持ち上がったのが「邦連制（a confederation）」の考え方である。これは当時の連戦国民党副主席が提唱したもので，各構成国が条約を締結することで結成される独立性の強い国家連合を指す構想である。その構成国はそれぞれに独自の憲法，外交権を持ち，他の構成国に拘束されることなく，離脱も自由に出来る状態にあるとされる。つまり，この「邦連制」には台湾が再び中国から分離・独立出来るという含意がある。

「邦連制」による統一

　「邦連制」から「連邦制（a federal system）」へ徐々に移行することが，平和的統一へつながる道であるとされ，より緩い構造の「邦連制」，あるいは関係が深化した「連邦制」は中国の一地方政府に転落したくない台湾の国民党政権にとって，唯一受け入れ可能な選択肢であった。

　しかし，中国側は香港やマカオに適用している「1国2制度」方式での中台の統一を望んでおり，「邦連制」による統一はその選択肢にはない。また，中国は多数の少数民族を抱え，特殊な歴史的背景を持っており，もし台湾側が主張する「邦連制」を受け入れれば，チベット，新疆，そして内蒙古が同様の要求をしてくる可能性がある。

　そうなれば，中国は台湾との平和的統一を達成する前に，国内が分裂する危険すら起きかねない。中国が香港，マカオに対して，「邦連制」ではなく，あくまでも統一のための枠組みである「1国2制度」と「高度の自治」を適用した理由もそこにあるといえる。

　馬英九総統は2期目の就任演説（2012年5月20日）で，中台関係について「統一せず，独立せず，武力行使せず」の「3つのノー」の方針を確認した。これは「現状維持」の方針を当面継続することを意味している。独立への方向は中国の武力行使を招く危険性があるし，共産党の支配する中国との統一へ向けて

の動きは，台湾住民の理解を得ることが難しいからである。言い換えれば，「現状維持」というのは現在の状態が何も変わらないということであり，「事実上の独立」状態を保持するということでもある。

これに対して，中国は経済協力枠組み協定の下で，貿易やサービスの分野での自由化を促進しながら，中台経済の一体化を推進する方向に動いている。これは「先経後政」（経済が先で政治は後）という原則の下で，経済協力を推し進めながら，台湾統一へ向けた政治協議の実現を狙ったものである。これは武力を行使することなく，平和的に台湾を統一するという「1国2制度」構想へ台湾を取り込む動きでもある。

分離・独立問題

次に，統合・国家統一とは逆のベクトルとなる中国国内の分離・独立の動きに目を転じると，少数民族居住地域においては，中国政府の統治のあり方に不満が噴出し，抗議行動が頻発している。特に，チベットや新疆での政府の政策に対する抵抗は絶えず，中国は武力で分離の動きを抑え込んでいる。

1988年6月15日，ダライ・ラマ14世はストラスブールの欧州議会で，「チベット独立」の主張を放棄するかのような提案を行った。提案は「中道路線」と呼ばれるもので，その骨子は以下のようなものである。

①中国政府はチベットの外交に責任を持ち，一定期間軍隊を駐留させる権利を保有する。②全チベット，すなわちチベット自治区および青海，四川，新疆の大部分は，中国と「自由な連合」を構成し，自治民主政体となる。③チベットを非核非武装地帯化する。

中国側はこのダライ・ラマの提案を受けて，9月23日に，59年以来，初めてダライ・ラマとの直接交渉を行う用意があることを声明し，直接交渉のための3つの条件を提示した。中国側の逆提案の概要は以下のようなものである。

①チベット独立の考えを放棄すること。②ダライ・ラマ個人との交渉であり，亡命政権とは交渉しない。③会談には外国人は参加できないこと。

その後，中国側とダライ・ラマ側との間で水面下での交渉が続けられたが，今日に至るまで問題解決には至っていない。それでは，ダライ・ラマが提唱した「中道路線」の本質はどのようなものであろうか。その提案は本当に独立の考え方を放棄したものだろうか。

「中道路線」の本質
　まず，提案②の「自由な連合（Free Association）」という考え方であるが，これは，連合国家（An associated state）はその国内の行政管理に関しては制約を受けず，連合関係そのものを一方的に解消する権利を含む地位を保持するというものである。そして，主要国家（The principal state）中国と，連合国家チベットとの関係は国際法によって規定され，主要国家の国内法の範疇には属さないものとされる。
　この「自由な連合」の考え方は植民地支配体制のアンチテーゼとして生み出され，形成された「民族自決権（Self-determination）」から導き出されたものである。非自治地域を含むすべての自由な自決権行使の形態として，①主権独立国家の確立，②独立国家との自由な連合，③独立国家との統合の3つの形態があげられるが，「自由な連合（Free Association）」という形態は，まさに独立（Independence）と統合（Integration）の中間に位置するものである。
　このダライ・ラマが提案した新しい関係は，18世紀後半から19世紀にかけての清朝とチベットとの関係，すなわち「冊封体制」における宗主国と属国との関係とも類似している。提案①はチベットの非軍事化，または中立化が実現されるまで，中国は防衛目的のみに限られた軍事施設を維持する権利を有するというものである。(1788年から92年にかけて，ネパールのグルカ族が西チベットに攻め込んだため，清朝は軍隊を送り，チベットを守った。その後，清の軍隊はチベットに駐留し，皇帝の代理人がチベットの対外事務に対する支配権を行使する権限を与えられた。)
　また，提案②の全チベットの民主政体化，および提案③の非核地帯化という

終　章　中国がつくる21世紀の国際秩序

考え方は，中国側からすれば，到底受け入れられない。この地域は中国領土の4分の1を占めるだけでなく，中国にとって反政府的な少数民族が居住しており，またインドと国境を接しているため，中国の国家安全保障と密接に関わっているからである。かつてのように全チベットを，緩衝機能を果たす形の「非核平和地帯」にして，国境紛争をなくそうとするダライ・ラマの理想主義で，平和主義的な考え方とは全く相容れない。

中国政府は，「中国の領土保全の侵害を意図したダライ・ラマの活動を支持するいかなる外国の組織，及び個人にも反対する」という立場であり，またいわゆる「中道路線」に対しては，次のように評価している。「チベットは独立，半独立，あるいはいかなる形の独立も得ることは認められない。いくらか声のトーンに変化はあるが，ダライ・ラマは依然としてチベットが中国の一部であるということを否定している。」

国家分裂を恐れる中国

一般には，これまでダライ・ラマの演説はチベットの独立を放棄するものとして広く理解されている。しかし，実際には，「連合国家」は，その行政管理に関しては制約を受けず，「連合」関係そのものを一方的に解消する権利を含む地位を保持すること，そして，「主要国家」と「連合国家」との関係は国際法によって規定され，「主要国家」の国内法には属さないものとされる。

従って，「自由連合」の考え方は，外交権は持たないものの，本質的には「その構成国はそれぞれに独自の憲法，外交権を持ち，他の構成国に拘束されることなく，離脱も自由に出来る状態にある」とする国民党の連戦が提起した「邦連制」に極めて近いものといえよう。領土保全，主権確立の意識が極めて強固な中国が，「邦連制」と同様に，離脱可能な「自由連合」の提案を受け入れることは難しい。

しかも，中国はチベットや新疆，そして内蒙古に「1国2制度」を適用することですら厳しく禁止している。「1国2制度」を香港，マカオ，そして台湾

に適用するのは，事実上中国から分離していた，あるいは分離しているこれらの地域の統一を促進するための枠組みだからである。すでに中国の「区域自治区」として規定され，中国に組み込まれているチベットや新疆，そして内蒙古にそれを認めることは，逆にこれらの地域の分離の動きを加速しかねないと考えられている。

　従って，ダライ・ラマの提案を受け入れるという選択肢は中国には全くないといえよう。中国の歴史は国家が分裂を繰り返してきた歴史でもあり，歴代王朝はこの国家分裂を最も恐れてきたが，この点では中国政府も全く同じである。これまでの経緯からすれば，21世紀の中国も国内の分離・独立の動きを警戒しながら，最終目標である台湾統一の実現に全力を尽くすという頑なな姿勢は変わることはないだろう。

3　富強大国への道——国家建設と経済発展

世界一になる中国のGDP

　ノーベル経済学賞受賞者で，シカゴ大学教授のロバート・フォーゲルによると，2040年には，中国の国内総生産（GDP）は購買力平価ベースで123兆ドルに達し，全世界のGDPの40％を占めることになり，14％の米国を抜いて世界第1位になるだろうと予測した。また，中国人の1人当たり国内総生産（GDP）でも，現在の14倍以上の8.5万ドルに達し，米国には及ばないにしても，日本を追い抜くとしている。

　フォーゲルは，インタビューに答えて，「もともと経済活動の規模は人口で決まるものであるから，中国が30年後に世界のGDPの40％を占めるようになるというのは，本来あるべき自然な姿になっていくということである」とも述べている。（『東京新聞』2010年5月14日付）

　これは中国が目指している21世紀の「富強大国」の像と一致するものである。中国経済はこれまで年率9〜11％で成長してきたが，このような予測は今

終　章　中国がつくる21世紀の国際秩序

後も引き続き高度経済成長が継続することを前提としたシナリオである。

　しかし，中国ではＧＤＰは国家の威信を表す指標でもあり，中国政府はＧＤＰ至上主義の政策を追求しているという批判も少なくない。ＧＤＰ値を増やすために，鉄道建設や自動車産業保護のために，税金が投入され，ＧＤＰ値がそのまま役人の実績となるため，地方政府は数字を水増ししているという指摘もある。地方政府は税収確保のため，企業が環境対策を怠っているのを見逃し，結果として環境破壊を助長している例も多い。

経済成長の阻害要因

　また，これまでの中国の経済成長は主に不動産投資を増やし続けてきた結果であり，不動産市場が経済成長の原動力となってきた。しかし，2012年4月時点で，全国の開発業者が抱えている不動産物件の在庫は，時価総額で5兆元（約64兆円）に達しており，中国のＧＤＰ規模の1割以上に相当するという。中国の不動産バブルを懸念する声は少なくない。また，地方政府が不動産開発のために，農民の土地を勝手に売却したり，住民の住居を強制撤去したりするなどして，住民との間にトラブルが発生している。

　高い成長で潤っているのは政府と国有企業だけであり，一部の金持ちと庶民との深刻な所得格差も大きな問題となっている。高い成長の反面，中国の貧困率は非常に高く，北京などの大都市の8割以上は低所得者だという。

　また，国のＧＤＰは9～11％で増えてきたにもかかわらず，中国の1人当たりの平均ＧＤＰはわずか約3800ドルに過ぎず，「国家は豊かだが，国民は貧しい」という声も聞かれる。中国では，所得の分配が不均衡であり，収入の格差は極めて深刻な問題となっている。中国国家統計局の発表によれば，毎日1ドル以下で暮らす人は1億5000万人もいるという。

　ちなみに，中国各紙報道によると，所得格差の代表的指標であるジニ係数が2010年に0.61と世界最悪水準に達していたことが明らかになった。ジニ係数は国際的に0.4以上が「社会紛争の多発する警戒線」とされているが，中国では

235

これをはるかに上回る経済格差が生まれていることになる(『産経新聞』2012年12月11日付)。

また、中国国家統計局が7月に発表した2012年4〜6月期の国内総生産(GDP)の実質成長率(速報値)は、前年同期比7.6％と6四半期(1年半)連続で鈍化し、リーマン・ショック直後の09年以来、約3年ぶりに8％の大台を割り込んだ。欧州債務危機の影響による輸出鈍化などが主な要因といわれる。中国は、成長率の目標を7年連続で8％に設定してきたが、2012年は目標を7.5％に引き下げており、今後もこれまでのような高度成長を続けることは難しくなりつつある。

1 人っ子政策

中国が現在の経済成長を維持出来なくなると考えられるもう1つの問題は、「1人っ子政策」がもたらす影響である。生産年齢人口が1980年の6億人から2010年には9億7000万人に増加したため、豊富な労働力で高成長を享受することが出来た。しかし、国連の予測によると、中国の生産年齢人口は2015年に10億人に達し、ピークを迎えた後、緩やかに減少していくという。

「中国は『1人っ子政策』の結果、向こう20年間で労働者と退職者の比率が大きく逆転するため、現在の成長率を維持できない」(2012年2月16日のバイデン米副大統領のフロリダ州での講演のなかでの発言)可能性がある。従って、21世紀に中国が米国を抜いて世界最大の経済大国として君臨するというのは楽観的過ぎるかもしれない。中国は史上唯一、豊かになるのを待たずして、先に高齢化問題に直面する可能性があることも指摘されている。

今後、中国では1人っ子の肩に、両親2人と祖父母4人の老後がのしかかることになり、若い世代の負担は計り知れない。政府の社会保障のための支出は不十分であり、高齢者のための医療施設や老人ホーム、資格を持ったケア・ワーカーなどの整備はほとんど進んでいない。一方で、中国で国民皆保険・皆年金制度が実施されるようになったのはつい最近であり、地方部人口の3分の

終　章　中国がつくる21世紀の国際秩序

2は年金を受けていないという。

民主化の行方

　最後に，今後中国の民主化は進展するかどうかという問題である。中国国内には，共産党による一党独裁がもたらす腐敗，経済格差などに対する不満が満ち溢れており，民主化運動が再燃する可能性もある。ただ，中国が民主化に着手する上で，最も重要な試金石は，「天安門事件」の再評価問題である。中国政府が「反革命暴乱」と規定している事件の評価が変わらなければ，決して民主化の道は開かれない。

　2012年5月に，中国中南部の貴州省などで，天安門事件の記念行事が当局に黙認され，事件で両足を失う重傷を負った米国在住の民主活動家方政氏が同事件の記念行事に参加するため，香港へ入境出来るなど，今年は民主化活動家や遺族への締め付けが例年より緩和されたとの報道もあった。

　しかし，遺族や関係者への監視や盗聴がなくなったわけではなく，とくに北京在住の関係者や人権・民主活動家は依然として厳しい状況に置かれているという。中国が規制している検索ワードには政府の指導者の名前や盲目の人権活動家，陳光誠氏などの著名な反体制活動家の名前，さらに1989年の天安門事件に関係する言葉が含まれている。

　中国はいくつかの方法でインターネットの検閲を行っており，海外のサイトにはフィルタリング技術を利用して，好ましくないキーワードを含むウェブページへの接続を制限している。また，フェイスブックやユーチューブ，ツイッターのようにサイト全体への接続が遮断されることもある。中国国内のサイトについては，サイトの運営者が政府の要請に従わない場合，当局が権力を行使してサイトを閉鎖するといった強硬措置が執られている。

　現時点では，伝統的専制政治の連続性に大きな変化は見られず，中国では共産党の一党独裁を保持するために，広範囲にわたって人権の抑圧，弾圧が行われている。

4　21世紀の国際秩序と中国──新秩序の模索

既存の国際秩序への挑戦

　21世紀は，リーマン・ショックやEUの債務問題などで国際社会での影響力が低下する欧米と，経済成長を続け，台頭する中国という構図で描かれることが多い。欧・米・中間のパワー・バランスの変化が大きくなるにつれ，国際秩序にはグローバル・パワー・シフトが起きているということが出来る。とりわけ，米ソ冷戦終結後，唯一の超大国となった米国と，急速な経済発展に伴って台頭する中国のとの間の利害が様々な形で衝突しつつある。

　中国の既存の国際秩序に挑戦する動きは，南シナ海の領有権を巡る問題に象徴的に現れている。中国の主張によれば，同海域は「自古以来」（古来）の中国の領域であり，中国がほぼすべての管理権を有することになる。中国がかつてアジア地域に「華夷秩序」を構築していた時代へ回帰することを主張しているかのようにも見える。

　しかし，現実には尖閣諸島に対する領有権の主張と同様，1970年代にこの海域に海洋資源が発見されてから，自国の権利を強く主張し始めるようになった。急速な経済発展に伴って，2001年からの10年間で，中国の1次エネルギー消費量の年平均伸び率は10％を超えている。今後も自国の経済成長を維持するには，資源・エネルギーの確保が不可欠であり，これが豊富な資源が埋蔵されている南シナ海への中国の積極的な進出の背景である。

　さらに，南シナ海は中国にとって重要な海上交通路でもある。中国は原油輸入量の5割弱を中東に依存し，その大半が南シナ海を通って搬送される。同領域は「世界の工場」としての中国にとって，資源・エネルギーの供給網を維持する重要なルートでもある。

　そのため，中国は，海空軍を中心に軍備を増強して徐々に力を蓄え，時間をかけて南シナ海を自らの影響下に置くような動きが見られる。最近では，南シ

終　章　中国がつくる21世紀の国際秩序

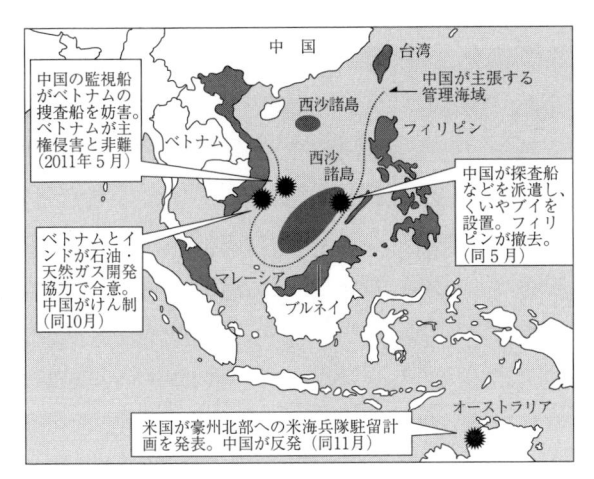

図終-1　南シナ海での中国と他国・地域を巡る動き
(出所)『日本経済新聞』(2012年1月1日)。

ナ海をチベットや台湾なみに「核心的利益」と位置づけるまでになっており，一切の譲歩を許さないという強硬な姿勢が目立つ。

仮想ライン第1，第2列島線

　ところで，中国の海洋進出は，1982年に鄧小平主席の意向を受けた人民解放軍の劉華清海軍司令官が打ち出した軍近代化計画に始まるといわれる。劉華清は仮想ライン第1・第2列島線の概念を打ち出し，遠洋型海軍の建設を提唱した。その目標は，2000年までに，中国近海の防衛を固めることに専念し，2010年までに，第1列島線内部の制海権を確立する。このラインは日本列島の南端から，沖縄を経由してフィリピンあたりまで伸びる。さらに，中国が自国の領海と主張する南シナ海のU字型ラインとつながっていく。

　そして，2020年までに第2列島線内部の制海権を確保する。このラインは日本列島の中心からグアムへと延びる。この2つのラインで米国海軍の接近を拒否し，米国の台湾防衛を弱体化させることを目的としていると考えられている。

図終-2　U字型の第1列島線
(出所)「湯浅博の世界続解」(『産経新聞』2010年9月15日付)。

　さらには、2040年にまでに、太平洋、インド洋において、米軍と制海権を競うというものである。2007年5月、中国を訪問した米太平洋軍のキーティング司令官は、会談した中国海軍幹部から、ハワイを基点として米中が太平洋の東西を「分割管理」する構想を提案されたことを明らかにしている。これは、中国が航空母艦を保有した場合、ハワイ以東を米国が、ハワイ以西を中国が管理することで、「合意を図れないか」という打診だったという。

　この「太平洋分割案」は中国が従来の国防圏としていた沖縄以西の第1列島線のみならず、第2列島線をも大きく踏み超えるもので、2040年までに米軍と対等の制海権の確立を目指した劉華清の最終目標とも一致する。もし、2040年に中国の海洋覇権の計画が達成されれば、台湾は中国に呑み込まれ、日本のシーレーンは中国の脅威に常にさらされる危険性も指摘される。

　中国が強化しつつある「アクセス拒否能力」の目的は、短期的には台湾への米国の介入を阻止するためのものであり、中長期的にはこれまでの領土や資源

終　章　中国がつくる21世紀の国際秩序

の帰属を含む地域秩序のあり方に挑戦するものと見られている。そして，中国はその手段として各種の水上艦艇，潜水艦，戦闘機，爆撃機，巡航ミサイル，弾道ミサイル，対艦弾道ミサイル（ＡＳＢＭ）などを増強し，開発に力を注いでいるといわれる。

急増する軍事予算

　中国軍高官の証言によると，中国の2011年の国防予算は，実際には公表額の1.7倍に上っている。一方，中国当局は，2012年の国防予算案が前年実績比11.2％増の6702億元（約8兆7000億円）になると発表した。しかし，実際の国防予算は12年もこれを大きく上回っていると推定される。また，国会にあたる全国人民代表大会（全人代）報道官の李肇星前外相の記者会見によると，12年の国防予算は当初予算比では11.5％増で，24年連続の2桁増となる。実績比とともに11年の国内総生産（ＧＤＰ）の伸び率9.2％を上回る水準となっている。

　2012年4月に，スウェーデンのストックホルム国際平和研究所（ＳＩＰＲＩ）が発表した「世界軍事費報告」によると，昨年の世界の軍事費は全体で1兆7380億ドル（約139兆7400億円），国別では米国（7110億ドル）が1位で，中国（1430億ドル）が2位となっている。現時点では，米国は中国の約5倍で，全体の4割を占めている。

　また，米国のランド研究所が2011年にまとめた報告書『中国との衝突』によれば，中国の経済成長がこのまま続き，軍備拡大に邁進する仮定すると，今後20年間で米国の国内総生産（ＧＤＰ）と国防費を凌駕し，「対中抑止力の努力を怠れば，中国の野心がコントロール出来なくなる」と警告を発している。

　このような欧米側の警告に対して，中国は次のように反論している。「中国は一貫して国防建設と経済建設の協調的発展の方針を堅持し，国家の安全保障上の必要と国民経済の発展水準に基づき，国防予算の規模を合理的に定めている。安全保障上の必要と経済力以上に軍事力を発展させることも，いかなる国と軍拡競争を行うこともない。」（『人民網日本語版』2012年2月24日付）これは，

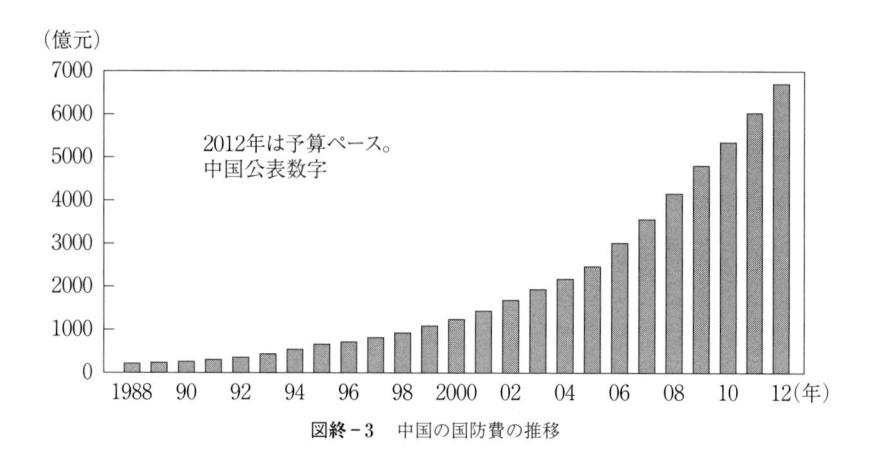

(億元)

2012年は予算ベース。
中国公表数字

図終-3　中国の国防費の推移

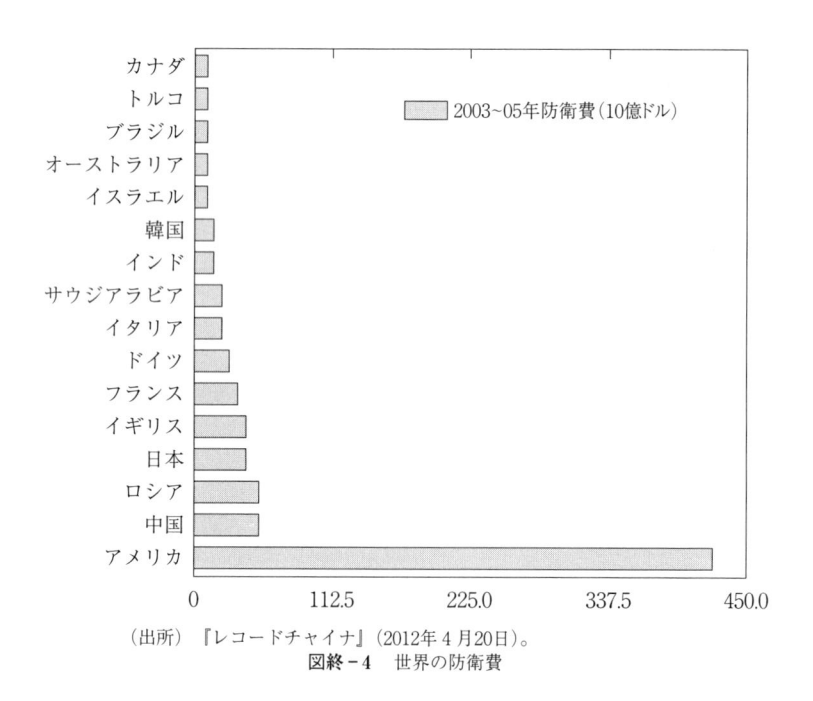

2003～05年防衛費（10億ドル）

カナダ
トルコ
ブラジル
オーストラリア
イスラエル
韓国
インド
サウジアラビア
イタリア
ドイツ
フランス
イギリス
日本
ロシア
中国
アメリカ

（出所）『レコードチャイナ』（2012年4月20日）。
図終-4　世界の防衛費

序章で述べた19世紀のビスマルク後のドイツの主張と極めて類似している。

しかし，中国の海洋戦略はアメリカを含む他の近隣諸国には脅威と映っている。国連海洋法条約では，沿岸から200海里のＥＥＺ（排他的経済水域）の域内における海洋資源の開発は沿岸国の独占的な権利が認められているが，軍艦を含む外国船舶の域内の航行は自由である。

国際ルールをめぐる意見対立

中国は1996年にこの条約を批准した際，一方的に自国ＥＥＺ内の外国の軍事艦艇の航行は沿岸国である中国の許可を必要とすると宣言した。ＥＥＺ上の空を飛ぶ外国の軍用機も同様である。2001年に，海南島付近の南シナ海上空で，米国の偵察機による情報収集を阻止しようとして，米中双方の軍用機が空中衝突する事件が起きたが，これはＥＥＺ内の中国の意思表示と受け取ることも出来る。

さらに，2006年には，新たな声明を出し，海洋法が規定している紛争解決のための国際機関への提訴の義務付けは受け入れないと宣言した。これは中国が海洋紛争，領土紛争では国際調停を拒否するものであり，国際規範の無視を意味する。中国はあくまでも当事国による２国間協議を主張しており，「南シナ海の航行の自由は米国の国家利益だ」として，関係国の多国間協議を支持する米国の主張とは真っ向から対立する。

ＡＳＥＡＮをはじめとするアジア諸国は，中国の影響力の増大に対するリスク回避策として，防衛と政治領域での対米協調を双方向で進めてきた。パネッタ米国防長官は2012年６月２日，シンガポールで開催中のアジア安全保障会議で講演し，2020年までに「太平洋と大西洋に５割ずつ配備している海軍力を見直し，６割を太平洋に振り向ける」考えを明らかにした。

米国は海軍力を太平洋に振り向け，日本を含むアジア諸国との連携強化を示すことで，中国を牽制しようとしている。しかし，マレーシアのマハティール元首相は，このような米国の動きに警告を発し，次のように述べている。「ど

の国も他国を『脅威』とみる状況は不適切であり，封じ込めようとすれば中国が軍備増強で対抗し，軍拡競争になる。中国は歴史的に通商国家であり，帝国主義国家だったことはない。アジア諸国は対話を通じてお互いの理解を高める努力が必要だ。」

中国は既存の国際秩序に挑戦し，19世紀に西欧列強が追求してきた古典的パワー・ポリティックスを信奉しているようにも見える。中国との軍事衝突を回避するには，軍拡競争に陥ることなく，中国を「責任ある大国」として自覚させ，国際ルールを遵守する方向に導いていく関係諸国の努力が不可欠であろう。

中国地域区分地図

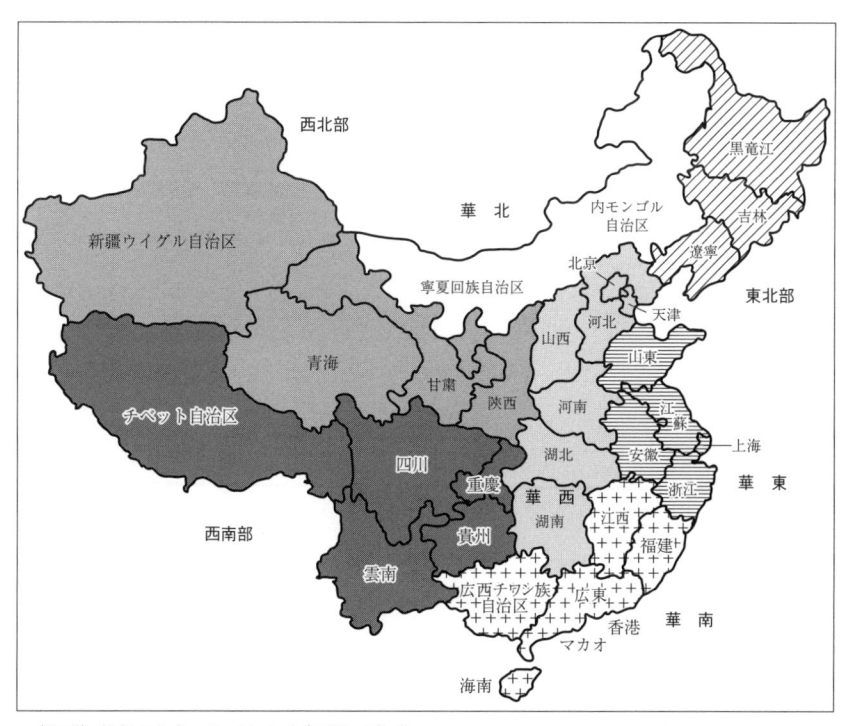

(出所) 旅行のとも，ZenTech を参照して作成。

索　引
(＊は人名)

あ 行

アーリーハーベスト　160
藍衣社　65
愛国主義教育　132
＊アイゼンハワー, D. D.　82
アクセス拒否能力　240
アジア的価値感　176
＊足利義満　24
＊足利義持　24
アチソン演説　80
＊アチソン, D. G.　79
アデン　21
アフリカへの本格的進出　224
アヘン戦争　2, 33
＊アマースト卿　33
アムネスティ・レポート　168
アロー戦争　39
「安内攘外」　68
安南国　20
イギリスの中華人民共和国承認　84
一条線戦略　77, 91, 95
一大二公　110
一国共識, 各自表述　230
1国2制度　184, 192-194
　　──構想　228
1辺1国論　194
インターネットの検閲　237
インフレ　100
ウイグル騒乱　135
ウィルソン14カ条　57
ウェスタン・インパクト　2, 32
ウェストファリア条約　25

ヴェトナムへの懲罰戦争　191
＊ヴォイチンスキー, グレゴリー　61
烏坎村　183
内モンゴル自治区　125
＊厩戸皇子　24
＊ウランフ　125
ウルムチ騒乱　134
＊永楽帝　19-22
淮河流域の水質汚濁防止に関する暫定条例　219
＊エリオット, チャールズ　34
延安　67
延安視察団　71
沿海経済開放区　152
＊袁世凱　43, 49, 54, 56
オイラト　23
欧州債務危機　236
＊汪精衛　70
＊王明　66
＊王洋　184
＊王楽泉　135
＊温家宝　181

か 行

瓜哇国　20
＊カーター, J.　189
改革開放　7, 144
階級闘争　172
海禁政策　23
戒厳令　127
華夷秩序　10, 27
外敵・内乱興亡パターン　16
開発至上主義　148

247

＊懐良親王　24
　カイロ会談　72
　科挙　28
　核心的利益　9, 239
　加工貿易　154
　合併・買収（M&A）　157
　過渡期の総路線　102
　家父長的権威　175
　華北分離工作　68
　上山下郷運動　114
　カラハン宣言　57, 59
　漢　14
　環境保護法　216, 218
　漢口・九江イギリス租界回収事件　62
　勘合符　24
　勘合貿易　23, 24
　関税会議　58
　『観世良言』　36
　漢族騒乱　135
　広東システム　33
　広東政府　59, 62
＊乾隆帝　27, 32
＊琦善　35
＊キッシンジャー，H. A.　91
　キャフタ条約（恰克図条約）　26
　共産党　66, 70
＊恭親王　40
　行政主導　184
　共同富裕　149
　義和団　45
　金　16
　緊急輸入制限（セーフガード）　157
　区域自治区　234
＊遇羅克　114
　屈辱の歴史　227
　グローバル・パワー・シフト　238
　訓政時期　4
　経済格差　236

　経済技術開発区　152
　経済協力枠組み協定　195
　経済特区　151, 152
　経済と民主主義との関係　179
　経済発展パターンの転換　150
　元　16
　検索ワード（中国規制）　237
　遣隋使　24
　遣唐使　24
　憲法　126
＊高崗　99, 102, 107
　高崗・饒漱石事件　104
　紅衛兵　114, 172
＊康熙帝　27
＊洪憲皇帝　54
　公行　33
＊洪秀全　36
　光緒新政　47
＊光緒帝　44
　郷鎮企業　215
　甲申政変　43
　向銭観　209
　向ソ一辺倒　5, 76, 103
＊江沢民　127
　江南事件　192
　購買力平価（PPP）　141
　黄埔軍官学校　60, 64
　抗米援朝　82
　合弁企業法　155
　公民の権利　177
＊康有為　44
＊コーエン，P. A.　32
　5・4運動　4, 11, 57
　5・30事件　58, 62
＊ゴードン，チャールズ　38
＊胡錦濤　127, 133, 135
　国営石油企業　222
　国際規範の無視　243

索　引

国際共産主義運動の総路線についての提案　89
国際統一戦線　77
国際ルール　244
国内総支出（GDE）　146
国連環境開発会議（地球サミット）　218
国連人権A規約　168
国連人権B規約　168
国連人間環境会議（UNCHE）　217
5項目の平和提案　127
個人の権利　175
五代十国　15
国家安全法　169
国家指導者の党・国家の兼任　105
国家資本主義　158
国家転覆煽動罪　170
国家統一　227, 229
　　──法　195
国家は豊かだが，国民は貧しい　235
古典的パワー・ポリティックス　244
コミンテルン　60
虎門寨追加条約　35
＊胡耀邦　172

さ　行

済南事変　64
＊左宗棠　38, 40
＊サッチャー, M.H.　193
冊封　19
　　──体制　232
　　──・朝貢体制　19
砂漠化　212
三跪九叩の礼　33
産業構造の戦略的調整　150
三国干渉　44
3自1包　6, 111
30年戦争　25
三農問題　149

三民主義　60
三面紅旗　6
「持久戦論」　70
自古以来（古来）　10, 238
事実上の独立　231
四書五経　28
自然権　174
実権派　113
ジニ係数　235
下関条約　43
社会契約　174
社会主義　176
社会主義市場経済　174
社会団体登録管理条例　220
上海協力機構　130
上海コミュニケ　93
上海事変　67
＊周恩来　61, 69, 123
銃口から政権は生まれる　182
自由選挙　183
集団的利益　176
17条協定　124
自由な連合　232
重農軽商　28
自由貿易協定（FTA）　159
儒学　14, 25, 28
儒教　176
＊朱徳　98
主要国家と連合国家　233
遵義会議　67
＊蔣介石　61-64, 68, 71-73
松花江水汚染事件　219
湘軍　38
蔣経国モデル　182
省港ストライキ　62
常勝軍　38
少数民族人口の特徴　121
上帝会　36

249

章羅同盟　108
清　16
辛丑条約　47
辛亥革命　3, 49
新疆　26
新疆ウイグル自治区　131
新軍　50
壬午軍乱　43
「真珠の数珠」戦略　202, 203
新植民地主義　159
人治　216
新デタント　188
清仏戦争　2, 41
人民公社　6, 109, 110
新民主主義革命　98
新民主主義論　5
森林破壊　212
新冷戦　188
隋　15
暹羅国　20
錫蘭山国　20
スターリン批判　86
＊スチュアート, J.L.　79
＊スティルウェル, ジョセフ　70
ステークホルダー　164
西安事件　68
井崗山　66
政治改革　181
政治協商会議　73
西戎　18
生存権　169
＊西太后　44, 47
＊正統帝　23
世界最大のSO_2排出国　213
世界の工場　9, 154, 201, 208
石炭火力発電　210
責任ある大国　244
08憲章　170

1949年の共同綱領　76
先経後政　231
＊宣統帝（溥儀）　49, 54, 67
先富論　145, 208
戦略的新興産業　150
秦　14
＊宗教仁　54
宗主国　27
走出去　159
造反外交　113
総理衙門（総理各国事務衙門）　40
属国　27
祖国統一9項目提案　193
曾国藩　38, 40
ソ連のアフガニスタン侵攻　188
蘇禄国　20
＊孫文　49, 54, 59

た 行

第1回全国人民代表大会　103
大一統　18
第1次5カ年計画　102, 103
第1次台湾海峡危機　83
第1次天安門事件　189
第1平和発展論　199
第1列島線　200, 201, 204, 239
対外経済3原則　151
対華21カ条要求　56
大気汚染　212
大飢饉　110
大慶油田　222
第3次台湾海峡　194
太子党　185
第11期3中全会　144, 145, 208
大衆運動　113
第2国連　94
第2次台湾海峡危機　83
第2台湾白書　195

索　　引

第2平和発展論　199
第2列島線　200, 203, 204, 239
太平天国　36
太平洋分割案　240
大躍進運動　108-111, 171
台湾関係法　191, 194
「台湾同胞に告げる書」　192
台湾問題　9
タタール　23
韃靼　20
＊ダライ・ラマ14世　124, 127, 131-134, 231
ダルフール紛争　224
＊ダレス，J.F.　83
ダンバートン・オークス会議　72
地域間格差　152
チベット　26
　──自治区　125, 131
　──騒乱　126, 131, 132
チャイナ・マネー　162
チャンパ王国　21
中印国境紛争　89
中央政府と地方政府　106
中央宣伝部　173
中央民族工作会議　128
中華　17
　──革命党　55
　──思想　1, 18
　──人民共和国環境保護法　217
　──帝国　14
　──帝国的国際秩序　25, 27, 29
　──ナショナリズム　129, 136
　──民国　16
中間地帯論　88, 95
中国
　──・アフリカ会議　225
　──脅威論　8, 10, 159, 197, 199
　──共産党　61
　──国民党　60

　──人民政治協商会議　98, 99
　──人民政治協商会議共同綱領　5, 98
　──台頭　142, 163
　──中心観　17
　──同盟会　49
　──とチベット対話　133
　『──との衝突』　241
　──による「領海法」の制定　196
　──のエネルギー生産量　221
　──の国内総生産（GDP）　234
　──の国防予算　241
　──の国家機構　104
　──の資源確保政策　224
　──の特別行政区　229
　──の民主化　237
　──白書　80
　──封じ込め　197, 198
　──民主党　182
　──輸出入銀行　223
注射針刺傷事件　135
中ソ友好同盟条約　5
中ソ友好同盟相互条約　79
中ソ論争　86
中体西用　2, 40
中道路線　231
中仏国交樹立　90
＊張学良　64, 67, 69
長期打算，充分利用　85, 193
重慶　70
　──会談　72
朝貢　19
　──体制　1
　──貿易　19, 27
＊張作霖　64
＊趙紫陽　127
長征　67
朝鮮族　136
調和のとれた社会　8, 209

251

＊陳雲　101
＊陳独秀　61, 66
＊鄭和　19, 20, 22
　鉄道国有化令　50
　天安門事件　7, 127, 128, 173
　　――の再評価　181
　天下　17, 27
　天京　37
　天津条約　39
　天朝田畝制度　37
　唐　15
　東夷　18
　東学党による農民反乱（甲午農民戦争）　43
　韜光養晦　196, 201
＊道光帝　34
　東西冷戦　77
　同時多発テロ　130
　投資・輸出主導型　148
　党政不分　172
　特別行政区　194
　独立自主外交　188, 196
　独立と統合　232
　吐蕃　20
　土木の変　23
＊豊臣秀吉　24
　鳥かご民主　185
＊トルーマン, H. S.　80

な 行

　内乱興亡パターン　15, 16
　長崎清国水兵事件　43
　奴国　24
　南海大遠征　1, 20
　南京国民政府　64
　南京条約　35
　南京大虐殺　69
　「南巡講話」　7, 146, 155, 174
　南宋　16

　南蛮　18
　仁川上陸作戦　82
＊ニクソン, R. M.　91
　ニクソン・ショック　92
　二重管理体制　221
　二条線戦略　91, 95
　日露戦争　48
　日韓併合　44
　日清修好条規　42
　日清戦争　42
　日中韓FTA　161
　日中戦争　69
　日朝修好条規（江華島条約）　42
　「日本国王之印」　24
　「日本国王良懐」　24
　農村戸籍制度　215
　農民工　182

は 行

＊ハート, ロバート　40
＊パーマストン, H. J.　34
＊ハーレー, パトリック　72
　8カ国連合軍　46
　八路軍　69
＊パッテン総督　184
　パリ講和会議　57
　バレン郷事件　128
　反右派闘争　108, 171
　反革命罪　169
　反革命暴動　173
　反国家分裂法　195
　半植民地化　2
　反ソ国際統一戦線　188, 189
　反体制派　170
　反ダンピング　157
＊パンチェン・ラマ10世　127
　『萬暦明会典』　19
　万里の長城　14, 23

索 引

非核地帯化　232
東トルキスタン　130
引進来　159
非政府組織（NGO）　182, 220
＊費孝通　112
罷黜百家，独尊儒術　15
非同盟国　223
1人1票の制度　179
1人っ子政策　236
＊卑弥呼　24
百年来の悲願　228
白蓮教　25
百花斉放・百家争鳴　107, 171
＊閔妃　43
貧富の格差　209
フィナンシャル・パワー　163
＊フェアバンク，J.K.　32
武漢政府　62
富強大国　228, 234
扶清滅洋　3, 45
不動産投資　235
不平等条約　4
　　──撤廃　227
＊フルシチョフ，N.S.　83, 109
プロレタリア文化大革命　6
文化大革命　112, 114, 125
焚書坑儒　15
米華相互援助協定　82
米華相互防衛条約　83
米ソ平和共存路線　88
米中国交樹立　189-191
米中国交正常化　188
米中双方の軍用機が空中衝突する事件　243
平和共存5原則　84
平和的台頭論　8, 10, 198
北京オリンピック　132
北京会同館　20
北京議定書　3, 47

北京条約　39
北京政府　55
北京詣で　163
変法運動　44
貿易依存度　153
貿易摩擦　157, 158
放権譲利　145
宝船　20
邦連制　230
北宋　16
北狄　18
北伐　62, 64
北洋海軍　41, 43
北虜南倭　22, 23
戊戌変法　44
ホルムズ　21
＊ボロディン，ミハイル　60
香港特別行政区　168

ま 行

＊マーリン　61
＊マカートニー卿　33
＊マクレホース，C.M.　193
＊マジソン，アンガス　140
まず発展，次に環境　210, 218
真臘国　20
マリンディ　21
満刺加国　20
満洲国　67
満洲事変　67
慢性的な水不足　213
3つの世界論　77, 78, 94, 95
3つの停止　133
3つのノー　230
南シナ海の領有権を巡る問題　238
南シナ海への中国の積極的な進出　238
民主活動家　237
民主主義国家が抱えるジレンマ　180

253

民族区域自治実施要綱　124
民族区域自治制度　123
民族区域自治法　126, 129
民族自決権　232
民族自治地方　121, 123, 124
滅満興漢　37
＊毛沢東　61, 66, 70, 73, 98, 100, 102, 107-109, 111, 112
『毛沢東選集』　123
文字の獄　15, 25
モンゴル　16, 22, 26

や 行

邪馬台国　24
輸出加工区　152
洋人の朝廷　47
＊雍正帝　27
＊煬帝　24
＊姚文元　112
洋務運動　3, 40
4つの基本原則　173
4つの不支持　133
＊ヨッフェ，アドルフ　59

ら 行

リーマン・ショック　161
陸地国境線　121
＊陸定一　107
＊李鴻章　38, 40, 43
＊李自成　16
＊李大釗　61
利潤最大化　211
＊リットン，A.G.R.　67
律令国家体制　24

＊劉華清　239
琉球処分　42
＊劉暁波　170
＊劉少奇　99, 111
＊梁啓超　44
両国論　195
＊林則徐　34
「連合政府論」　122, 123
連邦制　122, 230
労働に応じた分配原則　145
廬溝橋事件　69

わ 行

淮軍　38
淮河　214
和諧社会　149
和諧世界論　199, 200
倭寇　23
ワシントン会議　58
和平演変　7, 130, 209, 220

欧 文

APEC（アジア太平洋経済協力会議）　160
ASEAN＋3（日中韓）　160
BRICs　144, 204, 205
FTAAP（アジア太平洋自由貿易圏）　161
G20　161
GDP大国　141, 143
PM2.5（微小粒子状物質）　212
PPP基準　142
RCEP（東アジア包括的経済連携協定）　160
TPP（環太平洋経済連携協定）　160
U字型ライン　239
WTO加盟　155, 204

執筆者紹介（執筆順）

中園和仁（なかぞの・かずひと）はじめに・序章・第8章・第10章・終章
 編著者紹介欄参照

王　偉彬（オウ・イヒン）第1章
 1957年　生まれ。
 2000年　京都大学大学院人間・環境学研究科博士課程修了。
    人間・環境学博士（京都大学）。
 現　在　広島修道大学法学部国際政治学科教授。
 主　著　『中国と日本の外交政策——1950年代を中心にみた国交正常化へのプロセス』ミネルヴァ書房，2004年。
    『論中国土地制度改革』（共著）中国財政経済出版社，2009年。
    『従哈佛看中国——中国問題学術演講集』（共著）人民出版社，2010年。

滝口太郎（たきぐち・たろう）第2章・第3章
 1949年　生まれ。
 1976年　成蹊大学大学院法学政治学研究科政治学専攻修士課程修了。
 現　在　東京女子大学名誉教授。
 主　著　『20世紀の中国——政治変動と国際契機』（共著）東京大学出版会，1994年。
    『現代中国の構造変動〔4〕政治—中央と地方の構図』（共著）東京大学出版会，2000年。
    『中国の安全保障政策について』（共著）平和・安全保障研究所，2008年。

三船恵美（みふね・えみ）第4章・第9章
 1997年　学習院大学大学院政治学研究科博士後期課程満期退学。
 2000年　博士（政治学）（学習院大学）。
 現　在　駒澤大学法学部教授。
 主　著　『膨張する中国の対外関係——パクス・シニカと周辺国』（共編著）勁草書房，2010年。
    China and its Neighbors（共編著），Pentagon Press，2010年。
    The Troubled Triangle : Economic and Security Concerns for the United States, Japan, and China（共著），Palgrave Macmillan，2013年。

江口伸吾（えぐち・しんご）第5章
- 1968年　生まれ。
- 2000年　成蹊大学大学院法学政治学研究科政治学専攻博士後期課程満期退学。
- 2004年　博士（政治学）（成蹊大学）。
- 現　在　南山大学外国語学部アジア学科教授。
- 主　著　『中国農村における社会変動と統治構造――改革・開放期の市場経済化を契機として』国際書院，2006年。
　　　　　『日中関係史　1972〜2012　Ⅰ政治』（共著）東京大学出版会，2012年。
　　　　　『転形期における中国と日本――その苦悩と展望』（共著）国際書院，2012年。

星野昌裕（ほしの・まさひろ）第6章
- 1969年　生まれ。
- 1999年　慶應義塾大学大学院法学研究科政治学専攻後期博士課程単位取得退学。
- 2011年　博士（法学）（慶応義塾大学）。
- 現　在　南山大学総合政策学部教授。
- 主　著　『現代中国の政治的安定』（共著）アジア経済研究所，2009年。
　　　　　『民主化過程の選挙』（共著）行路社，2010年。
　　　　　『党国体制の現在』（共編著）慶應義塾大学出版会，2012年。

小島末夫（こじま・すえお）第7章
- 1946年　生まれ。
- 1969年　早稲田大学第一商学部卒業。
- 現　在　元国士舘大学21世紀アジア学部教授。
- 主　著　『東アジア物流新時代――グローバル化への対応と課題』（共著）アジア経済研究所，2007年。
　　　　　『海外進出する中国経済』（共著）日本評論社，2008年。
　　　　　『中国多国籍企業の海外経営――東アジアの製造業を中心に』（共著）日本評論社，2013年。

《編著者紹介》

中園和仁（なかぞの・かずひと）
1952年　生まれ。
　　　　一橋大学大学院法学研究科公法専攻博士課程修了。
1983年　法学博士（一橋大学）。
現　在　武蔵野大学法学部政治学科教授，広島大学名誉教授。
主　著　『香港をめぐる英中関係──中国の対香港政策を中心として』アジア政経学会，1984年。
　　　　『20世紀の中国──政治変動と国際契機』（共著）東京大学出版会，1994年。
　　　　『香港返還交渉──民主化をめぐる攻防』国際書院，1998年。

Minervaグローバル・スタディーズ③
中国がつくる国際秩序

2013年5月20日　初版第1刷発行　　〈検印省略〉
2022年3月31日　初版第2刷発行

定価はカバーに
表示しています

編著者　中　園　和　仁
発行者　杉　田　啓　三
印刷者　藤　森　英　夫

発行所　株式会社　ミネルヴァ書房
607-8494　京都市山科区日ノ岡堤谷町1
電話代表　(075)581-5191
振替口座　01020-0-8076

©中園和仁ほか，2013　　　　亜細亜印刷・藤沢製本

ISBN978-4-623-06580-6
Printed in Japan

Minerva グローバル・スタディーズ（全3巻）

体裁：Ａ5判・美装・各巻平均250頁

① ヨーロッパがつくる国際秩序
　　大芝 亮 編著

② アメリカがつくる国際秩序
　　滝田賢治 編著

③ 中国がつくる国際秩序
　　中園和仁 編著

ミネルヴァ書房

http://www.minervashobo.co.jp/